中华优秀传统文化思想中的教育与管理书系

中国人文管理学

理论

古仁 著

中国经济出版社
CHINA ECONOMIC PUBLISHING HOUSE
·北京·

图书在版编目（CIP）数据

中国人文管理学理论 / 古仁著．-- 北京：中国经济出版社，2025．5．-- ISBN 978-7-5136-8117-9

Ⅰ．C93

中国国家版本馆 CIP 数据核字第 202521ZX00 号

组稿编辑　崔姜薇　黄傲寒
责任编辑　王骏雄
责任印制　李　伟
封面设计　任燕飞

出版发行　中国经济出版社
印 刷 者　河北宝昌佳彩印刷有限公司
经 销 者　各地新华书店
开　　本　710mm × 1000mm　1/16
印　　张　16.5
字　　数　287 千字
版　　次　2025 年 5 月第 1 版
印　　次　2025 年 5 月第 1 次
定　　价　88.00 元
广告经营许可证　京西工商广字第 8179 号

中国经济出版社　**网址** http://epc.sinopec.com/epc/　**社址** 北京市东城区安定门外大街 58 号　**邮编** 100011
本版图书如存在印装质量问题，请与本社销售中心联系调换（联系电话：010-57512564）

书系前言

国家提出要建设自主的知识体系，这是因为中国具有独特的国情和文化背景，与其他国家存在显著差异，不能简单地用其他国家的学问来解释。以管理学为例，中华传统文化中的管理思想有着自己独特的理论体系，在人性假设、管理目标、管理评价标准、管理方式、激励方法、管理范畴、管理取向、人才观、分配方式等诸多方面，都与西方管理学存在系统性的差异。再以教育学为例，中华传统教育思想在教育目标、教育内容、教育原理、教育原则、教育方法等方面，也展现出鲜明的中国特色。中国有许多独特的管理与教育实践，这些实践在西方管理学与教育学中往往得不到合理的解释，甚至被“拒之门外”，从而无法形成有效的知识积累。

西方管理学以“经济人假设”为基础，认为人会追求自身利益的最大化，具有自利性，而中国管理学与教育学则以“人皆可以为圣贤”为出发点，认为人具有善性和无限潜能，具有利他性。如果盲目相信西方的学问，就会认为人自私自利是理所当然的；而如果相信中国的学问，就会将利他奉献作为人生的价值追求。学问本身能够塑造人格，而学问所指导的实践又会进一步塑造人格。中国之所以能够取得今天的成就，利他奉献和团结合作是其中的重要“法宝”。如果用西方的学问来指导教育与管理，我们实际上是在按照他们的需求培养人，而不是按照我们自己的需求。社会学理论不仅是在探讨真理，更是在做一种集体理性的选择。中华优秀传统文化中的理论思想，不仅可以为个体带来更大的幸福，也可以为社会和人类带来更多的美好。

在中国传统文化思想中，许多学科是可以统合的。管理学、教育学、政治学、法学等领域都是相通的。真实的世界只有一个，如果不同学科各有一套理论，且相互之间难以兼容，那么其中必然存在虚假的学问。按照中华传统文化的理念，个体的多个方面是可以实现统合的。工作、生活、交往、爱好、学习、实践等都可以应用同一套学问。当你真正理解了一套学问，就可以从中生发出无穷无尽的智慧。中华传统文化思想不仅可以应用于人文学科与社会科学，还可以应用于自然科学领域。例如，“天人合一”的宇宙观和“全息整体观”等理念，对认识自然、发展医学与科技等都具有重要的指导价值。中华优秀传统文化思想之所以能够实现多种统合，是因为它反映了宇宙人生的真谛。

那么，自主知识体系该如何建设呢？有人认为根本不必提发展自己的学术，认为西方的学术是放之四海而皆准的科学，只要是解释人类行为的学问都可以直接应用。他们认为，我们只需要在西方学术体系的基础上继续发展，就像给一座建筑换砖添瓦一样，就算是发展中国的学问了。然而，我认为这种零敲碎打的方式根本无法构建真正的自主知识体系。我们必须从地基开始重新建设，从宇宙人生的真谛出发，构建能够统合各领域的真学问。自主知识体系应当能够解释中国的社会实践，能够把我们的独特经验转化为知识，并在同胞之间形成文化认同与情感共鸣。我衷心希望学术界能够认识到这一点，我们还需要建立一个真正自主的学科体系。我深知同胞之中藏龙卧虎，如果众多优秀的人才都能投身于中国学问的研究，相关学术研究的繁荣必将指日可待。我们弘扬中华优秀传统文化，不仅是为了中国的国家富强与人民幸福，更是为了给人类、给一切生灵开创一个更美好的未来。

谨以此书献给我深爱的祖国与人民，献给社会主义事业的建设者，献给为中华民族抛头颅洒热血的先烈，献给传承中华传统文化的仁人志士。感谢历史与时代赋予我这样的机会，感谢祖国与人民对我的哺育与培养。能作为一个受中国传统文化滋养的中国人，我感到无比幸运与自豪。无论您是谁，无论我们是否相识，无论您是否赞同我的观点，只要我们共同热爱中华优秀传统文化，共同期盼人类的美好未来，我们就是盟友。如果您觉得这本书能给您带来启发，那么书中的每一字每一句都是我对您的祝福。

前言

在中国的众多高校中，管理学院是常见的设置，包括工商管理学院、政府管理学院，以及针对特殊领域的教育管理学院等。这些管理学院所开设的管理学课程大多属于“西方管理学”，其理论体系是在西方的文化背景和管理实践中逐步形成的。尽管西方管理学作为一门学科一直在不断向前发展，但它仍然存在不完善之处。即便在西方的文化情境中，它也难以有效解决所有管理问题。而在西方文化土壤中发展起来的管理学理论，其在中国文化背景下的适用性更是存在明显不足。

近几十年来，中国社会取得了巨大的发展，各个领域都取得了令世界瞩目的成就，这充分证明了中国社会中蕴含着卓越的管理智慧。我们也能明显感受到，中国的许多管理实践与西方的管理方式存在显著差异。然而，在管理学领域，系统性的中国管理理论却相对匮乏。可以说，关于中国管理思想与管理理论的研究已经滞后于中国的管理实践。在学术层面，我们尚未充分认识到中国管理实践中所运用的管理智慧。这种实践中的智慧从何而来？中国传统管理思想无疑是重要的源头之一。许多管理者在实践中已经自觉地运用了中华传统管理智慧。因此，研究中国传统管理思想，旨在帮助那些尚未能自觉运用这些管理智慧的人，通过理性认识也能实现这种自觉。

多年来，中国人一直投入大量精力研究西方管理学，却相对缺乏对中华传统管理思想与本土管理思想的系统总结。本书以管理哲学的若干基本问题为线索，探讨中国传统管理思想对这些基本管理哲学问题的认识，希望能够为中国管理学的发展起到抛砖引玉的作用。当今的中国管理实践，实际上是结合了中国传统管理思想与西方管理思想的成果。如果能够对这两方面的管理思想都有系统的认识，我们将能够更好地解释自己的管理实践，更有效地总结管理经验。正确总结中国的管理经验与管理理论，不仅可以为其他国家提供参考，也能为国际上管理学的发展贡献智慧，这是中国作为有责任感的世界大国应尽的义务。

自2014年起，笔者开始在本单位承担本科生和研究生“管理哲学”相关课程的教学工作，至今该课程已经讲授了大约10次。管理哲学在国际上是一门新兴学科，目前尚未形成完整的学科体系，也缺乏合适的教材。因此，笔者结合中国传统管理思想及管理哲学的基本问题，不断充实这门课程的内容，探索中国传统管理思想对管理哲学基本问题的认识，并与西方管理学进行比较。最初，这本书打算命名为“中国管理哲学”，但后来笔者意识到，对管理哲学基本问题的完整回答，实际上构成了“中国管理学”的核心。于是，笔者在“中国管理学”和“中国管理哲学”这两个题目之间犹豫不决。2019年，在学期最后一次总结课上，一位同学不假思索地用“中国管理学”来指代课程内容，这让笔者下定决心，就叫“中国管理学”吧。在西方管理学占据主导地位的今天，笔者期待有一天中国管理学也能在国际舞台上占据一席之地。到了2021年，在修改书稿的过程中，笔者进一步总结出“科学管理”是西方管理学的主要特征，而“人文管理”则是中国管理学的主要特征。笔者希望在书名中体现这一特点，以便读者能够迅速了解中国管理学与西方管理学的不同。最终，笔者确定了现在的书名。

顺应人的“善”的天性去教化人、发展人，这就是“人文”的本质。科学管理以效率为目标，可能会忽略人的情感、思想和天性，将人视为实现效率的工具。在西方的科学管理理论中，人的道德与人格往往是外生于管理实践的，而在中国人文管理理论中，人的道德与人格则是内生于管理实践的。在中国的管理思想中，管理过程不仅仅是物质的生产过程，更是人的“生产”过程。通过管理，符合社会价值标准的人得以培养，而效率则是人成长的自然结果。

本书在写作方法上有两个显著特点：一是从管理哲学的基本问题出发组织篇章结构；二是对部分关键性理论应用量化方法进行实证检验。这两个特点都有助于中国管理学与西方管理学展开对话。对于每一个管理哲学的基本问题，西方管理学是如何回答的，中国传统管理思想又是如何看待的——通过这种比较，我们可以清晰地看到中西方的差异，从而为反思自身的管理思想与管理实践提供更好的参考。如果仅以中国管理思想为主线组织篇章结构，就难以与西方管理学形成有效的对话。西方管理学大量应用了实证检验方法，而中国传统管理思想多以“圣人之训”的形式存在。如果缺乏实证检验，在西方管理学面前，中国传统管理思想难免会显得证据不足。因此，本书在若干关键理论上尝试使用实证方法进行检验，以期与西方管理学形成更“势均力敌”的对话，证明中国传统管理思想也可以通过实证方法进行检验。

选修笔者课程的学生反馈，经过一个学期的学习，他们感觉收获颇丰。然而，对于那些已经具备西方管理学基础的学生来说，在学习之初需要花费更多精力摆脱西方管理学思维的束缚，才能更好地理解所学内容。笔者期待在未来，所有高校的管理学专业，无论是工商管理、政府管理还是教育管理专业等，都能在西方管理学之外，开设能够与西方管理学相匹敌的中国管理学相关课程。这种匹敌首先需要中国管理学自身的完善，内容丰富、理论系统，能够解释并指导中国的管理实践，甚至为其他国家提供参考。笔者期待有一天，中国的管理学研究能够反映甚至引领中国的管理实践，中国管理学能够成为一门正式的课程在中国各类管理学院中开设。

从弘扬中华优秀传统文化的角度来看，本书也具有独特的价值。民族精神是中华优秀传统文化的核心内容，而管理实践是体现与塑造民族精神的重要抓手，是继承与弘扬中华优秀传统文化的重要场域。

本书的读者范围广泛，包括各类管理实践者、管理学研究者、高校管理专业相关师生、中国文化相关领域的研究者，以及所有对了解中国传统文化感兴趣的人。本书可以作为高校管理专业的教材，也可以作为大学生了解中华传统文化的读物。笔者期待未来中国管理理论能够与波澜壮阔的中国社会实践相匹配，期待中国管理理论能在管理学学科体系中拥有自己的“合法”地位，期待中国管理学研究能够对国际管理学发展做出应有的贡献，中国传统文化能够为人类创造更美好的世界、拥有更美好的人生带来启示。

中国人文管理学的篇章结构

中国人文管理学涵盖了理论与实践两大板块，鉴于篇幅的限制，我们将其拆分为两本书出版，但两者在内容上相辅相成、紧密相连。在篇章结构设计上，我们以一条主线和一条辅线贯穿全书。主线围绕管理哲学的基本问题展开，涵盖人性假设、管理目标、管理评价标准、管理方式、激励方法、管理取向、管理范畴、分配原则等核心议题；辅线则聚焦中国传统思想流派，包括儒家、道家、佛家、法家、兵家等，深入挖掘其管理智慧。

理论篇的篇章安排如下：第一章探讨中西文化差异，基于此阐述研究中国管理学的必要性、可行性和价值。第二章聚焦人性观，指出西方管理学以“理性人”为出发点，而中华传统文化则以“人皆可以为圣贤”为核心。第三章从这一人性观出发，探讨道德激励的可行性。第四章进一步分析以道德激励为特征的管理方式。第五章讨论在道德激励之外的其他激励手段。第六章明确以“道德人”为管理对象时，管理目标与评价标准应如何设定。第七章和第八章分别阐述管理范畴与管理取向。第九章总结中西管理思想的差异，并提出构建人文管理理论学科体系的构想。由于篇幅限制，与管理理论紧密相关的领导理论与人才观被安排在《中国人文管理学实践》一书中。

在具体阐述过程中，本书整合了具有中国文化特色的管理思想与本土管理实践，涵盖一元整体观、天人合一的宇宙观、人皆可以为圣贤的人性观、德才兼备的人才观、内圣外王的领导理论、德政的管理思想、以和为贵的人际观等核心理念。各章具体内容如下：

第一章：比较东西方思维方式的差异，指出东方思维以一元整体思维为主，西方则以二元分析思维为主。这种差异决定了中西方管理方式的不同。同时，简要介绍儒家、道家等主要流派的管理学价值，阐述中国管理学的研究路径与价值。

第二章：强调人性观是管理学的出发点。西方管理学以“经济人假设”为主，而中华传统人性观以“人皆可以为圣贤”为核心，既关注善恶维度，也重视潜能维度。这种人性观与整体观一脉相承，体现了中国管理学的独特视角。

第三章：将快乐分为道德快乐与欲求快乐，从多个维度比较两者差异，并提出激励应综合考虑不同类型。通过量化研究验证儒家思想中的“仁者不忧”，证明道德激励的可行性，同时结合中华民族的利他奉献精神，为道德激励提供现实依据。

第四章：阐述德政管理方式的双重内涵，即管理者自身修德与为被管理者留出德行成长空间。强调管理与教化的一致性，以及“以和为贵”与德政的互补性，指出简约制度的优势。

第五章：探讨情绪对合作意愿与工作效率的影响，强调“情”与“意”在“知行合一”中的桥梁作用。分析情感关怀作为激励工具的特点，并介绍中华传统文化中的情志培养方法。

第六章：指出中国传统管理思想以“人才的获得与发展”为目标，以“心悦诚服，人尽其才”为评价标准，强调管理应深入人心层面，与西方以效率和利益为目标的管理学形成对比。

第七章：基于中国集体主义观念与整体思维，指出管理范畴应以“人的需要”为界限，区别于西方以“效率需要”为界限的管理范畴。

第八章：分析中国管理思想以伦理为基础，与西方以经济为基础的管理学的差异，强调两者之间的互补性。

第九章：总结中西管理思想在人性假设、管理目标、激励方法等方面的差异，提出构建人文管理理论学科体系的展望。

中国的发展成就举世瞩目，然而，许多学者仍以西方的理论、视角和标准来解读中国，虽有一定解释力，但往往难以触及本质，甚至削足适履。例如，中国的扶贫攻坚、航空航天、沙漠治理、红旗渠建设等重大成就，以及教育领域的“立德树人”理念和人才选拔中的“德才兼备”标准，都无法在西方管理学中找到合理解释。这些具有鲜明中国特色的管理方法，正是中国管理学的独特价值所在。

本书虽以中华传统文化为根基，但并非主张回归过去，而是倡导在认清自身的基础上，有机融合其他管理思想，避免盲目照搬他国经验。现代中国管理学应兼具时代特征与现代精神，融合人类所有先进管理方法，回应现代社会需求。

尽管笔者有十余年中华传统文化的学习经历，但缺乏系统的正式教育背景，对传统文化资料的掌握难免不全面、不系统。因此，在部分内容的论述中，未追求文献的穷尽性，而是基于自身实践感悟分享见解，虽有原创性，但也可能存在主观性。本书写作视角独特，参考资料有限，许多观点源于对传统经典著作的研读、社会实践的观察以及自身实践的体悟。由于作者学术水平与认知能力的限制，书中观点难免有偏颇之处。作为一本探索性著作，本书远非完善，但愿能起到抛砖引玉的作用，引发更多人关注中国管理学，挖掘中华传统文化中的管理智慧。在对本书的批评与探讨中，真理将逐渐显现。

目录

第一章　中西方思维方式差异及中国管理学的研究价值

在管理学领域，无论是学术研究领域，还是管理学教育领域，目前占主导地位的都是西方管理学，以至我们在“管理学”前面习惯性省略了“西方”二字，因为根本就没有可以与之“匹敌”的其他管理学。西方管理学是在西方文化背景及管理实践中产生与发展的，而中西方有很多文化差异，这种文化差异决定了适用于中国文化的管理学理论与实践同西方的也应该是有差异的。如果能够从管理视角对中西方文化差异进行系统比较，对发展中国管理学是非常有价值的。

由于文化本身是一个非常广泛的范畴，在本书中我们很难进行系统比较。为了说明研究中国管理学的必要性，我们从中西方思维方式的差异这一点切入，一方面，思维方式的差异是文化差异的重要体现，另一方面，人的思维方式与管理密切相关。中西方在思维方式上存在着系统性差异。既然人是不同的，那么人的管理是否也应该不同？本章我们对中西方的思维差异做一个简单比较，并阐释从管理哲学角度研究中国管理理论的价值。本书构建中国管理理论的路径是：从管理哲学的基本问题出发，看在中国传统文化思维中，如何回答这些问题，并与西方管理学进行比较，以阐释中国管理理论的特征。

第一节　中西方思维方式的差异——整体思维与分析思维

中西方在思维方式上，有多方面的差异，从根本层面来看，我们一般认为，中国文化中的思维方式偏向于一元整体观，西方文化中的思维方式偏向于二元分析观。这里我们列举一些实际案例，帮助读者了解中西方的思维方式差异。首先，介绍社会心理学家关于中西方思维方式差异的一些实验；其次，介绍中西方思维方式差异在饮食观、医疗观等日常生活中的体现；最后，介绍中西方思维方式差异在社会生活中的体现。

一、社会心理学家关于中西方思维差异的实验

美国社会心理学家尼斯贝特在《思维的版图》一书中，采用多个实验比较东西方思维方式的差异，得出的结论是：东亚人[①]更倾向于整体思维（Holistic Approach），西方人更善于分析思维（Analytic Approach）。其中一个实验分别请美国人和东亚人看一幅图片并对图片进行描述，然后通过其描述方式判断其思维方式。美国人一般先看到图片中具体的物体，而东亚人更多的是先看到画面的背景环境。[②]当考察对图片中事物的记忆力时，相同的背景对东亚人的记忆会有帮助，而对美国人的记忆没有帮助。[③]这些思维方式差异在现实生活中也有体现，如“西方的儿童更容易理解名词而不是动词，而东亚的儿童与此正相反”。[④]当选择是鸡与牛分为一组，还是草与牛分为一组时，西方人更多的是选择鸡与牛一组，因为他们同属于动物，具有相似的体征；而中国人更多的是选择草与牛一组，因为牛吃草，它们之间具有联系。西方人看到的是属性的相似性，而东方人看到的是事物之间的联系。[⑤]“相对于西方人来说，东方人更多是从各种关系的角度来看这个世界的，西方人更倾向于从可以归入各个范畴的静止物体来看这个世界。”[⑥]作者总结说“东方人和西方人在对世界本质的基本假设、关注焦点、感知各种关系的必要能力，以及在复杂的背景中认识事物、归因的特点、从范畴还是从关系的角度来组织世界的倾向、运用规则的倾向性（包括形式逻辑）方面，都存在着很大的差异”。[⑦]

此外，尼斯贝特从多个方面对比了东西方思维方式的差异：

“关注和感知的模式，东方人关注环境而西方人关注物体，东方人比西方

---

① 本书中的“东方人”“东亚人”是指中国人或受中国文化强烈影响的那些国家的人。
② 尼斯贝特. 思维的版图［M］. 李秀霞，译. 北京：中信出版社，2006：55-57.
③ 尼斯贝特. 思维的版图［M］. 李秀霞，译. 北京：中信出版社，2006：55-56.
④ 尼斯贝特. 思维的版图［M］. 李秀霞，译. 北京：中信出版社，2006：94-95.
⑤ 尼斯贝特. 思维的版图［M］. 李秀霞，译. 北京：中信出版社，2006：87-88.
⑥ 尼斯贝特. 思维的版图［M］. 李秀霞，译. 北京：中信出版社，2006：102.
⑦ 尼斯贝特. 思维的版图［M］. 李秀霞，译. 北京：中信出版社，2006：119.

人更喜欢研究事件之间的关系。

关于世界构成的基本假设，东方人看到的是物质，而西方人看到的是物体。

对环境的控制能力的认知：西方人比东方人更相信对环境的控制能力。

对静止和变化的看法：西方人看到的是静止而东方人看到的是变化。

解释事件的方式：西方人关注物体，东方人看到的是包括环境在内的更为广大的网络。

组织世界的习惯：西方人喜欢归类而东方人更强调各种关系。

对形式逻辑规则的运用：西方人比东方人更喜欢用逻辑规律来理解事件。

辩证法的运用：东方人在遇到对抗时喜欢中庸之道，而西方人更喜欢坚持自己认为正确的观点。”①

“对于中国人，世界本质的背景图式是物质的整体，而不是互不关联的物体的集合。看一块儿木头，中国哲学家看到的是由单一物质组成的无隙的整体或者是几种物质水乳交融而构成的整体；希腊哲学家看到的是由微粒组成的物体。”②

东方人“看见了大环境，特别是那些背景（不重要或不引人注目的）事件；他们善于发现各种事件间错综复杂的关系；在他们看来世界是复杂的，是极为易变的、其各个部分是相互联系的……”；西方人“从分析的、个人主义的角度看世界；在他们看来物体是脱离环境的孤立个体……”。

二、中西方思维方式差异在日常生活中的体现

中西方的思维方式差异体现在生活中的方方面面，这里选择与人们生活密切相关的饮食观、医疗观等进行说明。

西方人看事物是分析思维，其饮食观体现为营养学，把食物分解成构成食物的元素，如蛋白质、脂肪、碳水化合物、无机盐、维生素、纤维素、水等。在分析思维中，评价食品要看其成分。

中国人看食物具有整体思维，并不通过食物的成分来认识其作用，而是从整体特征出发，比如，看食物的性味气色，寒热温凉，酸甜苦辣咸，青红黄白黑等，即使在营养学家眼里其成分是相似的，但是其生长环境不同，对

① 尼斯贝特．思维的版图［M］．李秀霞，译．北京：中信出版社，2006：28.

② 尼斯贝特．思维的版图［M］．李秀霞，译．北京：中信出版社，2006：12.

人体的作用也是有差异的，所以中国人选择食物，一般讲究应季、当地、野生等。食物不同的味道与颜色对应不同脏腑，比如，酸味入肝，甜味入脾，苦味入心，辣味入肺，咸味入肾；青色入肝，红色入心，黄色入脾，白色入肺，黑色入肾。也就是说，食物与身体的关系也是相对整体的。成分的组合并不等于整体，以生命为例，人体所包含的物质，大自然中都存在，但从大自然中获得的这些物质却不能构成有生命力的人体。可见，整体是不能简单分解为其局部的。整体具有其构成要素所不具备的特征。食物也是这样，同样的成分组成，并不一定对身体有相似的效果。比如，从成分上来说，深山中的野生人参和养殖人参是相似的，但其药效有很大差别，价格也悬殊。这说明食物的成分不是其食用价值的唯一决定因素。如果按照西方的营养学观点，食物长时间加热会破坏其营养成分的，但中国却有“九蒸九晒”的药食炮制方法，经过这样的炮制，有些药食可具有更好的疗效。

中西方的思维差异也体现在医学领域。中医医学有一种整体观的思想，在中医眼里，局部的问题不一定在局部解决，可能的情况是“左病右治，上病下治，内病外治，中间病四边治”[①]，比如，中医经穴理论中有“肚腹三里留，腰背委中求，头项寻列缺，面口合谷收”。[②]足三里穴是治疗肚子疼、胃疼的特效穴位，在小腿上；委中穴是治疗腰疼、背疼的特效穴位，在腘窝处；列缺穴是治疗头和脖子问题的特效穴位，在手腕处；合谷穴是治疗面部、口部问题的特效穴位，在虎口处。中医的治疗思路，也往往从整体思维出发，比如，对于癌症的治疗，中医的思维是，人体既然长了癌细胞，说明人体形成了癌细胞生长的环境，可以通过身体的整体调理，改变身体内的环境，使癌细胞不适宜生长。所以，中医的治疗思路往往是从调理身体的气血阴阳平衡入手。而很多西医对癌症的治疗看到的是“癌细胞”这个局部，所以产生了放疗、化疗、靶向等旨在消灭癌细胞的治疗方法。同理，对于传染病的治疗，西医看到的可能是“病毒”，旨在消灭病毒并追查病毒的变异；中医不关注具体的病毒变异，而是从调节人的整体身体状况入手，“正气存内，邪不可干”[③]，只要身体好，不管病毒如何变异都不能伤害人体。

---

① 《黄帝内经·素问》之《五常政大论》中说“气反者，病在上，取之下；病在下，取之上；病在中，傍取之”。黄帝内经素问［M］. 任廷革，点校. 北京：人民军医出版社，2005：217.

② 杨继洲. 针灸大成［M］. 靳贤，补辑重编；黄龙祥，整理. 北京：人民卫生出版社，2006：97.

③ 黄帝内经素问［M］. 任廷革，点校. 北京：人民军医出版社，2005：286.

三、思维方式差异在社会生活中的体现

尼斯贝特指出，中西方思维方式差异体现在社会生活中，具体表现为：

“对每一个中国人来说排在第一位、最重要的是作为一个集体或几个集体（家族、村子，尤其是一个家庭）中的一员。个体并不像希腊人那样是在各种社会环境中保持着个体特征的独立单元”，中国人“对幸福的看法与希腊人不同，可以自由地施展才华这样的生活并不是幸福，幸福是一种与人和谐、淡泊宁静、知足常乐的生活状态。希腊的花瓶、酒杯上展现的是战争、体育竞赛和豪饮狂欢的场面，而中国的画卷、瓷器上描绘的是家庭生活和乡间乐趣”。①

希腊人“认为他们自己是有着特别属性的个体，在社会中是彼此独立的单元，他们可以掌握自己的命运。同样，希腊哲学的出发点是把独立的事物——人、原子、房子——作为分析的单位来研究物体的属性。世界在本质上并不复杂，世界是可知的：人们应该做的就是要了解物体的特质，以便识别出与之相关的类别，然后用相关的规律来分析这些类别”。②

“中国人的社会生活是相互依存的，人们所追求的不是自由而是和谐——道家学说中的人与自然的和谐，儒家思想中人与人之间关系的和谐。……世界是复杂的，万事万物是相互联系的，物体（和人）的相互联系不是杂乱的堆砌，而是像织成网的绳子一样交织在一起的。在中国的哲学家看来，家庭是各个家庭成员相互联系而组成的，而在希腊哲学家眼里，家庭是各有特点而又互不相干的人们的集合。对中国人来说，复杂性和这种相互依存的关系意味着要了解一个物体而不顾其背景是注定要失败的。”③

“东亚人生活在相互依赖的世界中，自我是整体的一部分；西方人生活在自我是单一自由行动的人的世界中。东方人重视成功和成就是因为这会给他们所属的群体带来益处，西方人重视这些东西是因为这些是个人价值的勋章。东方人重视和睦相处，并进行自我批评以确保做到这一点；西方人重视个性，他们力求自我完美。东方人十分在意他人的情感，他们力求人际间的和谐；西方人更在意了解自己，他们牺牲和谐来换得公平。东方人可以接受等级制

① 尼斯贝特. 思维的版图［M］. 李秀霞，译. 北京：中信出版社，2006：4.
② 尼斯贝特. 思维的版图［M］. 李秀霞，译. 北京：中信出版社，2006：12-13.
③ 尼斯贝特. 思维的版图［M］. 李秀霞，译. 北京：中信出版社，2006：13.

度和群体控制，西方人则喜欢平等和个人行动的空间。亚洲人回避争议和辩论，西方人则对从法律到政治到科学各个领域的论辩修辞充满了信心。”①

以上这些例子旨在说明，中西方的思维方式差异，不仅体现在抽象的思维层面，也体现在现实生活中。从个体的日常生活到社会生活都有着巨大的差异。

夸张些说，在思维层面，中国人与西方人是“不同的人”，既然思维方式不同，那么有效的管理方式也应该是有差异的。在改革开放初期，由于我国缺乏工业化国家管理的经验，基本都是在学习西方发达国家的管理方法，西方的管理方法是在其哲学思维方式上产生的，自然有其社会基础和哲学基础。我们借鉴西方的管理方法，很多时候发生了“水土不服”，没有达到预期效果。究其原因，有可能是这些管理方法与我们的思维方式不匹配。中西方思维方式的差异，决定了管理思想的差异，也决定了有效管理方法的差异。探索基于中国思维模式的管理理论有其必要性。

第二节　中华传统文化中的不同流派及其管理学价值

西方的分析思维必然体现在其管理实践与管理学中，中国的整体思维也会在自己的管理实践中有所体现。如果不考虑这种思维方式的差异，而直接借鉴西方的管理方式，即便能在一定范围内发挥作用，也不会是最优的选择。为了探索更符合中国文化特征的管理方法，我们应基于中国人自身的思维特征来探索管理理论。

中国当今的管理实践，除受中国传统文化影响外，也融合了国际上其他文化的管理思想。如果直接对当今的管理实践进行研究，则不容易在其中离析出哪些是中国的管理思想，哪些是受其他文化影响的管理思想。为了获得“原汁原味”的中国传统管理思想，我们将溯源中国历史上不同流派的管理思想。中国有很多成功的管理实践，如何吸取这些管理实践的经验，也存在一个认识其“成分”的问题。比如，像《海底捞你学不会》这样的管理案例，如果用西方管理视角来看，完全是一个“异常点”，但如果从中国传统管理视角来看，就能够理解它为什么有效。在这里，我们想探索“原汁原味”的中国传统管理思想，仿佛是要找到构成饮料的基本成分，一旦认识了这个“基

① 尼斯贝特．思维的版图［M］．李秀霞，译．北京：中信出版社，2006：47.

本成分”，我们就能更好地认识管理实践并总结管理经验。

本书主要根据各流派相对初始的经典著作，如《论语》《道德经》等，分析其对管理哲学基本问题的认识。有人可能会有这样的疑问，这些传统经典，在其创作形成之时，可能并没有指向管理的意图，在那个时候还没有管理学，作为后人的我们却要在这些经典中去发掘管理智慧，这是否有些牵强？传统经典是在探索宇宙人生的智慧，管理如果要做得好，也必须要正确认识宇宙人生的规律，从这个意义上来说，凡是能够反映宇宙人生真谛的学问，都可以为管理理论与管理实践提供参考。本书的探讨，以儒家为主，道家为辅，其他流派为补充。尼斯贝特指出：“整体主义是中国儒、释、道三个主流学派的共识。”①

一、儒家及其管理学价值

儒家是中国影响力最大的流派，在历史上被很多朝代的统治者推崇，在国际上也有很大影响力。东汉班固的《汉书·艺文志·诸子略》中，介绍说“儒家者流，盖出于司徒之官。助人君，顺阴阳，明教化者也。游文于六经之中，留意于仁义之际。祖述尧、舜，宪章文、武，宗师仲尼，以重其言，于道最为高”。② 儒家的产生是由“司徒”官职的管理者总结的，其目标“助人君”，本身就是管理目标，而“祖述尧、舜，宪章文、武”本身就是对管理经验的总结。可见，儒家与管理是密切相关的。

儒家的代表人物有孔子、孟子等。儒家的代表作品主要有四书五经，四书包括：《论语》《孟子》《大学》《中庸》，五经包括：《诗经》《尚书》《礼记》《周易》《春秋》。孔子，名丘（公元前551—前479），字仲尼，春秋时期鲁国人（今山东曲阜）③，儒家学派创始人，我国历史上最著名的思想家、教育家，中华传统文化的主要奠基者之一。他曾周游列国，于六十八岁（公元前484年）时返回鲁国，专心执教。孔子打破了教育垄断，开创了私学之先河，弟子多达三千人，其中有很多在各国任重要官职。

《论语》中关于孔子有这样的论述：

“子曰：‘吾十有五而志于学，三十而立，四十而不惑，五十而知天命，

① 尼斯贝特．思维的版图［M］．李秀霞，译．北京：中信出版社，2006：11.

② 班固．宋本汉书［M］．第9卷．颜师古，注．北京：国家图书馆出版社，2017：84.

③ 司马迁．史记［M］．北京：中国社会科学出版社，2020：4207.

六十而耳顺，七十而从心所欲，不逾矩。’”①

“叶公问孔子于子路，子路不对。子曰：‘女奚不曰：其为人也，发愤忘食，乐以忘忧，不知老之将至云尔。’”②

“子畏于匡。曰：‘文王既没，文不在兹乎？天之将丧斯文也，后死者不得与于斯文也；天之未丧斯文也，匡人其如予何？’”③

从《论语》中，我们可以看出孔子是一个不惑、不忧、不惧的人。《论语》中说“知者不惑，仁者不忧，勇者不惧”④，所以我们可以知道孔子是智者、仁者与勇者。《中庸》中说“知、仁、勇三者，天下之达德也，……知斯三者，则知所以修身；知所以修身，则知所以治人；知所以治人，则知所以治天下国家矣”。⑤可见，孔子是具有管理智慧的。《孟子》中这样描述孔子：“自有生民以来，未有孔子也。……宰我曰：‘以予观于夫子，贤于尧舜远矣。’子贡曰：‘见其礼而知其政，闻其乐而知其德。由百世之后，等百世之王，莫之能违也。自生民以来，未有夫子也。’”⑥“孔子，圣之时者也。孔子之谓集大成。集大成也者，金声而玉振之也。金声也者，始条理也；玉振之也者，终条理也。始条理者，智之事也；终条理者，圣之事也。”⑦《中庸》中这样描述孔子：“仲尼祖述尧舜，宪章文武；上律天时，下袭水土。……惟天下至诚，为能经纶天下之大经，立天下之大本，知天地之化育。夫焉有所倚？肫肫其仁！渊渊其渊！浩浩其天！苟不固聪明圣知达天德者，其孰能知之？”⑧孔子不仅具备管理思想，也有成功的管理实践。孔子青年时代曾做过“委吏”“乘田”。⑨到五十一岁的时候，被任命为中都宰，政绩非常显著，其管理被邻国奉为典范；一年后升任司空，后又升任大司寇；五十六岁时，又升任代理宰相，兼管外交事务。孔子执政仅三个月，鲁国内政外交等各个方面就均大有起色，国家实力大增，百姓安居乐业，各守礼法，社会秩序非常好（史书上称“路不拾遗，夜不闭户”），奸佞之人和刁民纷纷出逃；同时，孔子还通过

---

① 孟子，等. 四书五经［M］. 北京：中华书局，2009：7.
② 孟子，等. 四书五经［M］. 北京：中华书局，2009：17.
③ 孟子，等. 四书五经［M］. 北京：中华书局，2009：21.
④ 孟子，等. 四书五经［M］. 北京：中华书局，2009：22.
⑤ 孟子，等. 四书五经［M］. 北京：中华书局，2009：55.
⑥ 孟子，等. 四书五经［M］. 北京：中华书局，2009：72-73.
⑦ 孟子，等. 四书五经［M］. 北京：中华书局，2009：99.
⑧ 孟子，等. 四书五经［M］. 北京：中华书局，2009：57.
⑨ 孟子，等. 四书五经［M］. 北京：中华书局，2009：101.

外交手段，逼迫齐国将在战争中侵略鲁国的大片领地还给了鲁国。[①]

二、道家及其管理学价值

道家也是在中国有广泛影响力的流派。东汉班固所著的《汉书·艺文志·诸子略》中有述，“道家者流，盖出于史官。历记成败、存亡、祸福、古今之道。然后知秉要执本，清虚以自守，卑弱以自持，此君人南面之术也。合于尧之克攘，易之嗛嗛，一谦而四益，此其所长也。及放者为之，则欲绝去礼学，兼弃仁义，曰独任清虚，可以为治”。[②]“此君人南面之术也”表明了道家具有管理智慧。

道家的代表人物有老子、庄子、列子等，代表作分别为《道德经》《南华经》《冲虚经》。本书关于道家的内容，主要参考老子的《道德经》。老子，姓李名耳，字聃，楚国苦县厉乡曲仁里人，周守藏室之史[③]，是我国古代伟大的哲学家和思想家、道家学派创始人，被唐朝帝王追认为李姓始祖。老子是“周守藏室之史”，一方面是史官，另一方面保管藏书档案，这为老子研究学问提供了得天独厚的条件。《史记·太史公自序》中指出“道家使人精神专一，动合无形，赡足万物。其为术也，因阴阳之大顺，采儒墨之善，撮名法之要，与时迁移，应物变化，立俗施事，无所不宜，指约而易操，事少而功多”。[④]

在中国历史上，道家的管理智慧被广泛实践。西汉成立之初，经历了秦朝的暴政及战乱影响，经济萧条，社会生产停滞。在这种情况下，国家采用了道家“无为而治”的管理思想，对外不用兵革，对内鼓励农业生产，采取减轻杂税、休养生息等政策。到了文景时期，更是以农业生产为主，为此皇帝亲自耕种为天下做表率，[⑤]提倡节俭，轻役税，重视“以德化民”，社会比较安定，经济得到发展，历来被视为封建社会的“盛世”，史称“文景之治”。可以认为，“文景盛世”是践行老子“无为而治”管理智慧的结果。[⑥]

---

① 陈焕章．孔门理财学［M］．宋明礼，译．北京：中国发展出版社，2009：5．

② 班固．宋本汉书［M］．第9卷．颜师古，注．北京：国家图书馆出版社，2017：87．

③ 司马迁．史记［M］．北京：中国社会科学出版社，2020：4787．

④ 司马迁．史记［M］．北京：中国社会科学出版社，2020：7777．

⑤《史记》中记载汉文帝说“农，天下之本，其开籍田，朕亲率耕，以给宗庙粢盛”。司马迁．史记［M］．第10卷，第4册．北京：中国社会科学出版社，2020：1036．

⑥《史记》中记载“天下旱，蝗。帝加惠：令诸侯毋入贡，弛山泽，减诸服御狗马，损郎吏员，发仓庾以振贫民，民得卖爵”。司马迁．史记［M］．第10卷，第4册．北京：中国社会科学出版社，2020：1066．

三、其他流派及其管理学价值

除了儒家、道家，中国历史上还有法家、兵家、佛家、墨家、纵横家、阴阳家、名家、农家、杂家等，每一个流派都会涉及一些管理思想或管理实践，值得探寻其背后的管理意义。各个流派之间并不是孤立的，虽然有一定的差别，但也有很多相通之处，在一定程度上，是同一种文化思想在不同层次、不同方面或者不同情境中的体现。关于不同流派更丰富深入的研究，还有待研究领域进一步挖掘。

西方的管理理论，有一些是通过实验形成的。中国传统管理思想看起来似乎缺少这个“实证检验”过程。但我们需要明白，诸如儒家等管理思想，也不是其代表人物“凭空捏造”的，而是对管理实践的总结，如儒家“祖述尧舜，宪章文武”是对其很好的诠释。儒家的管理思想是在总结前人管理经验基础上形成的，形成之后，又在中国数千年的历史实践中被重复检验。可以说，我们不是用模拟的实验来检验，而是直接以真实的管理实践来检验。

管理是广泛存在的社会实践，把管理与传统文化相结合，一方面，从管理的角度来看，有助于创新管理理论，完善管理制度，丰富管理智慧，产生社会效益；另一方面，从弘扬优秀传统文化思想的角度来看，有助于在实践中彰显其真理性，树立文化自信，产生长远的社会效益。

第三节　以管理哲学基本问题为线索构建中国管理理论

无论是管理学，还是中国传统文化，都具有丰富的内容，我们的研究必须选择一定的研究视角，从这个研究视角出发构建管理理论。我们拟从管理哲学基本问题这一视角出发，来看中国传统管理思想是如何认识这些管理问题，进而构建中国管理理论的。

一、管理哲学的研究对象及基本问题

管理哲学是一门新兴学科，至今尚未形成完整的学科体系。哲学家成中英先生是研究管理哲学的先驱之一，他认为“应该将管理哲学界定为一项针对管理机制的建立、管理策略的制定、管理活动的规范、管理问题的认识与解决而做出系统的基础说明与价值的评价与指导。这样的管理哲学是高度的理性思考与辩证思维，它本身就具有发挥管理功能的作用，因为它是在一个更高的层次上论述一个根本的管理体系。目前这样的管理哲学正处于一个发展的时期，也是必须发展的时期”（成中英，2012）。

成中英指出：“与科学不同，哲学探究最原始的概念和范畴，探究经验中一些根本的问题，它要回答：目的、基础、根源、过程、标准等问题，当然还要回答价值问题、意义问题以及如何把意义与价值形成规范的问题。”“管理哲学就是不断在探索根本问题，在根本问题上不断认识，了解根源之所在。所以管理哲学可以说是管理科学的生命源，是管理科学的一个批判者、一个监理者。管理哲学思维是管理科学发展的基础，它保障新的管理知识的产生，它也要求管理在科学上面进一步进行技术化，像把物理学变成工程学，把工程学变成工程作业一样。”“管理哲学是重要的，因为它保证我们永远有一个反思的能力，一个自我审查和批判的能力，以及一个创新的能力。”

从前，很多情况下我们都自然接受了西方管理学的思想，没有对其合理性及适用范围进行深入的反思。成中英指出，“我们不要先假定，西方那一套是已经规定的管理科学范围。我个人认为它只是建立了一些基于已有的经验的概念，而且基本上都是以西方文化为主”。

可见，管理哲学的研究对象是管理学本身，是以哲学思维去考虑管理学的基本问题，并对其进行价值判断，使其更好地指导管理实践。而西方管理学主要建立在基于西方文化背景的管理实践之上。那么，我们想探索的是，能否基于中国文化背景与管理实践，建立一套符合中国国情与文化的管理学。

二、中国管理哲学的研究路径

曾仕强在《中国管理哲学》一书中，总结了三种研究中国管理哲学的方法：一是以哲学与管理具有密切关系的各种根本问题为主，找出各派哲学对这些根本问题的解答，再加以评述其在管理上所产生的影响；二是以各派哲学为主，列述其与管理相关的各种根本问题，如对目的、本质、范围、对象、方法、价值、效能、活动的解答，然后评述各派哲学体系在管理上所产生的影响；三是以管理自身的根本问题为主，找出与这些根本问题有关的各派哲学的解答，探究其对于管理的主张及其影响，并就管理上的实际结果加以批评。[①]

本书以第三种研究路径为主，即以管理自身的根本问题为主，以人性观、管理方式、管理目标等管理哲学的基本问题为主线，看在中国的传统文化思想里，如何看待这些管理哲学的基本问题，这部分主要参考儒家的观点。除这条主线外，还会辅以第二种研究路径，从中华传统文化中的流派出发，看这些流派对管理哲学的基本问题有何认识。

三、从管理哲学基本问题构建中国管理理论

在本书中，我们将主要从以下几个管理哲学的基本问题出发组织篇章结构，认识中国传统思想中管理学的整体面貌。

1. 人性观

西方管理学基本都建立在一定的人性假设基础上，在发展过程中产生了经济人假设、社会人假设、自我实现人假设、复杂人假设等人性假设。在中华传统文化与本土文化中，关于人性有哪些认识，是本书重点关注的问题之一。中华传统人性观以“人皆可以为圣贤”为代表，既有善恶维度，也有潜能维度。对于人性的假设，西方管理学一直以善恶为视角，本书除讨论中国传统思想中关于人性善恶的认识外，还提出了与管理密切相关的认识人性的视角，即人的潜能。善恶维度涉及监督激励等管理范畴，潜能维度涉及培训、授权等管理范畴。中华传统人性观对管理学扩充其人性观视角具有重要的参考价值。中华传统人性观相信人的善行，也相信普通人的无限潜能。这种人性观在“愚公移山”的寓言故事中有集中体现，在华人的日常生活及中国管理实践中也都有体现。

2. 管理的目标与评价标准

在西方管理学中，一般认为效率最大化是一个基本目标。但是，这个管理目标是合理的吗？在任何情境下都适用吗？这都是管理哲学需要考虑的问题。在西方管理学中，以效率和利益为目标，人是实现组织目标的工具；在中国传统管理思想中，人才的获得与发展是管理的目标。中国传统管理思想讲究“有人此有土，有土此有财，有财此有用”，以“人”本身作为管理的目

---

① 曾仕强. 中国管理哲学［M］. 北京：商务印书馆，2013：42-43.

标，相应的管理的评价标准，如儒家的“心悦诚服”“人尽其才”，道家的“太上，不知有之”，都是非常具有启发性的观点。这些观点不是效率最大化的替代，而是同一过程的不同视角，对于指导管理实践具有特别的意义。

3. 激励理论

西方管理学的激励理论，建立在其人性假设基础之上。中国传统管理思想有不同于西方的人性观，也就有不同的激励理论。在中华传统文化中，有重义轻利的思想，认为“义”和“道德”可以给人带来价值和快乐。本书提出，快乐有不同的来源，激励就应该有不同的类型，把快乐分成了道德快乐与欲求快乐。道德快乐是符合道德标准所产生的快乐，欲求快乐是满足欲望需要所产生的快乐。本书对两者的区别与联系进行阐述，并指出激励应该针对不同的快乐综合进行。实证检验发现，道德水平越高，收入水平越高，情志状态越好，证明了人具有理性基础，佐证了道德激励的可行性。

情志既具有生产性也具有激励性。一个情绪良好的人，既会有合作意愿，也会有工作效率；反之，一个内心不满的员工，终究要找到发泄自己不良情绪的途径。“格物、致知、诚意、正心、修身、齐家、治国、平天下”八条目，既是修身为学的次第，也是人才成长的次第，其中的“诚意、正心”与情绪密切相关，只有知道应该如何做，并愿意去做，才会产生行为。作为激励工具的情感关怀具有有效性、外溢性、多元主体性、持续性、双向性、经济性、主动性等特点。

4. 管理方式

物质激励、监督、规则制定等，是西方管理学中的具体管理方式，在中国传统管理思想中，有自己与管理目标相应的管理方式。儒家提出“导之以政，齐之以刑，民免而无耻；导之以德，齐之以礼，有耻且格”，德政是儒家的主要管理方法。德政有双重内涵：一是管理者自身具有道德以“修己安人”；二是要为被管理者留有德行成长的空间。当人面临惩罚时，心灵被恐惧占据，就难以进行道德反思，因此，中国传统管理思想不注重通过详细的制度设计管理人，而是崇尚简约的制度，以“教化”来影响人，管理与教化具有一致性；注重“以和为贵”，当人与人之间关系融洽、利益一致时，即使缺乏强硬的制度监督，成员也能按组织的利益行事。因此，“和”的程度越高，制度就越简约，两者之间具有互补性关系。简约的制度可以赋予具体执行人更大的权力，根据具体情境做出对组织最优的决策。

5. 管理范畴

在西方管理学中，个体与组织之间主要是经济关系，个体通过劳动为组织创造价值，组织给予员工应有的回报，经济关系以外的事务，不在组织的管理范围内。在中国，人们具有集体主义观念，往往不只想从组织中获得一份收入，还希望得到情感支持等。所以，中国的管理范畴应该区别于西方。在中国传统管理思想中，管理以“人”为目标，同时也以“人”为核心展开，凡是“人”需要的，都可能进入组织的管理范畴。在很多中国组织中，“工会”成了承担这种扩展的管理范畴的主体。

6. 管理的取向

西方管理学在经济管理中产生，以经济为取向，其目标是追求效率最大化。但中国传统管理思想不是以经济为取向，也不是以效率作为唯一目标或者终极目标。中国传统管理思想在社会管理中产生，以伦理为基础。以伦理为取向的管理与以经济为取向的管理，两者之间不应该进行笼统的直接比较，对于管理实践者来说，应该尝试看到两者之间的差异，并根据具体情况考虑两者的综合运用。

7. 人才观及管理者的培养

由于篇幅关系，人才观及管理者的培养这部分内容，我们将在本套丛书的《中国人文管理学实践》一书中着重介绍。此外，这本书也会讨论道家的管理哲学；简要介绍法家、兵家、佛家及中医的一些管理思想；讨论中国文化思维下的民主管理的特征及其对公平的保障；落实中国管理思想的特色管理工具；从中国管理思想视角，分析海底捞、胖东来和山西票号的管理案例；探讨中国管理学的现代研究范式，并展望管理学与多学科融合发展的前景。管理理论与管理实践是密切相关的，因此这两本书的内容是相互支撑的。

通过对管理哲学基本问题的分析，我们可以发现，中国传统文化思想中有一套内在自洽的管理理论，且与西方管理理论有着系统性差别。这套管理理论可以被认为是中国管理学，为了区别于西方以效率为核心的管理理论，本书将中国管理理论命名为“人文管理理论”。以效率为目标的管理理论，我们称之为“科学管理理论”。

第四节　中国管理学研究价值的进一步阐释

本书将从管理哲学的基本问题出发，构建中国管理理论，发展中国管理学。成中英（2012）指出，“今天虽然西方的管理哲学研究还没有出一个什么大的景观，但是他们在集中学习中国的东西，这是一个重要的现象。他们的重点就是学习中国的东西，消化中国的东西，以为西方企业发展之用，西方市场开拓之用，形成了新的发展点。所以我得出这样一个结论，中西的竞争就是谁学习对方而不丧失自己，融合得更快、更好，谁就是胜利者。创新在于学习对手来充实自己，我们现在的管理问题不是不学习，而是被动学习，学习了对方忘记了自己，这个问题是很大的”。可见，研究中国管理学，既是发展具有自身特色管理理论的基础，也是有效借鉴其他国家管理经验的基础。从管理哲学基本问题视角进行中国管理学研究，具有以下价值。

一、中国管理学是继承与弘扬中华优秀传统文化的重要方面

继承与弘扬中华优秀传统文化，最重要的就是继承与弘扬中华民族的优秀品质与精神。文物、传统艺术等是传统文化的外在显现，更重要的是与之共鸣的人的内在精神。管理学是一门影响广泛的学科，有人的地方就有管理，而管理学对人的道德人格具有塑造作用，适宜的管理方式是塑造中华传统人文精神的重要方法。

继承与弘扬中华优秀传统文化要树立文化自信，而树立文化自信最有效的途径之一，是文化思想能够有效指导实践。管理学是一门具有实践意义的学科，如果以中华传统文化思想构建的管理学，能够有效指导管理实践，自然会使中国人树立起文化自信，成为中华优秀传统文化的自觉继承者与弘扬者。

二、中国管理学对认识与指导中国管理实践有重要价值

在管理学的发展历史上，我们经历了前期的经验总结阶段，中期的经验总结与理论反思结合阶段，目前，我们已经进入了第三个阶段，即在注重经验和理论的同时，综合把握文化、价值与哲学的阶段（成中英，2014）。任何

一项具体的管理工作，都是在特定的文化、价值和哲学中进行的，所以管理学研究只有向文化、价值和哲学延伸，才能更好地指导管理实践。从理论方面来看，中华文化有别于西方文化，我们只有认识这种文化差异并解读其对有效管理实践的影响，才能有效指导中国的管理实践。

目前，“管理学”这个概念，在学术领域主要指西方管理学，在很多管理类专业的课程设置上，还是以西方管理学的研究成果为主。中国历史上有丰富的管理实践，这些管理实践为我们积累了非常有意义的管理经验，这些经验更适合中国国情，更具有文化的适切性，研究这些管理思想，无论对提高当今的管理水平，还是对弘扬中华传统文化都具有重要的现实意义。

很多有中国文化特色的管理实践，在西方管理学中得不到合理解释，而让中国实现快速发展的恰恰是这些有中国特色的实践。如果我们不能在理论上对这些实践进行合理解释，就难以总结这些经验，甚至会轻易忽视这些经验。

三、中国管理学是有效借鉴西方管理经验的基础

我们经常借鉴西方发达国家的管理经验，但中西方的思维方式是有差异的，只有深刻认识这种差异及其管理意义，在借鉴西方管理经验时，我们才能更好地判断其是否符合中国国情。在借鉴他国管理经验的过程中，我们走过一些弯路，一些在国外管理领域行之有效的制度，在中国实施后并没有达到预期的效果。从学术研究角度来看，这是因为我们没有清楚认识一些根本性的管理哲学问题，对管理方法适用的条件缺乏深入认识，而从管理哲学基本问题视角进行中国管理学研究，可以成为我们认识相关问题的指南。

四、中国管理学是管理学在国际上创新发展的需要

多年来，西方管理学已经没有什么突出的创新，从其指导管理实践的效果来看，也不是非常理想。这说明管理学研究并没有满足管理实践的需要，管理学本身的发展并不乐观，需要新的研究思路。

中国作为一个拥有五千多年历史的文明古国，积累了很多管理智慧，可以为人类发展管理学提供新的思路。成中英（2012）指出，“虽然西方的管理哲学研究还没有出一个什么大的景观，但是他们在集中学习中国的东西，这是一个重要的现象。他们的重点就是学习中国的东西，消化中国的东西，以

为西方企业发展之用”。

在原有的哲学思维下，管理学的发展已经遇到了瓶颈，我们需要新的哲学理念，来促进管理学的进一步发展。从中华传统文化视角对管理学的基本问题进行审视与评估，再思考，再认识，可为管理学的发展提供新的契机，开创新的道路。中国的发展成就已经证明了中国的管理实践是成功的，中国管理学也必然可以为世界管理学的创新发展提供有价值的参考。

第二章　中华传统人性观——人皆可以为圣贤

人性假设是管理哲学的基本问题，是西方管理学的基本出发点，西方管理学中，对于人性的认识，经历了经济人假设[①]、社会人假设[②]、自我实现人假设[③]、复杂人假设[④]等，并有X理论、Y理论、超Y理论等相关理论[⑤]。虽然有一定的发展与变化，但都在探讨人的“欲求”是什么，通过满足人的欲求激励人努力工作。从“欲求”角度来认识人性，可以说，没有超出“善恶”的范畴，也就是说关于人性，西方管理学主要是从善恶角度来认识的。中华传统人性观，以“人皆可以为圣贤”[⑥]为代表，而“圣贤”不仅涉及善恶维度，还关系到能力维度，有高尚的人格、卓越的能力，并乐于去帮助别人才能称为“圣贤”，否则即使再善良也只能称为“一个好人”。[⑦]中国社会普遍具有德才兼备的人才观，圣贤可以认为是德才兼备的极致状态。圣贤的特征对应到具有成为圣贤可能的人身上，表现为善性与无限潜能。从能力维度来看，中国人的人性观“相信任何一个平常人的无限潜能”，这种人性观，无论是在中国人的日常生活中，还是在中国社会的管理实践中，都有所体现。从善恶角度认识人性，在管理中对应着监督与激励等管理要素；从潜能角度认识人性，在管理中对应着人才培养与授权等管理要素。可以认为，中国的人性观对西方管理学有补充作用。“人皆”又具有人人平等的意味，这种人性观肯定了人

---

① 彭新武，等．西方管理思想史［M］．北京：北京机械工业出版社，2017：6．

② 彭新武，等．西方管理思想史［M］．北京：北京机械工业出版社，2017：61．

③ 彭新武，等．西方管理思想史［M］．北京：北京机械工业出版社，2017：75-76．

④ 彭新武，等．西方管理思想史［M］．北京：北京机械工业出版社，2017：77．

⑤ 彭新武，等．西方管理思想史［M］．北京：北京机械工业出版社，2017：73-80．

⑥《孟子·告子章句下》中说，“人皆可以为尧舜”，尧舜是古代圣贤的代表，道德高尚，能力卓越，为百姓做了很多有益的事。

⑦ 关于评价圣贤的标准，我们在《中国传统教育学理论》一书第二章里有更详细的阐释，这些评价标准反映了圣贤的特征，包括道德高尚、情志良好、才能卓越等。

与人之间的平等地位。在公共管理领域，中华传统人性观体现为关注公平，扶助弱势群体，敬重人民、相信人民、依靠人民等，中国政府所提倡的“为人民服务”“群众路线”等，都在一定程度上反映了这样的人性观。

人性是一种客观存在，虽然我们并不一定有正确深刻的认识，但人性是客观存在的。人性观是我们对人性的认识，与人性本身是有差别的，人性观可能正确认识人性，也可以与真实的人性有所不同，却对持有相应人性观的人有着真实的影响。每个人的内心里，都有一个隐含的人性观，而管理者不管是否明确认识到自己的人性观，这个潜在的人性观必然会体现在其管理实践之中。

第一节　从善恶角度认识人性

在中国传统思想中，有很多关于人性的认识，比较有代表性的是儒家经典著作中的相关论述，其中包含孟子的性善论、荀子的性恶论、告子的性无善无不善论等。[①]关于孟子的性善论，我们主要阐释两个方面的问题：一是孟子为什么认为性善，二是孟子如何看待人之恶。关于荀子的性恶论，我们主要阐释荀子为什么认为性恶，荀子如何看待人之善，并对其观点进行评价。

一、孟子性善论——天性善

在《孟子》中，有关于性善论的明确论述：“所以谓人皆有不忍人之心者，今人乍见孺子将入于井，皆有怵惕恻隐之心。非所以内交于孺子之父母也，非所以要誉于乡党朋友也，非恶其声而然也。由是观之，无恻隐之心，非人也；无羞恶之心，非人也；无辞让之心，非人也；无是非之心，非人也。恻隐之心，仁之端也；羞恶之心，义之端也；辞让之心，礼之端也；是非之心，智之端也。人之有是四端也，犹其有四体也。”[②]在孟子看来，人性中天生就具有恻隐之心、羞恶之心、辞让之心、是非之心，而有恻隐之心便具有“仁”，有羞恶之心便具有“义”，有辞让之心便具有“礼”，有是非之心便具有“智”。也就是说，人天生就具有仁、义、礼、智的特点，因此，可以得出

---

① 在后续的发展中，也有人提出了性“有善有恶”等观点，作为现有观点的整合，对于管理来说并不会增加新的价值，这里我们就不做介绍了。

② 孟子，等．四书五经［M］．北京：中华书局，2009：73．

人的天性是善的。“恻隐之心，人皆有之；羞恶之心，人皆有之；恭敬之心，人皆有之；是非之心，人皆有之。恻隐之心，仁也；羞恶之心，义也；恭敬之心，礼也；是非之心，智也。仁义礼智，非由外铄我也，我固有之也，弗思耳矣。”①在这里，孟子进一步强调了，仁、义、礼、智是人天生固有的，不是从外界获得的。既然人天生就具有仁、义、礼、智，就可以证明人的天性是善的。

孟子从天性角度认识人的善恶，既然人的天性是善的，在现实中我们为什么看到了人与人之间的差异呢？孟子认为，差异是由外在条件造成的。“富岁，子弟多赖；凶岁，子弟多暴。非天之降才尔殊也，其所以陷溺其心者然也。”②环境的差异使人表现出善恶差异。同样具有善良天性的人，可能因为外界环境的差异而有不同的行为表现、内心感受等。

《中庸》中说“天命之谓性，率性之谓道，修道之谓教。道也者，不可须臾离也，可离非道也”③。道不可须臾离，天性也是不可须臾离的，虽然外在表现可能因环境而千差万别，但内在核心是具有共通性的。“天命之谓性”④，道德在来源上体现为“天命”，在人身上体现为“性”。“大学之道，在明明德”⑤，“明德”是人本具之天性，“明明德”是使人本具之天性显发出来。“德者，性之端也。”⑥“一阴一阳之谓道，继之者善也，成之者性也。”⑦也都蕴含了道德是人之本性的思想。

当今社会，人们总是从人与人的关系角度来理解道德，这种认识的局限性容易让人感觉道德是社会生活强加给个体的，进而可能对道德有抵触情绪；而从中国传统经典来看，道德是人本具有的天性，只有顺应了这种天性，才能最大限度实现人生的意义与价值。如果道德来源于人的本性，虽然其部分表现形式可能随着社会的变迁而变迁，但其实质内涵是具有持续性的。在中国的汉字中，同一个汉字的不同用法之间往往具有可类比性。比如，“核”字在果实中指果核，一般是果子的中心，在事物中往往以“核心”来指代关键部分。“仁”在植物中指代种子，一粒种子具有植物的全部信息，可以生长出

① 孟子，等. 四书五经［M］. 北京：中华书局，2009：104.
② 孟子，等. 四书五经［M］. 北京：中华书局，2009：104.
③ 孟子，等. 四书五经［M］. 北京：中华书局，2009：53.
④ 孟子，等. 四书五经［M］. 北京：中华书局，2009：53.
⑤ 孟子，等. 四书五经［M］. 北京：中华书局，2009：47.
⑥ 孟子，等. 四书五经［M］. 北京：中华书局，2009：384.
⑦ 孟子，等. 四书五经［M］. 北京：中华书局，2009：249.

完整的植物。而种子的特点是“什么植物的种子就要长出什么植物”，不可能长成其他植物，所谓“种瓜得瓜，种豆得豆”，“仁”之于人，相当于种子之于植物。植物的种子长得饱满是为“诚”“实”，而“诚实”也用来形容人格。从这个角度来看，在中国传统思想中，以“仁”来描述人格，可能认为“仁”是人的本质特征，而“仁”与“人”又恰好具有相同的读音，也进一步说明了“仁”与“人”的关系，有“仁”是为“人”，是“人”必有“仁”。

二、荀子性恶论——禀性恶

荀子在《性恶篇》中明确指出“人之性恶，其善者伪也”①“若夫目好色，耳好声，口好味，心好利，骨体肤理好愉佚，是皆生于人之情性者也，感而自然，不待事而后生之者也。夫感而不能然，必且待事而后然者，谓之生于伪”②“凡性者，天之就也，不可学，不可事；礼义者，圣人之所生也，人之所学而能、所事而成者也。不可学、不可事而在人者谓之性，可学而能、可事而成之在人者谓之伪。是性、伪之分也”③。在荀子看来，只有天生具有，不用后天习得，才能称为“本性”，需要后天习得的是“化性起伪”，不能称为“本性”。人在情性上有追求欲求满足的倾向，眼睛、耳朵、口、心等都愿意去获得愉悦体验，各类欲求是人天生就有的，所以是人的本性，而仁义礼智信需要学习才能获得，所以不是本性。因此，人性是恶非善。荀子又说“故枸木必将待檃栝、烝矫然后直，钝金必将待砻、厉然后利。今人之性恶，必将待师法然后正，得礼义然后治。今人无师法则偏险而不正，无礼义则悖乱而不治”④。在荀子看来，树必须经过修剪、矫正才能长得直，钝的刀器必须经过磨砺才锋利，人必须有师法礼义然后才能符合道德标准。因为德行的实现需要“师法礼义”的作用，所以不能称为“性”。

有人问荀子，既然人性是恶的，那礼义是怎么产生的？荀子回答说：“凡礼义者，是生于圣人之伪，非故生于人之性也。故陶人埏埴而为器，然则器生于工人之伪，非故生于人之性也。故工人斫木而成器，然则器生于工人之伪，非故生于人之性也。圣人积思虑，习伪故，以生礼义而起法度，然则礼

① 王先谦．荀子集解［M］．沈啸寰，王星贤，整理．北京：中华书局，2012：420.
② 孟子，等．四书五经［M］．北京：中华书局，2009：423.
③ 孟子，等．四书五经［M］．北京：中华书局，2009：421-422.
④ 孟子，等．四书五经［M］．北京：中华书局，2009：421.

义法度者，是生于圣人之伪，非故生于人之性也。”[①]

我们认为，荀子关于性恶的论据是不充分的。树必须经过修剪、矫正才能长得直，但是藤蔓无论如何修剪、矫正也不能长直。矫正是树长直的外在条件，但如果脱离树本身的特性，矫正也不一定起作用。钝刀必须经过磨砺才能锋利，但是木头再怎么磨砺也不会锋利。磨砺是锋利的外在条件，但是，如果脱离了金属本身的特性，磨砺可能也无济于事。师法礼义是“善”的条件，但是，如果人性中不具备善的基础，师法礼义可能也无能为力。麦子的种子需要阳光、土壤、水、空气才能发芽结实，不能说因为需要外在条件才能成长，种子就不具备生长的本性；需要外在条件才能结麦子，不能说就不是麦子。这里混淆了外在条件和内在本质之间的关系，认为需要条件才能展现出来的本质就不是本质。不能因为需要满足某种条件，种子才能生长，就否定种子能长出植株的性质。不能因为展现出善良的本性，也需要满足一定的条件，就否定人的性善。人亲近贤人就会变得贤良，亲近恶人就会变得邪恶。就像种子在适宜的条件下就会生长，在恶劣的条件下，可能就无法发芽，甚至腐烂。这也是外在条件的差异，并不能表明种子本身到底是什么种子。不能因为需要师法礼义“人之善”才能表现出来，就断定善不是人的本性。也就是说，这里混淆了本性与表现本性所需的条件。瓦埴非陶人之性，器木非木工之性，但是，学而能陶、能工，必然是人之性。“会什么”不能称为人之性，“能会”的能力却是人之性。以上关于荀子观点的评述，只是在讨论荀子关于性恶的论据是不充分的，但需要注意的是，这里并不能证实性善的观点。

《荀子·性恶论》中还说“今人之性，饥而欲饱，寒而欲暖，劳而欲休，此人之情性也。今人饥，见长而不敢先食者，将有所让也；劳而不敢求息者，将有所代也。夫子之让乎父，弟之让乎兄；子之代乎父，弟之代乎兄：此二行者，皆反于性而悖于情也。然而孝子之道，礼义之文理也。故顺情性则不辞让矣，辞让则悖于情性矣。用此观之，然则人之性恶明矣，其善者伪也”[②]。即使在没有师法礼义的动物世界里，父子之间也存在着情感上的依恋。很多动物都会牺牲自己的利益照顾子女，即“护幼行为”。在没有“师法礼义”的动物世界里，这种亲子间情感上的依恋及为对方所做出的牺牲，难道不是出于天性吗？动物有这样的天性，人是否也可以有这样的天性？父母有这样爱

① 王先谦．荀子集解［M］．沈啸寰，王星贤，整理．北京：中华书局，2012：423．

② 王先谦．荀子集解［M］．沈啸寰，王星贤，整理．北京：中华书局，2012：422-423．

护子女的天性，子女是否也可以有孝敬父母的天性？“饥而欲饱”“劳而欲休”是人之性情，“孝悌”本身是否也可以是人之“性情”？“子之让乎父，弟之让乎兄；子之代乎父，弟之代乎兄”，说明“孝悌”可以是比“饥而欲饱”“劳而欲休”更根本的性情，而不必然是虚伪。为善与去恶是同一个过程的两个方面，如果认为本性是恶的，“为善”的积累就成为圣人；反之，如果认为本性是善的，“去恶”的积累就成为圣人。“礼义”的作用不必然是为善而“积伪”，也可以是“去恶”而彰显出本性之“善”。《荀子·性恶论》中还说“故涂之人可以为禹则然，涂之人能为禹未必然也。虽不能为禹，无害可以为禹。足可以遍行天下，然而未尝有能遍行天下者也。夫工匠、农、贾，未尝不可以相为事也，然而未尝能相为事也。用此观之，然则可以为，未必能也；虽不能，无害可以为”①。“涂之人可以为禹”说明了普通人也具有成为圣贤的可能。而这种成为圣贤的“可能性”正如荀子所说，可能是天性中就具有的，并不是后天习得的。如果天性中就具有，不是后天习得的，可能就是人性了。

荀子关于人性恶的这种认识，直接对其管理主张产生影响。《荀子·礼论》中说“礼起于何也？曰：人生而有欲，欲而不得，则不能无求；求而无度量分界，则不能不争；争则乱，乱则穷。先王恶其乱也，故制礼义以分之，以养人之欲，给人之求，使欲必不穷乎物，物必不屈于欲，两者相持而长，是礼之所起也”②。荀子主张用礼义限制人性恶的一面，使其表现出善的一面。

荀子是从人的嗜欲角度来认识人性的，认为人性恶。“嗜欲”可以认为是一种禀性，中国有句古话：“江山易改，禀性难移。”禀性难改，但并非完全不能改。比如，有人从前不喜欢吃某种东西，可能后来又喜欢了。西方管理学总体来说也是在从“嗜欲”角度认识人性。虽然西方管理学的人性观有所发展与变化，但基本都是在讨论人有什么样的欲求，通过满足其欲求促使其努力工作。荀子虽然主张性恶论，但也看到了人可以被教育的一面，希望能够通过“师法礼义”限制人恶的一面，激发人善的一面。可以认为，不仅要满足人的欲求，还要引领人的道德。但是，西方管理学的人性观，基本只讨论了人有什么需要，如何满足人的需要，而很少讨论如何引领人的道德，如何塑造人的精神。

---

① 王先谦．荀子集解［M］．沈啸寰，王星贤，整理．北京：中华书局，2012：429.

② 王先谦．荀子集解［M］．沈啸寰，王星贤，整理．北京：中华书局，2012：337.

三、告子的性无善无不善论——习性染

《孟子》中讲到，告子认为“性如湍水也，决诸东方则东流，决诸西方则西流。人性之无分于善不善也，犹水之无分于东西也”[①]。也就是说，人性是受条件和环境影响的，无所谓善恶，受到好的影响就会从善，受到恶的影响就会从恶。孟子反问说“水信无分于东西，无分于上下乎？人性之善也，犹水之就下也。人无有不善，水无有不下。今夫水，搏而跃之，可使过颡；激而行之，可使在山。是岂水之性哉？其势则然也。人之可使为不善，其性亦犹是也”[②]。孟子说，水虽然不分东西，但一定分上下，必然向下流。善之于人，就像下流的性质之于水。

中国有句古话叫“近朱者赤，近墨者黑”，在《论语》中也有“性相近也，习相远也”[③]的说法，自古也流传着孟母三迁择邻的故事，这些都肯定了人的习性是受环境影响的。正如我们前面论述的，受环境影响所形成的外在表现不能与本质之间画等号。

四、整体观与善性

通过总结孟子的性善论、荀子的性恶论，以及告子的性无善无不善论，我们可以发现，其实三者是在不同层面论述人性的。孟子认为“天性善”，荀子认为“禀性恶”，告子认为“习性染”，三者之间并不矛盾，而是从不同角度为我们呈现了人的真实模样。下面我们还是以种子为比喻，来认识三者的区别。

天性：麦子的种子只能长出麦苗，将来结果也是结麦子，不能长出其他植物，不能结其他果实；其他种子也不能长出麦苗，不能结麦子。

禀性：麦子的种子，需要适宜的阳光、土壤、水分、温度等，才能发芽、成长、结果；其他物种的种子在适宜的条件下，也可以发芽、成长、结果，但是不能结出麦子。

习性：同样的麦子，在干旱的条件下，为了获得更多水源，根就扎得深

---

① 孟子，等. 四书五经［M］. 北京：中华书局，2009：103.
② 孟子，等. 四书五经［M］. 北京：中华书局，2009：103.
③ 孟子，等. 四书五经［M］. 北京：中华书局，2009：38.

一些；在水源充沛的情况下，根就扎得浅一些。

在这个过程中，是什么种子非常重要，虽然在不满足一定条件时，种子不能发芽，但如果没有种子本身所具有的特性，即使条件再适宜也无济于事。种子具有的类属性是不随条件变化的，类似于天性；种子能否长成植株开花结果需要适宜的条件，类似于禀性；在不同的条件下，植株等可能有不同的特点，类似于习性。

综上所述，在中国传统思想中，人性的善恶特征是“天性善，禀性恶，习性染”。不管从哪个角度来认识人性，中国传统思想中的人性，都是以人观人，把人当成人来看。在西方管理学中，也有关于人性的认识。比如，经济人假设、社会人假设、自我实现人假设、复杂人假设①等，但这些认知更多偏向人的工具性。在西方管理思想中，关于管理的目标一般都界定为效率，而人是实现效率的基础，即强调人的工具性。西方管理学中关于经济人的假设，是在“禀性”这个层面来认识人，有其重要的管理学价值，但是也有其局限性。当然，西方管理学主要产生于经济领域，而中国管理学主要产生于社会领域。两者在很多方面都具有差异，不一定适合进行简单的比较。

中国人的一元整体思维，在宇宙观方面体现为“天人合一”，万物一体，帮助别人就是在帮助自己，在人性方面就体现为“善性”。从形而下的角度来看，我们每个人都在与空间交换着空气，大家至少通过空气实现了连接，疫情传播是一个客观的证据，每个人都健康，自己才能健康。这种“天人合一”的整体观与“善性”的人性观是具有内在联系的。如果宇宙是一个整体，它会有什么样的特点，不是我们能够轻易想象的，但我们可以通过类比进行一些思考，比如，人体中有“免疫系统”，那些危害人体的病毒等会被免疫细胞吞噬，那宇宙是否也可能有类似的“免疫系统”？中国有句古话叫“善有善报，恶有恶终”，《西游记》中说“人心生一念，天地悉皆知。善恶若无报，乾坤必有私”，这是否是因为宇宙的自我防御机制在发挥作用？如果存在这样的机制，只有“善人”才能安然地存在，也就保证了人的“善性”。

人性观是人们在观念里对人的基本看法，可能与真实的人性一致，也可能不一致，它以信念的形式存在，影响着人的思维方式与行为方式。关于人性到底是善是恶，我们这里无法给出确切的答案。一方面，我们期待科学的

---

①　经济人假设：人工作的目的就是追求经济利益，经济利益的分配决定着人的积极性。社会人假设：人不仅有经济利益需求，还有社会和心理需求。自我实现人假设：追求自我实现是人的本质表现，环境许可，就会为之奋斗。复杂人假设：人的本性十分复杂，在不同的场合会有不同的动机。

发展能帮助我们实证检验；另一方面，期待人类在社会生活中能持有有益于社会发展的人性观。

每个人的内心里，都有一个隐含的人性观，管理者不管是否明确认识到自己的人性观，这个潜在的人性观必然会体现在自己的管理实践中。不管是孟子的性善论，还是荀子的性恶论、告子的性无善无不善论，都承认教化对人的作用，都相信“师法礼义”及适宜的外在环境有利于个体表现出更多的善性。因此，在管理中也应该重视教化的价值，尽量激发人的善性。

第二节　从潜能角度认识人性

善恶只是看待人性的一个角度，在管理学中，我们不仅关注人性的善恶，也关注人的潜在能力。《中庸》中有这样的论述：“知、仁、勇三者，天下之达德也，所以行之者一也。或生而知之，或学而知之，或困而知之，及其知之一也；或安而行之，或利而行之，或勉强而行之，及其成功一也。”[①]虽然不同的人在“知、仁、勇”三个方面会表现出一定的差异，但都具备达到同样的“知之”“行之”的潜能。《论语》中说“为仁由己，而由人乎哉”[②]，“我欲仁，斯仁至矣”[③]，也在一定程度上肯定了人的潜在能力。在中国的传统思想里，相信每个人都具有无限的潜能。《孟子》中说，“圣人与我同类者”[④]，“人皆可以为尧舜”[⑤]，每个人都具有成为圣人的潜质。《愚公移山》的故事在中国可谓尽人皆知，影响着中国人的人性观，原文如下。

太行、王屋二山，方七百里，高万仞；本在冀州之南，河阳之北。

北山愚公者，年且九十，面山而居。惩山北之塞，出入之迂也，聚室而谋曰：“吾与汝毕力平险，指通豫南，达于汉阴，可乎？”杂然相许。其妻献疑曰：“以君之力，曾不能损魁父之丘，如太行、王屋何？且焉置土石？”杂曰：“投诸渤海之尾，隐土之北。”遂率子孙荷担者三夫，叩石垦壤，箕畚运于渤海之尾。邻人京城氏之孀妻有遗男，始龀，跳往助之。寒暑易节，始一反焉。

---

① 孟子，等. 四书五经［M］. 北京：中华书局，2009：55.
② 孟子，等. 四书五经［M］. 北京：中华书局，2009：27.
③ 孟子，等. 四书五经［M］. 北京：中华书局，2009：18.
④ 孟子，等. 四书五经［M］. 北京：中华书局，2009：104.
⑤ 孟子，等. 四书五经［M］. 北京：中华书局，2009：107.

河曲智叟笑而止之曰："甚矣，汝之不惠！以残年余力，曾不能毁山之一毛，其如土石何？"北山愚公长息曰："汝心之固，固不可彻，曾不若孀妻弱子。虽我之死，有子存焉；子又生孙，孙又生子；子又有子，子又有孙；子子孙孙无穷匮也，而山不加增，何苦而不平？"河曲智叟亡以应。

操蛇之神闻之，惧其不已也，告之于帝。帝感其诚，命夸娥氏二子负二山，一厝朔东，一厝雍南。自此，冀之南，汉之阴，无陇断焉。①

一、愚公为何移山

"毕力平险，指通豫南，达于汉阴"可谓一个远大目标，愚公做移山决定时，可能需要考虑在现有的"客观形势"下，以"自身实力"能否完成目标。客观形势是："太行、王屋二山，方七百里，高万仞"，土石需要"投诸渤海之尾，隐土之北"，搬运的速度是"寒暑易节，始一反焉"，山体高大无比，附近无处安置土石，搬运地点远，往返时间长。自身实力是"年且九十"，"以……力，曾不能损魁父之丘，如太行、王屋何"，"以残年余力，曾不能毁山之一毛，其如土石何"，"子孙荷担者三夫，叩石垦壤，箕畚运于渤海之尾"，愚公年迈，才智有限，人手不多，挖运工具简陋。可见，客观形势严峻，自身实力有限，两相对比矛盾十分突出。看起来，移山是一件绝对不可能的事，但愚公偏偏相信可能，相信"何苦而不平"，敢于做出移山的决定。这背后隐藏着中华民族的人性观——相信任何一个平凡人的无限可能。

这种"无限可能"不仅局限在个体身上的可能，还是相信每个人做好自己能做的事，就可以实现整体的目标。比如，愚公不认为靠自己个人的力量可以移动太行、王屋二山，而说"虽我之死，有子存焉；子又生孙，孙又生子；子又有子，子又有孙；子子孙孙无穷匮也，而山不加增，何苦而不平"。在中华文化中，有天人合一的思想，如果天人是合一的，与天合一的每个人也是合一的，那么每个人都不是孤立的，都通过某种方式与他人连接。一个人的决定，不仅会影响自己，也会影响很多其他人，自己的决定也是在为人类做决定。愚公想移山，有家人"杂然相许"，"邻人京城氏之孀妻有遗男，始龀，跳往助之"，愚公敢于移山的自信，并不仅仅源于对自我的相信，也源于对"人"这个类属的相信。对个体来说，做一件事的结果可能是自己不能决定的，但过程是自己可以选择的，一旦每个人都启动了正确的过程，结果

① 杨伯峻. 列子集释［M］. 北京：中华书局，2016：167–169.

就可能在大家共同的行动中而水到渠成。可见，这种“无限可能”，不是来自对“个人英雄主义”的相信，而是来自对集体的相信。

愚公为何要移山？一方面，移山是一件利人利己的事，另一方面，愚公相信自己和人类的无限可能。

二、愚公如何移山

“相信可以”不等于“真的可以”，“相信”给了愚公敢于移山的勇气，但如果想实现目标，还需要自身“实力”。相信有“无限可能”，要以真的有“无限可能”为基础，否则这种相信就如空中楼阁。这种“平常人的无限可能”从哪里来，文中也有一定的线索，文末说“帝感其诚”，可以看出“诚”是一个重要因素。我们拟探讨这样几个问题：“诚”具有什么样的作用？“诚”是如何发挥作用的？“诚”从哪里来？

“诚”具有什么样的作用？“帝感其诚，命夸娥氏二子负二山，一厝朔东，一厝雍南。”移山成功看起来靠的是“帝”与“夸娥氏二子”的力量，但归根结底是愚公的“诚”所带来的“神力”。

“诚”是如何发挥作用的？愚公之“诚”，决定了自己坚定不移的行动，影响了自己的家人，影响了乡里的“孀妻弱子”，也感动了天上的“帝”。可谓一颗“心”，改变了整个世界。“诚”从自“心”，决定着自己的态度、情感、行为等，然后可以影响家人，影响乡里，乃至影响整个世界。在中华文化中，做任何事都是从“我”开始的。《大学》有言：“物格而后知至，知至而后意诚，意诚而后心正，心正而后身修，身修而后家齐，家齐而后国治，国治而后天下平。自天子以至于庶人，壹是皆以修身为本。”[①]愚公之“诚”是完成移山大计的核心要素，一旦具备这个要素，其他所有力量就都要随之转化。“诚”何以撼动“天下”？《中庸》中有这样的论述：“故至诚无息。不息则久，久则征，征则悠远，悠远则博厚，博厚则高明。博厚，所以载物也；高明，所以覆物也；悠久，所以成物也。博厚配地，高明配天，悠久无疆。如此者，不见而章，不动而变，无为而成。”[②]“惟天下至诚，为能尽其性；能尽其性，则能尽人之性；能尽人之性，则能尽物之性；能尽物之性，则可以

① 孟子，等．四书五经［M］．北京：中华书局，2009：47．
② 孟子，等．四书五经［M］．北京：中华书局，2009：56．

赞天地之化育；可以赞天地之化育，则可以与天地参矣。”[①]“诚则形，形则著，著则明，明则动，动则变，变则化，惟天下至诚为能化。”[②]可见，内心一旦有了“至诚”，天地万物就都要随之变化。意是心之所发，身是心之所使，自己的心仿佛是第一张多米诺骨牌，内心有“诚”仿佛是触碰了第一张多米诺骨牌，其他牌都要随之而动，自己动什么心，天下应什么感，天下不过是内心的镜子。愚公说智叟“汝心之固，固不可彻”，如果没有诚心，自己都难以影响，更别说影响世界了。自己的内心有了“至诚”，即使未见于天下，也可以诚动天下，仿佛后面的多米诺骨牌，表面上可能看不到它与第一张牌的联系，却会随之而动。

“诚”从哪里来？愚公移山开路，受益的不只是自己，还有面临同样困境的其他人，因此才会“得道多助”。在追求任何一个有价值的目标的过程中，我们都会遇到很多困难，在遇到困难时，如果你相信困难可以解决，就会积极去尝试各种可行方案，也许就会找到解决办法，目标也就实现了；但如果你的信心不够坚定，在遇到困难时，你怀疑困难无法解决，也就失去了寻找解决办法的动力，在多个考验面前，终有一个会让你失去信心而放弃尝试，目标也就无法实现。

《中庸》有言：“诚身有道：不明乎善，不诚乎身矣……诚之者，择善而固执之者也。博学之，审问之，慎思之，明辨之，笃行之。有弗学，学之弗能弗措也；有弗问，问之弗知弗措也；有弗思，思之弗得弗措也；有弗辨，辨之弗明弗措也；有弗行，行之弗笃弗措也。人一能之己百之，人十能之己千之。果能此道矣，虽愚必明，虽柔必强。”[③]可见，“择善”与“固执”是达到“诚”的两个条件，做符合善性的正确选择，然后坚持不懈地去做。在做一件事情时，“诚”是坚定不移的信心与坚持不懈的努力。“太行、王屋二山，方七百里，高万仞”没有动摇愚公的信心；“寒暑易节，始一反焉”没有动摇愚公的信心；“其妻献疑”没有动摇愚公的信心；“智叟笑而止之”也没有动摇愚公的信心。动摇人信心的，可能是困难本身，也可能是别人的冷嘲热讽，面对这些，愚公都不为所动。“坚定不移的信心与坚持不懈的努力”与“相信任何平常人的无限可能”之间存在着联系，一旦相信了人的无限可能，就相信人可以克服任何困难，在面对困难时就不会轻易退缩。

---

① 孟子，等．四书五经［M］．北京：中华书局，2009：56.
② 孟子，等．四书五经［M］．北京：中华书局，2009：56.
③ 孟子，等．四书五经［M］．北京：中华书局，2009：55-56.

《中庸》有言："今夫天，斯昭昭之多，及其无穷也，日月星辰系焉，万物覆焉。今夫地，一撮土之多，及其广厚，载华岳而不重，振河海而不泄，万物载焉。今夫山，一卷石之多，及其广大，草木生之，禽兽居之，宝藏兴焉。今夫水，一勺之多，及其不测，鼋鼍、蛟龙、鱼鳖生焉，货财殖焉。……盖曰文王之所以为文也，纯亦不已。"[①] 空气无限多就成了天空，土无限多就成了大地，石头无限多就成了高山，水无限多就成了海洋，而对于人来说，诚无限多就成了圣人，甚至成了神——至诚如神。在中国人心中，神具有无限的能力，而每个人都可以通过"至诚"而成神，每个人都具有无限的潜能。

总结起来，在中国的文化思想中，相信一个善良的人有善良的愿望并坚持做善良的事，就可以开发自己的无限潜能，可以创造奇迹。现代研究表明，人的一生中只使用了自己很少一部分的大脑功能，大脑的很多功能都没有被开发出来。从这个意义上说，一个人心中有帮助多少人的愿望，并坚定地去行动，就可能开发出自己多少潜能，就具备了帮助多少人的能力。无限的潜能如何发挥出来与善性之间具有密切联系。

三、全息整体观与人的无限潜能

中国人为什么相信人有无限潜能？这与中国的整体观是密切相关的。中国传统整体观是全息整体观，整体的每一个局部，不是割裂分散的局部，而是全息的局部。就像磁铁，每分出的一小块都会有自己的南极和北极，相当于每一个局部，都包含了反映整体的信息。以中医为例，在中医理论中，人体的每一个局部都可以反映整体，如手、脚、脸、眼睛、鼻子、舌头、耳朵、手上的一块骨头、手臂等，在人体的每一个局部都可以看到整个人体的信息，看到内部的五脏六腑的信息，并能对整个人体进行调理，所以中医有望诊、舌诊、手诊、眼诊、足疗等。比如，一个人的肺脏有问题，在手的肺部反射区可能有硬结，在脚、腹部、背部、眼睛、脸、鼻子、耳朵、皮肤等部位的肺部反射区可能都有相应反应，或是硬结，或是红疙瘩，或是黑痣，或是疼痛，等等。如果通过按揉，手上的硬结揉开了，肺部好转了，可能会带动各个部位都随之好转，如皮肤有光泽了，湿疹消失了，脸上的疙瘩不见了，黑痣消失了，疼痛处不疼了，鼻子通气了，咳嗽也好了。这就是一个微小部位

---

① 孟子，等．四书五经［M］．北京：中华书局，2009：56．

的调整，对整体的影响，可谓牵一发而动全身。人与世界的关系也是相似的，如果能够改变自己，就可能改变家庭，就可能影响整个社区。如果每个人都能改变自己，整个国家社会，整个世界，整个宇宙就随之改变了。社会的进步，无非是每个人都在进步。一个人可能会觉得自己对世界无力可施，对他人无可奈何，看什么都感觉不顺眼，想什么都感觉不顺心，但如果能从改变自己开始，看什么可能都感觉顺眼，想什么可能都感觉顺心，自己的改变可能带动身边的人改变，可能就觉得整个世界都变美好了。自己去努力，不一定能改变别人的世界，但是一定能改变自己的世界。如果每个人都改变，整个世界可能就真的改变了。

中国传统上有“天人合一”的宇宙观，在中国人眼里，人与整个宇宙都是一体的，作为宇宙的一个全息局部，人就具备了影响整个宇宙的能力，也就具备了无限潜能。从这个意义上说，只要每个人做好自己，就可以影响整个世界。“影响整个世界”听起来似乎是不可能的，但“做好自己”是每个人都可以自主实践的。我们知道，如果一个小石子落入湖水中，整个湖面都会泛起涟漪。虽然这种波动可能很小，甚至难以察觉，但这种影响在理论上是存在的。所以人的一言一行，甚至一思一念，都可能具有影响力，影响着自己所在的时空，甚至是世界。

一言一行会给宇宙带来影响似乎可以理解，那一思一念是否可以给宇宙带来影响呢？一个人内心的想法可以影响世界吗？我们可能都有这样的经历：有的人心里的想法虽然没有说出来，但是我们感觉到了，我们知道他在想什么。如果一个人的想法不能影响外在，我们就无法感觉到，既然能被感觉到，就说明是有影响的。即使一个人的想法没有被他人感觉到，对宇宙的影响也是存在的。物理学中有一个共振的概念，如果一个人引起的波动，能与其他人引起的波动共振，这种力量就可能发生叠加，就会被放大。愚公的想法与行动影响了家人，影响了邻居，也影响了操蛇之神与天帝。

可见，中国传统上“人有无限潜能”的人性观，是有理论支撑的，并不是妄自尊大。“人皆可以为圣贤”的人性观，也有其理论基础，是与中国的整体观一脉相承的。善性与潜能两者是有机联系的，善性是潜能的前提，只有具备了善性，才可以有无限潜能。“仁者无敌”“皇天无亲，惟德是辅”，都可以为我们认识两者的关系提供启示。

第三节　中华传统人性观在现实中的体现

在中华传统文化中，相信人具有无限潜能的人性观，这种人性观无论是在日常生活中，还是在管理实践中，都有所体现。相信人的无限可能，无论是对个体还是对群体来说，都非常重要，很多事情只有想得到，才能做得到。想到了，树立了目标，然后努力去做，也许终有一天能实现；但是，如果想都没想到，就很难做到。如果认为绝对不可能，就没有动力去做，也就不可能实现。有些事情，可能在开始的时候，并不是所有人都相信，但只要有一部分人相信，就可能带动其他人。中国人创造了很多“奇迹”，很多看起来不可能的事，都被中国人变成了现实，而这些“奇迹”的创造往往都具有一些相似的特征，比如，无私奉献、团结合作、敢想敢干等。

一、中华传统人性观在日常生活中的体现

潜在的人性观会影响孩子的学业成绩，如果相信人具有无限潜能，就会相信努力可以发挥作用，就可能愿意付出努力提高自己，相对于相信学业成绩是由天赋决定的认识，会取得更高成绩。①

这种“相信无限可能”的人性观，所产生的力量是不可小觑的，有时候甚至是可以救命的。《黄帝内经》中说“言不可治着，未得其术也”②，人外有人，天外有天，一个医生治不好的病，可能有水平更高的医生可以治。在传统中医思维中，一般不会认为有绝对无法治疗的“绝症”。

“相信任何一个平常人的无限可能”，在社会现实中既表现为相信自己的能力与价值，也表现为相信他人的能力与价值。中国有句古语：“真人不露相，露相非真人。”从某个角度来理解，也是相信一个外“相”平常的人，可能是“真人”。在中华文化的政治思想中，向来有统治者要为百姓服务的理念，很多统治者有“水能载舟，亦能覆舟”的意识。在《愚公移山》的故事里，神敬畏人的无限可能，在现实社会中，统治者敬畏百姓的无限可能，精英敬畏普通人的无限可能。中华文化肯定任何群体及个体的价值，任何群体

① 更详细的介绍，请参见《中国传统教育学理论》一书。

② 黄帝内经灵枢经［M］. 任廷革，点校. 北京：人民军医出版社，2006：7.

与个体都不会被看成是多余的，不会被看成是社会的负担。

中华民族有一种不屈不挠、自强不息的奋斗精神，这种精神可能源自“相信任何一个平常人的无限可能”，相信只要坚持努力就未来可期。这使得中华民族，从个体到群体再到国家，都敢于追求看起来“不可能”的目标，并能够坚持不懈地为之奋斗。相信自己的潜能，相信学习可以提升自我、创造成功，并愿意付出努力，在这样的思维模式与行为方式作用下，不同的主体都取得了一些超越原有可能性的成就。不同主体之间也相互尊重，不因外在身份、地位等而否定任何人的潜在价值。

二、中华传统人性观在中国管理实践中的体现

“人皆可以为圣贤”的人性观，相信人的善性，相信人有无限的潜能，相信每个人不论外在的身份、地位如何，在内在上都具有同样的善性与潜能。这种人性观背后，隐含了人具有平等性，体现在公共管理领域里，表现为：敬重人民，相信人民，依靠人民；关注弱势群体，追求社会公平；敢于提出具有超越性的远大目标，带领人民为实现目标而奋斗，并最终实现目标。相信人的善性与潜能，就能尊敬人，相信人，依靠人；相信每个人都具有这样的善性与潜能，就能平等地待人；相信人的无限潜能，就敢于提出看起来“不可能”的目标，并敢于为之奋斗。“全心全意为人民服务”“人民当家作主”“一切为了人民、一切依靠人民，从群众中来、到群众中去”等中国管理实践，都体现了这样的人性观。

中国变“不可能”为“可能”的例子，真是不胜枚举。新中国成立初期，一穷二白，人民的温饱都难以保障，国家带领人民进行社会主义建设，让人民过上富裕生活是一个重要目标。“脱贫致富”是服务人民，帮助人民过上美好生活；“脱贫攻坚”是帮助弱势群体，追求社会公平。2020 年，中国实现了脱贫攻坚工作的全面胜利，这体现了中国管理理念中服务人民、追求平等的理念，与“人皆可以为圣贤”的人性观是相融相洽的。在中国“脱贫致富”“脱贫攻坚”的过程中，很多“不可能”变为“可能”，这也体现了相信人的无限可能的人性观。首先，带领超 14 亿多人口全面进入小康社会，这在历史上是不曾有过的；其次，在具体的脱贫攻坚过程中，也实现了无数个“不可能”。

相信人的无限潜能，敢于追求远大目标，开始可能是少数“先进”者提出目标，得到大家的认可，然后成为大家共同的目标，齐心协力为之奋斗。

这也体现了集体的力量，在一个集体中，只要少数人甚至一个人想到了，就可能使整个集体认识到超越的可能并产生追求卓越的勇气。

1. 为人民服务及党的群众路线——以兰考县发展为例

中国政府把人民群众的地位看得特别高，相信人民群众的力量与智慧，提出“人民群众才是历史的主体与创造者”“江山就是人民，人民就是江山”等。人民群众是智慧源泉，是最具生机的力量，是全心全意服务的对象。中国很多重大问题的解决办法，也确实都来自人民群众。这种为人民服务的理念和依靠群众的路线，都体现了“人皆可以为圣贤”的人性观。只有相信每个人的善性与潜能，才能平等地待人、尊重人、服务人，才能相信人民群众的力量。这里我们举一个焦裕禄带领兰考县人民战胜自然灾害，走向粮食自给道路的例子。

拓展阅读：县委书记的榜样——焦裕禄[①]

兰考县在历史上曾经是一个贫困县，县域内有内涝、风沙、盐碱“三害”，在“三害”被制服之前的兰考地区千年历史上，一直在遭受自然灾害的折磨，生活艰难困苦。1962 年是兰考县遭受自然灾害非常严重的一年，20 万亩麦子被风沙打毁，30 多万亩庄稼因内涝淹坏，10 万亩禾苗被盐碱地碱死，粮食产量下降到了历史最低水平，人民生活极端艰难。这一年冬天，焦裕禄被任命为兰考县委书记。焦裕禄到兰考县上任的第二天，就到灾情最重的公社和大队调研实际情况。焦裕禄做县委干部的思想工作，鼓舞干部们为改变群众的困苦生活而奋斗，认为除“三害”首先要除干部们在思想上认为在自然灾害面前束手无策的“病害”，使大家下定消灭“三害”的决心。不久，在焦裕禄的倡议和领导下，一个改造兰考大自然的蓝图制定出来了。这个蓝图规定在三五年内，要取得治沙、治水、治碱的基本胜利，改变兰考县的面貌。在焦裕禄眼里，兰考县是一个大有作为的地方，沙丘可以种树，涝洼窝可以栽苇、种蒲、养鱼，白茫茫的碱地也可以变青。

焦裕禄认为“没有调查就没有发言权”，要想战胜灾害，必须详尽

① 穆青，冯健，周原. 县委书记的榜样：焦裕禄［N］. 人民日报，1966-02-07。有删减。

地掌握灾害的底细，了解灾害的来龙去脉，然后做出正确的判断和部署。他下决心要把兰考县1800平方公里土地上的自然情况摸透，先后抽调了120名干部、老农和技术员，组成一支调查队，在全县展开了大规模的追洪水、查风口、探流沙的调查研究工作。调查队在风里、雨里、沙窝里、激流里度过了一个又一个月，方圆跋涉了5000余里，终于拿到兰考“三害”的第一手资料。全县有大小风口84个，经调查队一个个查清，编了号，绘了图；全县有大小沙丘1600个，也一个个经过丈量，编了号，绘了图；全县的千河万流，淤塞的河渠，阻水的路基、涵闸……也调查得清清楚楚，绘成了详细的排涝泄洪图。焦裕禄发动县委领导同志再到群众中去，集中群众的智慧寻求解决困难的办法。他自己更是经常住在农民的草庵子里，蹲在牛棚里，跟群众一起吃饭，一起劳动。他在群众中询问着、倾听着、观察着，学到了不少治沙、治水、治碱的办法，总结了不少可贵的经验。群众的智慧，使他受到极大的鼓舞，也更加坚定了他战胜灾害的信心。秦寨大队社员在盐碱地上刮掉一层皮，从下面深翻出好土，盖在上面，改良土壤后变成了良田。赵垛楼社员冒着倾盆大雨，挖河渠，挖排水沟，同暴雨内涝搏斗，还用沙底下的黄胶泥封盖住危害农田多年的沙丘。1963年9月，县委召开了全县大小队干部会议，号召全县学习先进经验，树立制服“三害”的信心，激发了群众的革命豪情，鼓舞了群众的革命斗志，有力地推动了全县抗灾斗争的发展。

每当风沙最大的时候，也就是焦裕禄带头下去查风口、探流沙的时候；雨最大的时候，也就是他带头下去冒雨涉水，观看洪水流势和变化的时候。他曾站在洪水激流中，打着伞画了一张又一张水的流向图。他和调查队的同志们经常在齐腰深的水里吃干粮，蹲在泥泞里歇息。焦裕禄同志患着肝病，但他忍受了巨大的痛苦，仍然全心全意投入改变兰考县面貌的斗争中去。肝时时发痛，他就用手或硬东西压着肝部，继续工作，日子久了，他坐的藤椅被顶出了一个大窟窿。焦裕禄的肝病越来越重，而他就医的事却一拖再拖，他一直放不下工作，用因疼痛而颤抖的手拿笔写着工作笔记。组织安排焦裕禄去就医，临行那一天，由于肝痛得厉害，他是弯着腰走向车站的。开封医院把焦裕禄转到郑州医院，郑州医院又把他转到北京的医院。1964年5月14日，焦裕禄同志因肝癌逝世。那一年，他才42岁。他要求把自己埋到兰考县的沙丘，他说：“我死后只有一个要求，要求组织上把我运回兰考，埋在沙堆上，活着我没有治好沙丘，死了也要看着你们把沙丘治好！”

焦裕禄去世后的一年，他倡导制定的改造兰考大自然的蓝图，经过3年的艰苦努力，变成了现实。1965年，兰考县连续旱了68天，从1964年冬天到1965年春天，刮了72次大风，却没有发生风沙打死庄稼的灾害，19万亩沙区的千百条林带把风沙锁住了。这一年秋天，兰考县连续下了384毫米暴雨，全县也没有一个大队受灾。兰考县这个历史上多年缺粮的县，实现了粮食初步自给。

从前，一代代兰考人在自然灾害的逼迫下蜷潜千年，仿佛生活于无边的黑暗中，未曾想能见到光明。焦裕禄战胜“三害”的信心与勇气，仿佛是一盏明灯，照亮了兰考人千年的黑暗。在焦裕禄来到兰考县之前，人们遭受着灾害的折磨，没有人想到有一天能“制服”三害。而焦裕禄就像要移山的愚公那样，偏偏相信可以，他也带领人民做到了。

很多时候，追求突破性目标的想法与勇气，并不是来自对所要做的事情难易程度的评估，而是来自服务人民的愿望。如果从难易程度来看，很多事情都简直是天方夜谭，但为了让人民群众过上美好生活，必须有人去做这些看起来不可能的事。正是这种为人民服务的决心，让中国政府提出了很多突破性设想，并带领人民群众一步步实现了这些设想。

焦裕禄以卓越勇气提出制服“三害”的目标，成为全兰考县人民的目标，大家齐心协力实现了这个目标，改变了持续上千年的困境。焦裕禄的目标能成为全县人民的目标，是有其原因的：一是目标本身有益于人民，二是焦裕禄带领大家设计了行之有效的实现目标的蓝图，三是焦裕禄的奉献精神感染并鼓舞了全县人民。树立有益于人民的目标，以无私奉献的精神、卓越的智慧，团结广大人民群众脚踏实地地去行动，这是成功的“密码”。

2. 扶助弱势群体及追求公平——以教育领域为例

“人皆可以为圣贤”的人性观，蕴含了人具有平等性之意，不管人外在的身份、地位如何，内在都是平等的，这样的人性观反映到社会生活中，体现为对公平的追求，对弱势群体的帮扶。社会公平的涉及范畴非常广，我们很难全面介绍，这里仅以教育领域为例，说明中国在社会管理中，对弱势群体的扶助及对公平的追求。

教育公平是社会公平的基石，在中国的教育体系里，一直是以公办教育为主，最好的学校基本都是公立学校。公立学校可以保证不同家庭经济条件的孩子有更平等的入学机会，国家也会采取各种措施保障个体的入学机会。国家出台了很多措施，保障教育发展相对落后地区的人及处境不利群体的平等受教育机会，在政策、财政资金、项目等方面，都着力向农村地区、西部地区、薄弱学校、处境不利的特殊群体倾斜。随着国力的上升，中国对教育的投入及对教育公平的保障逐渐加强。追求教育公平是中国教育发展的重中之重，采取的相关措施非常多，这里我们只能列举部分内容，做一个简要介绍。

（1）政策保障与财政倾斜。以国家政策的形式，对落后地区进行扶助，并给予财政上的支持，是实现教育均衡发展最重要的保障。中国采取的部分措施列举如下。

全面免除农村义务教育学杂费。2006 年，率先对西部农村义务教育实行了免收学杂费的政策；2007 年，进一步扩展到全国农村的义务教育学校，惠及 1.5 亿农村学生。①

建立农村义务教育经费保障机制。2005 年，将农村义务教育全面纳入国家公共财政保障范围，建立了中央和地方分项目、按比例分担的农村义务教育经费保障新机制，提高了农村义务教育阶段学校公用经费的保障水平，建立了农村中小学校舍维修改造长效机制，加强了农村中小学教师工资保障。②

统一城乡义务教育生均公用经费。2015 年，国家提出统一城乡义务教育“两免一补”政策，统一城乡义务教育学校生均公用经费基准定额，生均公用经费基准定额资金随学生流动可携带等，旨在建立城乡统一，且向农村、偏远、艰苦等地区倾斜的教育资源配置模式，推进基础教育从基本均衡向优质均衡发展。③

（2）教师队伍建设。良好的教师素质是教育质量的基本保障，国家采取多种措施，着力提高教育薄弱地区的教师素质，这里我们列举一些。

强化乡村教师待遇保障。严格落实义务教育教师平均工资收入不低于当地公务员的规定。提高教龄津贴标准，绩效工资核定向乡村小规模学校、艰

① 中共教育部党组．努力保障人民群众接受良好教育的机会［EB/OL］.（2007-10-17）. http://www.moe.gov.cn/jyb_xxgk/gk_gbgg/moe_0/moe_1443/moe_1846/tnull_28920.html.

② 中共教育部党组．努力保障人民群众接受良好教育的机会［EB/OL］.（2007-10-17）. http://www.moe.gov.cn/jyb_xxgk/gk_gbgg/moe_0/moe_1443/moe_1846/tnull_28920.html.

③ 国务院关于进一步完善城乡义务教育经费保障机制的通知［EB/OL］. (2024-08-27). https://www.gov.cn/gongbao/content/2015/content_2978253.htm.

苦边远地区学校等倾斜。安排中央预算内投资，支持艰苦边远地区改善乡村教师周转宿舍，推动地方为乡村教师提供稳定性住房。加强对乡村教师的培训，促进培训与学历教育相衔接，支持乡村教师便捷提升学历。放宽乡村教师职称评审学历要求，提高教学实绩权重。①

特岗教师制度。中央给予财政与政策支持，通过公开招聘高校毕业生到中西部“两基”攻坚县、县以下农村学校等地区任教，引导和鼓励高校毕业生从事农村义务教育工作，提高相关地区的师资力量。国家还实施了“农村学校教育硕士师资培养计划”，为特岗教师获得教育专业硕士学位提供机会。②

教师交流轮岗。义务教育教师队伍实施“县管校聘”，引导优秀教师向乡村学校轮岗流动，促进县域内不同学校之间的师资力量均衡。③

中小学教师国家级培训计划。简称“国培计划”，由教育部、财政部于2010年开始全面实施，是提高中小学教师特别是农村教师队伍整体素质的重要举措。通过创新培训机制，采取骨干教师脱产研修、集中培训和大规模教师远程培训相结合方式，对中西部农村义务教育骨干教师进行有针对性的专业培训。④

银龄讲学计划。教育部面向社会公开招募一批优秀退休校长、教研员、特级教师、高级教师等到农村义务教育学校讲学的计划。帮助提升农村学校教学水平和育人管理能力，促进城乡义务教育均衡发展。⑤

（3）工程项目带动。为了快速有针对性地改善办学条件，提高教育水平，国家会以工程、项目的形式，带动落后地区的教育发展。

“农村寄宿制学校建设工程”，中央财政总计投入100亿元资金，可满足200万新增寄宿生的学习、生活所需，使他们不必再为上学每天翻山越岭、长途跋涉。⑥

---

① 确定加强乡村教师队伍建设和保障进城务工人员随迁子女就学的措施［EB/OL］. (2021-12-29). http://www.moe.gov.cn/jyb_xwfb/s6052/moe_838/202112/t20211229_591358.html.

② “农村义务教育阶段学校教师特设岗位计划”启动实施［EB/OL］. (2006-05-18). http://www.moe.gov.cn/jyb_xwfb/gzdt_gzdt/moe_1485/tnull_14847.html.

③ 教育部对十三届全国人大一次会议第7128号建议的答复［EB/OL］.（2018-12-29）. http://www.moe.gov.cn/jyb_xxgk/xxgk_jyta/jyta_jiaoshisi/201812/t20181229_365424.html.

④ 国培计划［EB/OL］.（2012-09-03）. http://www.moe.gov.cn/jyb_xwfb/moe_2082/s6236/s6811/201209/t20120903_141516.html.

⑤ 教育部 财政部关于印发《银龄讲学计划实施方案》的通知［EB/OL］.（2018-07-13）. http://www.moe.gov.cn/srcsite/A10/s7151/201807/t20180719_343448.html.

⑥ 中共教育部党组．努力保障人民群众接受良好教育的机会［EB/OL］.（2007-10-17）. http://www.moe.gov.cn/jyb_xxgk/gk_gbgg/moe_0/moe_1443/moe_1846/tnull_28920.html.

"农村中小学现代远程教育工程"，中央和地方政府投入资金，建设了遍及全国农村的远程教育网络，使所有中西部农村中小学生可以与城市学生共享优质教育资源。为加快西部地区、贫困地区、边疆地区、民族地区义务教育的发展，发挥了重要作用。①

农村义务教育学生营养改善计划。自 2012 年秋季学期起，国家开始推行"农村义务教育学生营养改善计划"，为西部农村学生提供营养午餐，使相关学生的营养状况得到明显改善，平均身高、体重逐步上升，生长迟缓或贫血的儿童数量逐步减少。②

义务教育学校标准化建设。为了促进义务教育均衡发展，解决办学条件较差学校所面临的困难，启动实施义务教育学校标准化建设项目，通过完善义务教育长效机制，实施薄弱学校改造计划、初中工程等项目，缩小中西部地区城乡、区域间义务教育学校建设的差距，推动义务教育学校标准化建设。③

（4）关注特殊群体。特殊群体是指在某方面或因某种原因，处于不利地位的群体。国家会专门针对这些特殊群体，提出相应政策，保障其获得平等的教育机会。

流动儿童。保障进城务工人员随迁子女平等接受义务教育，坚持以流入地政府为主、公办学校为主，纳入当地教育发展规划和财政保障。严禁收取借读费、赞助费。创造条件，为随迁子女在流入地参加中考提供更多机会。④

留守儿童。按照教育部的要求建立农村留守儿童档案，健全动态监测机制，制定了有效的教育与管护措施。构建政府主导、家校联动、社会参与的留守儿童关爱服务体系。⑤

贫困人口。建立为义务教育阶段家庭经济困难学生免费提供教科书和寄宿生活补助费制度。建立健全以国家奖助学金和助学贷款为主体，勤工助学、

---

① 中共教育部党组．努力保障人民群众接受良好教育的机会［EB/OL］.（2007-10-17）. http://www.moe.gov.cn/jyb_xxgk/gk_gbgg/moe_0/moe_1443/moe_1846/tnull_28920.html.

② 财政部　教育部关于印发《农村义务教育学生营养改善计划专项资金管理暂行办法》的通知［EB/OL］.（2012-07-24）. http://www.moe.gov.cn/srcsite/A05/s7505/201207/t20120724_170442.html.

③ 义务教育学校标准化建设［EB/OL］. http://www.moe.gov.cn/jyb_xwfb/moe_2082/s6236/s6811/201209/t20120903_141499.html.

④ 国常会：创造条件为随迁子女在流入地参加中考提供更多机会［EB/OL］.（2021-12-30）. https://www.gov.cn/zhengce/2021-12/30/content_5665557.htm.

⑤ 中共教育部党组．努力保障人民群众接受良好教育的机会［EB/OL］.（2007-10-17）. http://www.moe.gov.cn/jyb_xxgk/gk_gbgg/moe_0/moe_1443/moe_1846/tnull_28920.html.

特殊困难补助、学费减免有机结合的高校家庭经济困难学生资助政策体系。高校招生继续加大对中西部和农村地区倾斜力度。建立、完善、应用以学籍为基础的全国学生资助信息管理系统，实现与人口、民政、扶贫等部门信息系统的对接，精准识别资助对象，精准帮扶困难群体，更好实现家庭经济困难学生资助全覆盖。2006 年，国家启动了中等职业教育学生助学金制度。这项具有普惠性的国家助学金政策，资助对象覆盖了所有在校农村学生和城市家庭经济困难学生，对一、二年级学生每生每年资助 1500 元。①

残疾儿童。落实“一人一案”，提高残疾儿童少年义务教育入学率。各地要按照“全覆盖、零拒绝”的要求，以区县为单位，根据残疾儿童的实际制定教育安置方案，逐一做好适龄残疾儿童少年的入学安置工作。②

（5）有针对性的政策。对于关系到教育公平的关键环节，国家会提出有针对性的政策，如高考招生的“阳光工程”、集团化办学，等等。

实施普通高校招生的“阳光工程”。该工程旨在把招生政策、高校招生资格及有关考生资格、招生计划、录取信息、考生咨询及申诉渠道、重大违规事件及处理结果全部公开，将招生录取工作置于群众监督和舆论监督之下，建立并完善招生考试工作责任制和责任追究制。③

集团化办学。为了促进一定区域范围内教育均衡发展，在部分地区推行了集团化办学政策。将多所学校按照一定的规则组成集团，实现管理、师资、设备等优质教育资源的共享，以名校为龙头带动一般学校发展。④

总之，为了促进教育公平，国家采取了普惠性与补偿性相结合的政策体系，千方百计扶助处于弱势地位的群体、学校与地区。这种对公平的执着追求，与“人皆可以为圣贤”的平等观具有一致性。

---

① 中共教育部党组．努力保障人民群众接受良好教育的机会［EB/OL］.（2007-10-17）. http://www.moe.gov.cn/jyb_xxgk/gk_gbgg/moe_0/moe_1443/moe_1846/tnull_28920.html.

② 教育部办公厅　中国残联办公厅关于做好残疾儿童少年义务教育招生入学工作的通知［EB/OL］.（2017-04-26）. http://www.moe.gov.cn/srcsite/A06/s3331/201704/t20170428_303422.html.

③ 中共教育部党组．努力保障人民群众接受良好教育的机会［EB/OL］.（2007-10-17）. http://www.moe.gov.cn/jyb_xxgk/gk_gbgg/moe_0/moe_1443/moe_1846/tnull_28920.html.

④ 多地探索完善集团化办学运行机制　更好满足群众对“上好学”的需要［EB/OL］.（2024-03-02）. https://www.gov.cn/lianbo/difang/202403/content_6935938.htm.

第四节　中国人变无数“不可能”为“可能”

愚公移山的精神一直渗透在中国人的血液之中，渗透在中国社会主义发展建设之中。“人具有无限潜能”的人性观，在现实中体现为人们追求看起来“不可能”的目标，并通过努力使之成为“可能”。中国人变无数“不可能”为“可能”，这里我仅列举几个例子。

一、红旗渠的建设

红旗渠的建设是比愚公移山更具神话色彩的壮举。红旗渠的建设，参与人员多，历时时间长，建设条件艰苦，几十万人团结一心，无私奉献，艰苦奋斗，把不可能变成了可能。

拓展阅读：红旗渠的建设①

红旗渠，是一条人工修建的灌渠，位于历史上“水缺贵如油，十年九不收”的河南省林州市，之前称作“林县”。干旱导致百姓生活十分困难，没有水难种庄稼没有饭吃，没有水不洗脸、不洗手、不讲卫生易生疾病，等等。虽然在历史上，尤其是在新中国成立后，林县修建了一些水利工程，在一定程度上缓解了缺水问题，但是在干旱严重的年景，还是无法满足当地的需要。1959 年，林县又遇到了前所未有的干旱，天不下雨，河流断流，水库见底，井不出水，山村群众又得远道取水吃。

经过反复调查与斟酌，1959 年 10 月，林县县委召开会议，决定把山西省平顺县浊漳河的水引到林县来，“引漳入林”工程后来被命名为“红旗渠”。红旗渠于 1960 年 2 月开工，于 1965 年 4 月 5 日总干渠通水，1966 年 4 月三条干渠同时竣工，1969 年完成干、支、斗渠配套建设。经过 10 年奋战，林县以红旗渠为主体的灌溉体系基本形成，灌区有效灌溉面积达到 54 万亩，而在此之前只有 1 万亩。该工程共削平 1250 座山头，

① 红旗渠精神代代相传［EB/OL］.（2021-11-11）. http://cpc.people.com.cn/n1/2021/1111/c64387-32279120.html.

架设151座渡槽，开凿211个隧洞，修建各种建筑物12408座，挖砌土石达2225万立方米，红旗渠总干渠全长70.6公里（山西石城镇至河南任村镇），干渠、支渠分布于林州市乡镇。彼时拥有56.7万人口、37万头牲畜、54万亩水浇地的林县，从此过上了千年期盼的“旱涝都不怕，年年保丰收”的生活。

红旗渠于1960年2月开工时，林县只有150亩耕地、300万元储备金、28名水利技术人员。整个工程总投资6865万多元，上级资助1025万多元，占比不到15%，其余85%以上的投入就靠林县自行解决。林县50万人口，先后有37万人上山参加过修渠。人们住石崖、宿山洞、吃粗粮，工具自己做，口粮自己带，石灰自己烧，水泥自己制，炸药自己造，建材就地取，技术干中学。每人每天1.5斤口粮，红薯干、玉米面等杂粮居多，最困难的时候，人们不得不挖野菜充饥。在如此艰苦的条件下，人们仍然坚持劈山造渠。渠一修就是十年，其间没有一次请客送礼，没有一处挥霍浪费，没有一例贪污受贿、挪用物资。林县所有干部勒紧裤腰带，每月从29斤口粮中挤出2斤支援修渠，连县委书记杨贵也曾经饿着肚子晕倒在工地。

当时，缺乏重型机械与精密仪器，群众只能赤手使用钢钎、铁锤等最原始的工具，开凿岩体坚硬的太行山。红旗渠所开凿出的土石，可以修一条高3米、宽2米的“长城”，它的长度可以从南国的广州一直连接到北疆的哈尔滨。总干渠从渠首到分水岭70多公里，落差仅有14.7米，且渠线全部位于悬崖峭壁上，测量和施工精度要求很高。大家使用一台简陋的测量仪器，居然成功完成了这一堪称奇迹的挑战。在壁立千仞、结构破碎的太行山上，红旗渠的建设者们根据不同的地形地质条件，创造出不同的开挖方法：上开法、下接法、腰砍法、顺山开洞法等。为了解决总干渠与浊漳河交叉的矛盾，别出心裁设计、建造了一个坝中过渠水、坝上流河水的空心坝，让渠水不犯河水。修建桃园渡槽时发明了简易拱架法，不仅省工省料，还设计成槽下走洪水、槽中过渠水、槽上能行车的桃园渡桥，构思堪比南京长江大桥。山上垒砌渠墙需要大量物料，仅靠人拉肩扛效率低下，就土法上马空中架起空运线，把石灰、沙、水等从山下直送山上工地。开渠凿洞挖出了大量碴石，于是变废为宝沿渠修建道路，既不使废碴压地，又可以渠带路、以路带林，两全其美。紧挨着工地露天明窑烧石灰，一窑能出2000吨，不仅满足了砌渠所需，还节省了成本、运力。劈山开渠买不起炸药便多积有机肥，节省下来的化肥硝酸铵按比例配上锯末、干牛粪、煤面碾碎自制炸药，威力一点也不小。红旗渠开凿在悬崖峭壁上，蜿蜒曲折绕山而行，把遥远的漳河水引入林县大地，既离不开总设计师杨贵跳出县域找出路的创造性决策，也离不开以总指挥长马有金、技术员吴祖太、除险队长任羊成、神炮手常根虎、凿洞能手王师存、农民水利技术员路银等为代表的修渠人的创新创造智慧。工地上处处活跃着土专家，他们敢想敢干，不断创造传奇。林县人以“崖当房，石当床，虎口崖下度时光，我为后代创大业，不修成大渠不还乡”的精神，自力更生艰苦奋斗，充分体现了人民群众的智慧与无限潜能。

在红旗渠施工过程中，工地是前方战场，机关、厂矿、农村是后方阵地，前方开山劈岭，后方全力支援。各部门、各行业同心协力，成为红旗渠建设的坚强后盾。广大党员干部身先士卒，他们背着钢钎、镢头，抡锤打钎，奋战在工地第一线，和群众同吃同住。在修渠队伍中，走在最前面的是党员领导干部。从县委领导到公社干部，他们与修渠群众同吃、同住、同劳动，不仅一起学习，还时常一同讨论如何解决施工难题。一次，采桑公社开凿的盘阳隧洞发生冒顶事故，危急时刻，采桑公社副书记、工地分指挥长郭增堂挺身而出，带领由分指挥部干部组成的突击队，冒着生命危险，冲进隧洞清除洞顶落石，运出塌方土石，直到危险解除，才让民工进洞继续施工。此外，在工程推进最困难的时期，党员干部主动降低自己的生活标准，把节省下来的粮食用于补助群众：1960年2月至8月，民工每日补助粮食1公斤，干部补助0.75公斤；1960年9月至10月，民工补助0.6公斤，干部补助0.4公斤……党员干部的补助少了，感召力却强了。他们凭借极强的责任心，充分发挥模范带头作用，培植群众修渠的信心，激励修渠群众加速冲刺、攻城拔寨。

在自然灾害时期，上级提出修建暂时停止指令，在口粮供给难以保障的情况下，由300名青年组成的突击队冲击最难开凿的隧洞，8个月后，他们成功地完成了后来被命名为“青年洞”的隧洞，总长616米，高5米，宽6.2米。在进行放炮作业时，经常有松动的石块滚下来，造成多起伤亡事故。指挥部决定成立除险队，一锤一钎用力砸掉碎石，为崖下修渠民工开路。除险队员腰间绑着一条绳子，成为悬崖峭壁上的“飞人”。队长任羊成曾多次因碎石躲避不及而受伤，有一次他被砸晕醒来后继续工作6小时。红旗渠的建设不仅男人参加，女人也参加。人们称工地上的巾帼英雄为“铁姑娘”，一个姑娘两手各扶一个铁钎，每个铁钎由两个姑娘轮流抡锤击打，这种四人抡锤一人扶钎的工作模式被称作“凤凰双展翅”。来自河顺公社申家垴村的申江保，是修建红旗渠的劳模。他所在的村庄位于高山之上，渠修好后，渠水也只能远远地从山脚下流过，并不能引入村中。然而，听到修渠的消息后，他二话没说便带领同村80多名青壮年背起铺盖卷，自带干粮，奔赴修渠工地。

修渠10年，先后有81位干部群众献出生命。其中，年龄最大的63岁，年龄最小的只有17岁。红旗渠总设计师吴祖太，深入隧道察看险情，却不幸被洞顶坍塌掉下的巨石砸中，夺去了年仅27岁的生命。张买江的父亲被放炮的一块飞石击中牺牲，母亲送当时13岁的张买江上工地继续参加建设，直到红旗渠修好他才回家。红旗渠通水那天，村里人让张家挑了村里第一担水，全村人都流了眼泪。张买江的母亲提着一小壳篓水，去丈夫的坟上，在那里哭到休克。张买江的儿子张学义参加工作以后，接父辈的班，做着红旗渠的维护管理工作。

在20世纪70年代，有人总结红旗渠的建设精神为“自力更生、艰苦创业、团结协作、无私奉献”，红旗渠属于林县，但是红旗渠精神属于全中国，红旗渠精神不仅属于过去的时代，也将属于未来，必将激励一代又一代中国人。

在红旗渠的建设过程中，也有人质疑过，甚至告到了国务院副总理那里，说林县群众没饭吃，县委却不顾人民群众死活，大搞“红旗渠”建设。如果在设想提出时，大家就都相信，红旗渠也就不能算作奇迹了，这样一个难以想象的奇迹工程，最初有反对的声音是正常的。

县委书记杨贵提出修建红旗渠的想法，是出于对人民群众的关心。人民群众的苦，他看在眼里，疼在心里。他真诚迫切地想为人民群众解决困难，解除人民群众的苦。甚至多年以后，已经白发苍苍的杨贵，一提到自己刚到林县看到群众过的苦日子，还不禁声音哽咽双眼含泪。杨贵不仅提出愿景，还身先士卒，带头到太行山开山碎石。在建设过程中，条件十分艰苦，百姓比领导干部拿到更多粮食补贴。这在客观上让百姓认识到，领导干部是在为老百姓谋福利。修建红旗渠不是领导干部的事，而是自己的事，所以老百姓才愿意团结一心克服万难。在建设条件艰苦、没有工资的情况下，建设红旗渠为什么能召集那么多人苦干多年？这是因为核心人物杨贵，不是为了个人升官发财，而是真心想要解决群众的困难。如果他是为了自己，就无法号召那么多人长期奉献，红旗渠也就修建不成。

参加红旗渠建设的每个人，都是平凡人，但因为投入一项伟大的事业中，他们众志成城，完成了一件伟大的事情，所以每个人都成了丰碑上不平凡的人。在中国的人性观里，相信每一个平凡人的无限可能，这种无限可能不是建立在个人英雄主义的基础上，而是建立在集体主义团结一心的基础上，建立在符合道义的目标的基础上。在一个利国利民的目标号召下，大家不计个人得失无私奉献，同心同德、团结一心，克服万难，最终才得以实现目标。

二、航天事业的发展

截至 2022 年底，中国在航天领域已取得了多方面的成绩，可以说，已经从跟跑阶段进入了并跑与领跑阶段。中国航天员已经有 20 多人次进入太空并安全返回，最多时有 6 名航天员同时在太空，在太空的最长时间达 6 个月。北斗卫星导航系统、嫦娥系列月球探测器、玉兔号月球着陆巡视车、载人航天的神舟系列飞船、天宫空间站、天舟货运飞船、天问号火星探测器、祝融火星着陆巡视器、句芒号陆地生态系统碳监测卫星、羲和号太阳探测卫星、夸父号太阳探测卫星、墨子号量子卫星、悟空号暗物质粒子探测卫星、张衡一号电磁监测试验卫星、长征系列运载火箭、东方红系列卫星、海洋系列探测卫星……这一系列具有中国文化色彩的名字，描绘着中国航天事业发展的“神话”。一代又一代的中国航天人，接续奋斗，取得了一个又一个可歌可泣的成就。这里我们重点介绍，中国航天事业发展初期，是如何在一穷二白的基础上成长起来的。

在中华人民共和国成立初期，各方面条件都非常落后，加之国际上的孤立与技术封锁，中国只能完全依靠自己发展相关事业。厕所改造成了火箭实验室[①]；没有计算机，用中国传统方法打算盘来计算[②]；没有燃料充装设备，用

---

① 听！火箭“心脏”跳动的声音：中国液体火箭发动机研制背后的故事［N/OL］. 人民日报海外版 2019-05-17（10）. http://paper.people.com.cn/rmrbhwb/html/2019-05/17/content_1925231.htm.

② 寻找东方红　计算卫星热控方案　算盘“立功”［EB/OL］.（2024-04-24）. http://news.cctv.com/2020/04/24/ARTIKFTDz9NXNt8Y7fAd6mDD200424.shtml.

自行车打气筒[①]；没有吊装机，用轱辘绞绳[②]；没有绘图软硬件，用手工绘图[③]；没有运输设备，用人抬……中国航天事业的“元老”们，用最原始的方法，研究着最尖端的科技。1956 年，中国国防部第五研究院正式成立，是中国航天科技集团的前身。1958 年，酒泉卫星发射中心正式组建。在原始与艰苦的条件下，零点起步的中国航天事业，1960 年，第一颗仿制火箭发射成功；1964年，第一颗自主研发火箭发射成功；1970年，第一颗人造卫星发射成功。一穷二白的新中国，以惊人的速度推动着航天事业的发展。中国能创造奇迹有多方面原因。

事关国家安全，中央高度重视。毛泽东主席亲自批示，周恩来总理多次出面推动相关工作。多位国家领导人都十分关切并亲自参与相关工作。[④]得知科学家钱学森要去哈工大参观，病榻上的彭德怀元帅派陈赓将军连夜从北京赶往哈尔滨，以校长身份接待，提出研制火箭和导弹的愿望。[⑤]聂荣臻元帅曾亲自组织协调相关工作，运筹帷幄，呕心沥血。[⑥]在困难时期，相关项目面对继续与暂停的抉择，很多国家领导都提出克服困难继续进行，陈毅元帅甚至说，就是当了裤子也要坚持搞。领导集体齐心协力千方百计为相关项目的进行排忧解难。1970 年，中国第一颗人造卫星“东方红一号”成功发射；1971 年，联合国恢复了中华人民共和国的合法席位。邓小平说：“如果中国没有原子弹、氢弹，没有发射卫星，中国就不能叫有重要影响的大国，就没有现在这样的国际地位。”在国家经济困难的情况下，国家领导仍然能从长远考虑，省吃俭用发展尖端科技，集中全国力量办大事。老一辈从战争中走过来，深知尖端科技对国家安全的重要意义。前辈们当年勒紧裤腰带吃着苦，却造福了未来的子孙后代。试想多年来国际上其他很多国家遭受的战争、动荡、演变、洗劫等，中国如果没有自己的尖端科技，不管有多富，不过是待宰的羔

① 中国首枚液体燃料火箭靠自行车打气筒加压升空［EB/OL］.（2013-06-27）. https://www.chinanews.com.cn/mil/2013/06-27/4974470.shtml.

② 让钢铁飞翔：中国航天筚路蓝缕［EB/OL］.（2003-10-11）. https://news.sina.com.cn/c/2003-10-11/07011897311.shtml.

③ 让人热泪盈眶！揭秘东方红一号卫星的研制岁月［EB/OL］.（2020-04-24）. https://www.cmse.gov.cn/xwzx/zhxw/202004/t20200422_45637.html.

④ 周恩来的严实精神与“东方红一号”的成功发射［EB/OL］.（2012-01-16）. http://dangshi.people.com.cn/n1/2017/0116/c85037-29025169.html.

⑤ 陈赓用人艺术：要来“死刑犯” 抢来火箭专家（6）［EB/OL］.（2010-10-08）. https://www.chinanews.com/cul/2010/10-08/2571142.shtml.

⑥ 航天科技集团公司科技委. 航天事业的卓越领导者和奠基人：纪念聂荣臻元帅诞辰105周年［N］. 中国航天报，2004-12-29（4）.

羊。中国能获得宝贵的和平发展机遇，并取得令世界瞩目的成就，与国家对尖端科技的重视是分不开的。

中国航天科学家及相关工作者，有为国为民无私奉献的精神，不计个人得失，为祖国富强人民安乐而努力奋斗。在起步阶段，中国的航天科学家中，有一部分是从欧美留学归国的，他们放弃了国外优渥的生活，克服重重困难毅然回来建设祖国；有一部分是委托苏联培养的科学家，他们在学习期间勤奋刻苦，充满着报效祖国的决心与激情；有一部分是我国自己培养的科学家，为了能够掌握相关知识承担起相关责任，他们加班加点地工作。国外对我们实行技术封锁，所有的难关都需要自己克服。在工作过程中，科学家为了实现赶超，克服一切困难，废寝忘食地工作，以至需要管理部门出面督促大家休息。因为国家经济困难，所以科学家在研发过程中，想尽各种节省成本的办法。钱学森是中国航天事业的奠基人，对中国航天事业做出了重要贡献。钱学森因在火箭研究等方面的卓越成就，36 岁时便已成为麻省理工学院的终身教授，被美国空军授予上校军衔，事业有成，生活优裕。1949 年 10 月新中国成立之后，钱学森满腔热忱想要报效祖国。美国对钱学森进行了五年多的重重阻挠，扣押了他的书籍、笔记、资料等，将其关押进拘留所进行折磨，在经多方援救获得释放后，美国仍对其进行严密监视。钱学森夫妇想尽办法与祖国取得联系，周恩来总理亲自主导，通过外交斡旋将钱先生营救回国。①作为航天项目的带头人，钱先生曾号召科学家，尽量寻找节省成本的设计方案。正是因为有一批像钱先生这样无私奉献、胸怀祖国人民的科学家，中国在科技领域才创造了很多奇迹。

酒泉卫星发射中心是中国第一个火箭发射靶场，地处戈壁大漠深处，气候条件恶劣，建设初期，基地负责人提出“先工作后生活”的方针，优先建设发射相关设施，然后建设生活设施。基地生活条件十分艰苦，战士们喝碱水，吃硬馒头，住简易的帐篷等。住所里夏天零上 40 摄氏度，冬天零下 20 摄氏度，有时冬天冻得睡不着，战士们就起来列队跑步。有一次，一个女技术员在帐篷里看图纸，狂风一下掀翻了帐篷，吹走了图纸。为了保证国家机密不被泄露，她顶着风沙马上去寻找图纸，当大家找到她时，她已被狂沙掩埋，胸前紧紧抱着那份图纸。在困难时期，有人提出先暂时解散基地的建议，但基地的工作者为了国家的长远利益，愿意在困境中坚守。在基地附近的东

① 涂元季，钱永刚，李明．不屈的抗争　正义的胜利：钱学森回国始末［EB/OL］.(2019-08-29).http://m.people.cn/n4/2019/0829/c36-13135100.html.

风烈士陵园里，已有包括中华人民共和国的元帅、将军、科技工作者、普通官兵等 760 余人长眠于此，他们的平均年龄只有 27 岁。[①] 为了完成工作，保护靶场安全，保护同事安全，很多人献出了自己年轻的生命。

三、武汉抗疫的胜利

2019 年底至 2020 年初，中国武汉发现不明原因的疫情，疫情传染性强，致死率高，人民的生命安全受到严重威胁。

拓展阅读：武汉抗疫的胜利[②]

果断决策，生命至上。面对“新中国成立以来我国遭遇的传播速度最快、感染范围最广、防控难度最大的重大突发公共卫生事件”，国家本着“生命重于泰山”的态度，迅速果断做出决策，武汉封城，全国抗疫，坚决保障人民生命安全这一根本利益。2020 年 1 月 23 日 10 时起，武汉全市城市公交、地铁、轮渡、长途客运暂停运营，机场、火车站离汉通道暂时关闭。

白衣执甲，向险逆行。6 万多名湖北本地医务人员率先筑起“白色长城”，但是，医疗资源仍远不能满足需要。中央决定调集全国最优秀的医生、最先进的设备、最急需的资源，为的就是最大限度地提高检测率、治愈率，降低感染率、病亡率。在万家团圆的除夕夜，一架架飞机开始飞向武汉天河机场。在这场驰援湖北的生命大救援中，4.26 万名医务人员、900 多名公共卫生人员投入主战场，其中，军队派出 4000 多名医护人员。19 个省份以对口支援的方式支援湖北省除武汉市以外的 16 个地市。医生们穿着厚重的防护服，吃不能按时吃的简餐，睡不能按时睡的地板，克服着各种困难与死神赛跑。

抢建医院，雷火神速。疫情迅速蔓延，武汉全市床位不足 900 张。“不能让人等床”，2020 年 1 月 23 日，武汉市做出建设医院的决策。中

① 用生命诠释“死在戈壁滩，埋在青山头”：东风革命烈士纪念碑碑文敬读［EB/OL］.(2021-08-20). http://dangshi.people.com.cn/n1/2021/0820/c436975-32200835.html.

② 资料来源于同舟共济战“疫”记：中国抗击新冠肺炎疫情全纪实［EB/OL］.(2020-09-06). http://www.mod.gov.cn/gfbw/qwfb/4870821.html；伟大抗疫精神｜英雄城市编年史 · 2020 年上［N/OL］. 长江日报，2020-10-08.http://news.cjn.cn/whpd/yw_19947/202210/t4287076.htm。

建三局担当主力，从各地集结4万多名管理、施工人员；武汉建工组织2000多名工人；汉阳区政府调动1100余名工人……不到24小时绘出设计图，3500多台（套）机械设备投入现场，国家电网数百名职工运送大批变压器、电缆，施工送电……建设者24小时不间断作业，数千台挖掘机、推土机“停人不停机”，10天1000张病床的火神山医院建成，12天1600张病床的雷神山医院交付使用。亿万中国人通过“云监工”，见证了这场激动人心的战斗。火神山、雷神山和同济医院等大型综合医院收治重症患者，9000多张重症床位开放。为了尽快收治轻症患者，关闭疫情扩散的“水龙头”，国家启建方舱医院。2月5日，仅一天多时间，1500多张床位的江汉方舱医院就率先启用，后续每天增加3000张病床，一个月建设完成的病床数相当于60家三级医院。迅速实现了“应收尽收、应治尽治”，“床等人”。①

千年传承，历久弥新。中央疫情防控指导组专家组成员张伯礼和国家中医医疗救治专家组副组长刘清泉提出将中医药引入方舱医院。在张伯礼的推动下，中医药全过程介入新冠肺炎治疗。武汉16家方舱医院累计收治患者超过1.2万人，每个方舱医院都配备了中医药专家，同步配送中药方剂，中药使用率达90%。经中央指导组同意后，中国中医科学院组建了第一支中医医疗队，建成中医方舱医院——江夏方舱医院，对患者采用中医综合治疗方法。当时，方舱医院内部比较冷，医护人员带领患者练习八段锦、太极拳。患者通过服用中药、打太极、按摩、针炙等中医疗法的救治，实现了“三个零”：患者零转重症、零复阳，医护人员零感染。②

一方有难，八方支援。全国各地都在支援武汉抗疫，医务人员、医疗物资、生活物资等，都从全国各地向武汉集中，成为保障前线的后方。武汉“封城”后，900多万人居家隔离。每天需要消耗5400吨粮食、4000吨蔬菜、1200吨肉。中央统筹协调生活物资保障，2020年1月27日至5月30日，全国向湖北地区累计运送防疫物资和生活物资超过173万吨，运送电煤、燃油等生产物资近395万吨。社区工作者、党员干部及很多志愿者等，担负起了服务工作。

---

① 伟大抗疫精神｜英雄城市编年史·2020年上［N/OL］. 长江日报，2020-10-08.http://news.cjn.cn/whpd/yw_19947/202210/t4287076.htm.

② 中医抗疫　救治病患［N］. 人民日报，2021-09-10（6）.

志愿奉献，勠力同心。面对紧急情况，国家迅速在大的重要方面做出了安排，但是很多细节之处在短时间内难以面面俱到。这时很多个人与组织挺身而出，只要国家和人民有需要，就会有不计得失者，尽其所能服务国家和人民。无数普通的货车司机、社区工作者、志愿者、快递员、清洁工、建筑工人……以英勇奉献精神，承担起相关工作。张伯礼到武汉治疗病人，需大批药品，他给武汉一家中药企业打电话求援。在没有支付费用的情况下，这家企业毫不犹豫地接过重担，克服重重困难，员工不眠不休24小时连轴转，承担起中药制剂的供应任务。[①]面对医疗资源不足的情况，很多生产企业火力全开，短时间内实现满负荷生产。数以千计的企业跨界转产，保障一次性医用防护服、医用口罩等医疗物资的供应。无数无私奉献者，他们也许没有留下名字，但他们每一个人都是不折不扣的英雄。

全国人民，众志成城。从2020年1月23日起，全国相继启动“重大突发公共卫生事件Ⅰ级响应”，制定落实社区的防控措施，实行网格化、地毯式管理；延长2020年春节假期，大中专院校、中小学推迟开学，全国两会推迟召开……各地采取“外防输入、内防扩散”措施，有效防止了疫情的扩散。面对疫情，生活必需品、医疗物资、电气水热等基本供应总体平稳，关系国计民生的重点行业有序运转，14亿多人的基本民生得到有效保障，经济社会发展大局保持稳定。

武汉抗疫，全面胜利。2020年1月20日，武汉市成立新冠肺炎疫情防控指挥部。1月23日，武汉关闭离汉通道。3月10日，习近平总书记专程赴湖北武汉考察疫情防控工作，看望抗疫工作者与人民群众。3月21日，武汉首个返岗复工专列、汉十高铁G6846次专列抵达汉口站。4月8日零时，武汉市解除离汉离鄂通道管控措施，有序恢复对外交通。4月23日，武汉危重症病例全部清零；24日，武汉重症病例全部实现清零；26日，武汉在院新冠肺炎患者清零。6月，武汉市无症状感染者及其密切接触者全面清零。

国际援助，大国担当。2020年5月，国内首趟中欧防疫物资专列从吴家山站驶出，满载294吨国际合作防疫物资，支援塞尔维亚及周边国

① “代表通道”上分享武汉一家企业的义举，张伯礼一度哽咽［N/OL］. 长江日报，2021-03-08. http://news.cjn.cn/sywh/202103/t3800378.htm.

家抗击新冠肺炎疫情。在武汉抗疫取得胜利后，一批批中国医疗专家冒着危险，战斗在全球疫情的重灾区，中亚、东南亚、中东、非洲、欧洲、拉美等都有他们的身影，成为世界抗疫的“逆行者”。中国的抗疫物资驰援全球，防控经验倾囊相授，中国以实际行动践行人类命运共同体理念。

面对形势严峻的突发事件，中国从中央到地方，从组织到个体，都迅速反应，以全国人民一盘棋的姿态面对危机，以惊人的速度取得了武汉抗疫的胜利。

四、沙漠治理的成就

土地荒漠化也叫“土地沙漠化”，威胁着世界上 2/3 的国家和地区及 1/5 人口的生存和发展。中国是世界上荒漠化面积最大、受风沙危害严重的国家，1/4 的国土是荒漠。在中国实现全面脱贫之前，曾经有近 40% 的贫困县、近 25% 的贫困人口分布在西北沙区。沙漠最猖狂的时候，几乎每年都扩展 1 万平方公里。[①] 面对沙漠化的威胁，中国政府带领人民进行了一场可歌可泣的“反击战”。

绿进沙退，成效显著。公开资料显示，全国荒漠化和沙化土地面积自 2004 年以来连续三个监测期保持净减少，荒漠化土地从 20 世纪末的年均扩展 1.04 万平方公里转变为目前的年均缩减 2424 平方公里；沙化土地面积由 20 世纪末的年均扩展 3436 平方公里转变为目前的年均缩减 1980 平方公里，荒漠化和沙化扩展趋势得到有效遏制，实现了由“沙进人退”到“绿进沙退”的历史性转变。中国提前实现了联合国提出的到 2030 年实现全球土地退化零增长目标。[②] 中国的森林覆盖率由 1949 年的 9% 提高到 2019 年的近 23%，土地荒漠化得到有效逆转，7000 多万依赖退化土地生活的人们实现了脱贫。[③]《2021 年中国国土绿化状况公报》显示，2021 年全国完成造林 360 万公顷，

① 杜昱欣. 中国的治沙经验为什么会受热捧？[EB/OL].(2019-11-08). http://politics.people.com.cn/n1/2019/1108/c429373-31445360.html.

② 第25个世界防治荒漠化与干旱日纪念大会暨荒漠化防治国际研讨会举行 [EB/OL]. (2019-06-17). http://www.xinhuanet.com/politics/2019-06/17/c_1124634850.htm.

③ 第25个世界防治荒漠化与干旱日纪念大会暨荒漠化防治国际研讨会举行 [EB/OL]. (2019-06-17). http://www.xinhuanet.com/politics/2019-06/17/c_1124634850.htm.

种草改良草原 306.67 万公顷，治理沙化、石漠化土地 144 万公顷。[①]

在河北塞罕坝，森林覆盖率从建场之初的 11.4% 增长到 2017 年的 80%，有林地（树木郁闭度大于或等于 20% 的天然、人工林地）从 24 万亩增长到 112 万亩，人工林面积在同类地区居世界第一。[②] 库布齐沙漠，植被覆盖率在 30 年间由不足 3% 提高到了 53%，生物多样性明显恢复，对黄河的输沙量减少了 80%。[③] 毛乌素的沙化土地治理率已达 93%，对黄河每年的输沙量减少了近 4 亿吨。

国家重视，政策保障。新中国成立之初就设立了"中央人民政府林垦部"[④]，20 世纪 50 年代初，林垦部就在石家庄组建冀西沙荒造林局；1958 年，国务院成立治沙领导小组，决定由中国科学院牵头组建一支治沙科技队伍。[⑤]1962 年，塞罕坝机械化林场开始建设。[⑥]1978 年以后，国家实施了"三北"防护林体系建设，"三北"防护林体系东起黑龙江宾县，西至新疆的乌孜别里山口，北抵北部边境，南沿天津、汾河、渭河、洮河下游、布尔汗布达山、喀喇昆仑山，东西长 4480 公里，南北宽 560~1460 公里，囊括了西北、华北和东北地区的 13 个省（自治区、直辖市）的 551 个县（旗、市、区），工程建设总面积 406.9 万平方公里，占全国陆地总面积的 42.4%。工程规划期限为 73 年，分八期工程进行，是世界上最大的治沙工程，取得巨大生态、经济、社会效益，成为全球生态治理的成功典范。"三北"地区林地面积由 1977 年的 2314 万公顷，增加到 2022 年的 6084 万公顷，净增 3770 万公顷；工程建设区森林覆盖率由 1977 年的 5.05% 提高到 2022 年的 14.95%。[⑦]2000 年，国家启动了京津风沙源治理工程，在内蒙古、陕西、河北、北京建成 6 条生

---

① 大美中国！2021 年全国完成造林 360 万公顷［EB/OL］.（2022-03-12）.https://m.gmw.cn/baijia/2022-03/12/1302840275.html.

② 杜昱欣．中国的治沙经验为什么会受热捧？［EB/OL］.（2019-11-08）. http://politics.people.com.cn/n1/2019/1108/c429373-31445360.html.

③ 库布其沙漠治理显成效［EB/OL］.（2023-08-25）. http://pic.people.com.cn/n1/2023/0825/c1016-40064259.html；库布其为全球荒漠化治理贡献中国智慧［EB/OL］.（2023-07-13）. 国家林业和草原局，https://www.forestry.gov.cn/c/www/hmgjly/513818.jhtml.

④ 1949 年林业大事记［EB/OL］.（2000-12-09）. https://www.forestry.gov.cn/c/www/lcdsj/1421.jhtml.

⑤ 治沙就靠多植树？你对荒漠生态可能有些误解［EB/OL］.（2023-05-07）. https://www.forestry.gov.cn/c/www/jyzf/360065.jhtml.

⑥ 三代塞罕坝人接力打造生态文明建设的生动实践［EB/OL］.（2019-09-03）. https://www.mee.gov.cn/xxgk2018/xxgk/xxgk15/201909/t20190903_732198.html.

⑦ 三北防护林体系建设工程总体规划［EB/OL］.（2022-11-21）. https://www.forestry.gov.cn/c/sbj/gcgh/355834.jhtml.

态防护林带和成片森林带。京津风沙源治理工程区通过近20年的治理，累计完成营造林902.9万公顷，工程固沙5.1万公顷，治理草地979.7万公顷。①2001年，《中华人民共和国防沙治沙法》出台，中国成为世界上第一个为荒漠化防治专门立法的国家。②2012年，中国政府推进生态文明体制建设。防沙治沙顶层设计加强，新一轮退耕还林、沙化土地封禁保护、京津风沙源治理工程二期等重点工程相继启动，防治荒漠化进入全面推进阶段。③2015年出台《中共中央　国务院关于加快推进生态文明建设的意见》；2016年，《国家沙漠公园发展规划（2016—2025年）》《沙化土地封禁保护修复制度方案》等一系列重大规划和制度方案出台。绿色发展的顶层设计进一步加强，为荒漠化防治工作提供了有力保障。

科技支撑，创新推动。1954年，我国第一个沙漠科学研究站在宁夏中卫建立，麦草方格治沙技术被首次提出，被世界赞誉为“中国魔方”。麦草方格成为全球最便捷、环保、低廉的固沙模式。1958年，我国首次召开全国性治沙工作会议，由此，中国科学院治沙队于1959年成立；此后，6个治沙综合试验站相继设立，我国西北沙区定点试验研究布局初步形成。甘肃民勤治沙综合试验站创造发明了“黏土沙障”，取代了土埋沙丘的办法，填补了中国在沙障治沙方面的技术空白。④库布其沙漠治理模式，即企业运用互联网、大数据、区块链等新技术，全力打造“线上买、线下种、网上看”的植树新模式，通过无线视频技术提供林木生长的实时影像；在多年保护、引种、开发沙漠种子资源的基础上，建成了中国西北地区最大的种子资源库。利用丰富的光照资源，库布其开创光伏治沙新模式，不但实现了沙漠土地治理，更输送着清洁能源，成为京津冀的绿电基地、“菜篮子”。在毛乌素沙地治理过程中，大力推广前挡后拉、覆膜保水、灌木树种截杆等抗旱节水造林技术，尤其是樟子松“六位一体”造林技术的应用，成活率提高至85%以上。在科尔沁沙地治理过程中，推广了机械沙障治沙、复合沙障治沙、封育基础上人工促进自然修复等技术模式。甘肃企业自主研发制造了世界首台“多功能立体固沙

---

① 京津风沙源治理工程实施20年成效显著［EB/OL］.（2020-09-25）. https://www.forestry.gov.cn/main/5927/20201001/115546155764676.html.

② 中华人民共和国防沙治沙法［EB/OL］.（2018-10-26）. https://www.forestry.gov.cn/c/www/gklcfl/300017.jhtml.

③ 中国防治荒漠化成就展在内蒙古举办：讲述新中国68年治沙史［EB/OL］.（2017-09-06）. https://www.chinanews.com.cn/m/gn/2017/09-06/8324175.shtml.

④ 杜昱欣. 中国的治沙经验为什么会受热捧？［EB/OL］.（2019-11-08）. http://politics.people.com.cn/n1/2019/1108/c429373-31445360.html.

车”，立体固沙车速度是人工的50倍，从根本上解决了沙漠化速度快于人工治沙速度的难题。中国还使用了飞播技术进行造林。

机制多样，广泛动员。1981年，部分地区开始试行“政府补贴、个人承包，谁治理、谁拥有”政策。①1984年，国家出台政策允许个人承包沙漠，极大地调动了农民的治沙积极性。②中国选用了多样化的治沙模式，广泛动员社会力量共同投入治沙大业中。比如，“库布其治沙模式”，通过政府政策性支持、企业产业化投资、农牧民市场化参与、技术持续性创新，实现库布其沙漠治理总面积达900多万亩。“库布其治沙模式”破解了“沙漠怎么绿，钱从哪里来，利从哪里得，如何可持续”的世界治沙难题，在治理理念、技术、投资模式以及产业布局等方面均有创新。③

沙区经济，绿富同兴。70年间，荒漠化防治始终同发展沙区特色经济、促进农民脱贫增收有机结合，带动了几千万沙区人口脱贫。在沙区培育各种沙生植物资源基地，初步形成了以木材、饲料、中药材、经济林果、沙漠旅游为重点的沙区特色产业。沙区特色产业发展又有效推动了农村产业结构调整，为沙区带来新的经济增长点。库布其地区农牧民人均年收入也从不足400元增长到1万元以上，10万多名沙区群众彻底摆脱贫困。④鄂尔多斯乌审旗坚持防沙治沙与产业发展有机结合，构建一产生态、二产绿色、三产低碳的融合发展体系，2019年居中国工业经济百强县第43位，农牧民生态建设收入达2400元以上。⑤新疆阿克苏各族干部群众携手奋斗，在柯柯牙实施荒漠绿化工程，实现了沙漠变林海、戈壁变果园的梦想。⑥腾格里沙漠南缘的甘肃古浪八步沙，林场职工年收入由原来的年均不足3000元增加到现在的5万多元，

---

① 八步沙的荒漠化防治和绿色发展之路［EB/OL］.（2023-07-05）. https://news.cctv.com/2023/07/05/ARTIwx2D1gsmL1KDab9cBWSw230705.shtml.

② 石光银：“恶沙不除，穷根不拔，我枉活一世！”［EB/OL］.（2020-08-13）. https://news.cctv.com/2020/08/13/ARTI8TRCvWQtwxWAdXo3Yk0U200813.shtml.

③ 杜昱欣. 中国的治沙经验为什么会受热捧?［EB/OL］.（2019-11-08）. http://politics.people.com.cn/n1/2019/1108/c429373-31445360.html.

④ 杜昱欣. 中国的治沙经验为什么会受热捧?［EB/OL］.（2019-11-08）. http://politics.people.com.cn/n1/2019/1108/c429373-31445360.html.

⑤ 荒漠化防治的中国道路［EB/OL］.（2020-10-01）. http://www.qstheory.cn/dukan/qs/2020-10/01/c_1126556324.htm.

⑥ 荒漠化防治的中国道路［EB/OL］.（2020-10-01）. http://www.qstheory.cn/dukan/qs/2020-10/01/c_1126556324.htm.

林场固定资产由原来的200多万元增加到了现在的2000多万元。[①]通过荒漠化治理，2018年，新疆有林果种植面积1845万亩，果品产量达769万吨，林果业产值达488亿元，林果产业占农民人均收入的25%；内蒙古、青海、宁夏和甘肃等地的肉苁蓉、枸杞、甘草、沙漠旅游等沙区特色产业均取得了较好收益，成为农牧民增收致富的新途径。[②]目前，我国沙区已营造经济林果8100万亩，年产干鲜果品5360万吨。同时，通过扩大生态护林员人数、让贫困户参与工程建设，实现造林种草劳务扶贫，有效增加收入，帮助贫困人口实现沙地就业、家门口脱贫。[③]

英雄辈出，久久为功。中国治沙，从国家到地区，从组织到个人，都在进行着长远规划，代代传承，涌现了很多治沙英雄、治沙集体。

山西右玉县二十届县委、县政府带领人民群众接续治沙，坚持一张绿化蓝图绘到底，将风沙肆虐、不宜人居的不毛之地改造成了塞上绿洲。[④]1962年，塞罕坝机械林场正式组建，在"黄沙遮天日，飞鸟无栖树"的环境下，塞罕坝林场职工住窝棚、草房，吃"莜面苦力"，不畏严寒困苦，创造了塞罕坝的绿色奇迹。经过一代代林场职工的努力，营造出世界上面积最大的人工林。[⑤]新疆柯柯牙，曾经沙漠占地区总面积的31%，是新疆重点风沙策源地。30年来，阿克苏实施柯柯牙荒漠绿化工程，党政军警兵民一心，千军万马植树造林，造林面积115.3万亩，创造直接效益30亿元，构筑了一道宽47公里、长50公里，集生态林、经济林于一体的"绿色长城"。[⑥]

甘肃古浪八步沙林场郭朝明、贺发林、石满、罗元奎、程海、张润元"六老汉"三代人扎根荒漠，完成治沙造林21.7万亩，植树4000万株，成功阻挡了风沙的侵袭。宁夏灵武市人王有德，带领白芨滩林场职工营造防风固沙林60多万亩，控制流沙近百万亩，在毛乌素沙漠边缘筑起了一道南北长61

① 杜昱欣．中国的治沙经验为什么会受热捧？[EB/OL].（2019-11-08）. http://politics.people.com.cn/n1/2019/1108/c429373-31445360.html.

② 中国治沙：从"沙进人退"到"绿进沙退"[EB/OL].（2019-10-10）. http://lyj.gd.gov.cn/news/dynamic/content/post_2643015.html.

③ 中国治沙：从"沙进人退"到"绿进沙退"[EB/OL].（2019-10-10）. http://lyj.gd.gov.cn/news/dynamic/content/post_2643015.html.

④ 右玉二十任县委书记：一张绿化蓝图绘到底 [EB/OL].（2017-08-23）. https://www.shanxidsfz.gov.cn/Browse/ArticleView/ArticleInfo.aspx?ID=100029000000000371.

⑤ 吴明红，齐彪．铸就塞罕坝绿色传奇的精神伟力 [EB/OL].（2021-02-03）. https://www.12371.cn/2021/02/03/ARTI1612335079666495.shtml.

⑥ 中国治沙：从"沙进人退"到"绿进沙退"[EB/OL].（2019-10-10）. http://lyj.gd.gov.cn/news/dynamic/content/post_2643015.html.

公里、东西宽30公里的绿色屏障，有效阻止了毛乌素沙漠的南移和西扩。① 陕西榆林市定边县的石光银，数十年间，他带领乡亲们在毛乌素沙漠的25万亩荒沙、碱滩上植树5300多万株（丛），反复造林面积达35万亩，筑起一道"绿色长城"。②陕西省榆林市靖边县东坑镇金鸡沙村的牛玉琴以家庭承包形式在毛乌素沙漠南部沙区种草种树、治沙绿化，让这里的11万亩荒沙披上了绿装。③陕西省榆林市还有以郭成旺、张应龙及榆林补浪河女子民兵治沙连为代表的一大批先进人物与集体。④1986年，内蒙古自治区鄂尔多斯市乌审旗无定河镇萨拉乌苏村的殷玉珍用打零工换回的600多棵树苗开始种树，经过30多年"死磕"，7万亩"绿色"在毛乌素沙地上铺展开来⑤，她被授予全国"三八"绿色奖章和全国劳动模范荣誉称号。

在中国很多个受风沙侵袭的地区，涌现了很多防沙治沙标兵、先进集体、先进个人。数十年来，他们以顽强的毅力、科学的方法，一点点为沙漠增添绿意，每一抹绿色连接起来，便成了希望的绿洲。

经验输出，贡献世界。2019年2月，美国国家航天局研究结果表明，全球从2000年到2017年新增的绿化面积中，约1/4来自中国，中国贡献比例居全球首位。国际上很多受沙漠困扰的国家和地区，都想学习中国的治沙经验，中国也以科技交流、考察学习、培训班、科技合作项目等形式，慷慨地把自己的经验分享给世界，为人类共同建设一个更美好的地球家园而贡献力量。⑥

五、中国人为什么能创造奇迹

上面列举的几个案例，涉及不同时期、不同人群、不同范围、不同性质、不同事业，但都奇迹般地实现了看似不可能实现的目标。这些案例，都有着

① 中国治沙：从"沙进人退"到"绿进沙退"[EB/OL].（2019-10-10）. http://lyj.gd.gov.cn/news/dynamic/content/post_2643015.html.

② 由"沙进人退"到"绿进沙退"：敢把沙漠变绿洲[EB/OL].（2022-04-14）. https://www.forestry.gov.cn/main/51/20220414/084601803294258.html.

③ 中国治沙：从"沙进人退"到"绿进沙退"[EB/OL].（2019-10-10）. http://lyj.gd.gov.cn/news/dynamic/content/post_2643015.html.

④ 陕西故事：毛乌素里的治沙传奇[EB/OL].（2024-09-30）. http://www.sn.xinhuanet.com/zt201909mon/sxgs18/index.html.

⑤ 努力创造新时代中国防沙治沙新奇迹[EB/OL].（2023-06-17）. http://www.xinhuanet.com/mrdx/2023-06/17/c_1310728158.htm.

⑥ 杜昱欣. 中国的治沙经验为什么会受热捧？[EB/OL].（2019-11-08）. http://politics.people.com.cn/n1/2019/1108/c429373-31445360.html.

相似的成功要素——一群人为了实现某个目标而团结协作，无私奉献。每个个体都是平凡的，但是大家团结到一起，就创造了奇迹。中国人依靠团结与奉献，把无数个不可能变成了现实。

第五节　中华传统人性观对管理的启示

在满足人的基本需求方面，人文管理与科学管理都可以做到。但人文管理主要依靠教化与引领人的善性来实现，而科学管理主要依靠控制人的欲望来实现。

一、整体观与人性观

中华传统“人皆可以为圣贤”的人性观，是与整体观密切联系的。西方管理学的代表性人性观是理性人假设，在整体观视角下，即使理性人也可以具有利他的善性。理性人假设认为人具有利己性，而整体观认为天人合一、万物一体，善待其他人，善待万事万物，就等同于善待自己，人自然要“善”。而在全息整体观视角下，人只要能够改变自己，就具有了改变世界的可能。人既具有善性，也具有无限的潜能，也就具有成为圣贤的可能。《礼记·礼运》中说“故人者，其天地之德，阴阳之交，鬼神之会，五行之秀气也。……故人者，天地之心也，五行之端也，食味、别声、被色而生者也”①。

中国历史上有一种帝王将相的历史观，认为帝王将相是历史的创造者，百姓不过是他们的配角；国际上有一种精英主义的历史观，认为精英是世界的主宰，其他人是可有可无的。在中国近现代，产生了人民史观，提出人民群众是历史的主体，是历史的创造者，这种人民史观与全息整体观是相吻合的。人民作为一个群体不仅具有强大力量，且每个个体都具有不可忽略的力量。作为个体来说，我们每个人都要从我做起，为建设一个更美好的世界而贡献自己的力量，做好自己就是在贡献力量。这种力量的发挥也是有条件的，就是要“符合整体的要求”，具有对整体的“善性”，符合“天道”，否则就可能被整体淘汰。以医学来举例，人体老化的细胞会被代谢掉，对身体有害的细胞会被免疫系统吞噬。

① 孟子，等．四书五经［M］．北京：中华书局，2009：346.

整体观不仅可以用来认识人与人的关系，也可以用来认识人与万事万物的关系，对开拓我们思考问题的角度有重要的参考价值。有一段时间，我爬山时总会膝盖痛，我感觉并不是自己膝盖本身有问题，而是因为自己走路姿势不正确，所以每次下山时都集中精力感受自己腿脚的姿势，越在意越紧张，腿脚越僵硬，很快膝盖就开始疼了。我想，人体是一个整体，我能否从其他地方入手解决这个问题？后来，我把注意力放到了肩膀上，时刻注意放松肩膀，结果膝盖就不疼了。

出于兴趣及选择健康食品的需要，我了解一些有机种植的方法。有一种叫作“自然农耕法”的种植方法，不使用任何农药化肥，通过农家肥及生物相生相克的理念进行有机种植。有一种虫子叫“地截虫”，据说它可以把庄稼的根咬断，很多农民都很讨厌这种虫子。“自然农耕”人看到这种虫子却很高兴，认为这是土地里生态和谐的表现。虫子喜欢吃地下的微生物，并不喜欢吃庄稼，但因为农药、化肥把微生物都杀死了，虫子没得可吃，才不得不吃庄稼的。在生态和谐的土地上，微生物喂养虫子，虫子就不吃庄稼，微生物还可以转化出很多庄稼需要的肥料，即使不用化肥，庄稼也可以有足够的肥力。据说有些农户应用这种种植方法，收获的蔬菜比使用农药种植的更大更美味。我也特意买过这种蔬菜品尝，味道确实很好。这让我明白了《中庸》中所说的“万物并育而不相害，道并行而不相悖”的道理①，想要消灭对方，对方就要进行最顽强的反抗，最后只能两败俱伤，但如果能够让彼此和谐共处，找到互不妨碍的生存之道，才是“合作共赢”的方式。人类想消灭“害虫”，喂给“害虫”的农药，最后大多被人自己吃了。如果人类能够找到“万物并育而不相害”的种植方式，可能对自己更好，对世界也更好。如果从对立的分析思维出发，认为虫子是害虫，解决方案就是使用能够杀死虫子的农药。如果能够从万物一体的整体思维出发，就可能拓展我们的思路，培养虫子喜欢吃的微生物也是一种潜在的选择。认识到这些道理以后，我对家里偶尔出现的小虫子的态度也产生了变化，从前我会大惊小怪，认为是它们“侵占”了我的空间，现在我觉得我也不过是这个空间的寄居者之一，请不走的我就与它们和平共处。空间还是那个空间，虫子还是那些虫子，但是，我成了更开心的自己。对于整体观的应用，我还需要继续探索。个体不能只看到自己的利益，而要看到人类的整体利益；人类不仅要从自己的利益出发看待世界，还要以万事万物的整体观来看待世界。作为管理者，更要有一种整体

① 孟子，等．四书五经［M］．北京：中华书局，2009：57.

观，不能仅考虑自己的利益，也要考虑他人的需要，社会的需要。

二、人的可塑性及其管理启示

人性假设是西方管理学的基本出发点，西方管理学主要是从“善恶”角度来认识人性的，尚未从人的潜力或能力角度来认识人性。西方管理学基于善恶维度对人性的认识，以如何满足人的需要为主。在中国传统文化思想里，不管是孟子的性善论，还是荀子的性恶论，都肯定了外在条件对人的影响，也就是说对于人的欲求，不仅有满足的问题，还有引领的问题。这样管理就超越了通过迎合被管理者的欲求而实现激励，而可以通过精神引领及人格塑造影响人的欲求。这一点对管理者来说非常重要，管理不仅要发挥治理作用，还应该发挥教化作用，浇灌人的善性，引导人向善。

中国的传统管理思想具有伦理性，作为一个非宗教国家，公共管理是中国社会道德建设的重要途径之一。中国传统经典《大学》中有格物、致知、诚意、正心、修身、齐家、治国、平天下八个条目，既是修身为学的次第，也是管理者成长的次第，两者之间具有统一性。也就是说在中国传统管理思想里，教化是管理的方法。《孟子》中有这样的论述：“仁言，不如仁声之入人深也。善政，不如善教之得民也。善政民畏之，善教民爱之；善政得民财，善教得民心。”[①]《大学》里有这样的论述：“所谓治国必先齐其家者，其家不可教而能教人者，无之。故君子不出家而成教于国。”“宜其家人，而后可以教国人”[②]。它们都肯定了管理的教化作用。在法律制定、案件审理等社会管理过程中，不能仅就事论事，还一定要看其对社会道德风尚的引领作用。社会管理应在力所能及的范围内，承担社会教化功能，引领人的德行成长。

西方管理学在经济领域产生，经济组织一般只关心自身的经济利益，不考虑社会的全面发展，可以认为其目标是实现局部最优。经济组织是社会资源的利用者，除人才的工作技能外，不需要全面考虑人才培养与发展问题。但对于公共管理来说，要实现全局最优，就要全面考虑人的培养与发展。中国作为一个非宗教国家，社会道德建设就特别倚重公共管理。中国政府在公共管理领域，确实也在发挥教化作用，比如，国庆盛典、全民公祭等。

---

① 孟子，等．四书五经［M］．北京：中华书局，2009：112.
② 孟子，等．四书五经［M］．北京：中华书局，2009：48.

在中华传统人性观的引领下，我们应该树立正确的价值观念，引领人的发展。不仅要在物质利益上给予人回报，还要在精神上引领人的成长，实现“人皆可以为圣贤”从理论到实践的跨越。

三、人的无限可能与人工智能

教育领域对人工智能表现出一定的恐惧，比如，学术论文可能用机器人来完成了。有学校或期刊明确提出，不允许使用机器人完成论文，或者必须做出一定的说明。这种恐惧说明我国的教育与学术研究，还没有把人与机器区分开，没有充分挖掘人的潜能。有些教育就是把人变成具有某种劳动技能的“器物”，成为社会生产这个大机器上的一个部件，这样的教育本身就有问题，把人矮化成生产工具，把人生追求矮化成维持生存，把社会生活矮化成物质生产。我们要充分挖掘人的潜能，使其超越机器，而不能像鸵鸟一样，把自己的头埋进沙丘。人有丰富的感知力与强大的心力，作为机器的人工智能没有。我们知道有些人有超越常人的能力，我们一般称之为“特异功能”，这种超常的能力是特例，还是人普遍具有的潜能，是我们需要探索与思考的。

中国汉字是象形文字，在汉字里“学”与“觉”有着相同的部首，学习的重要内容就是“觉”。我们要相信人的无限潜能，挖掘人的无限潜能，而不是仅看到人的工具性价值。

四、基于中华传统人性观，发展中国管理理论

基于“人皆可以为圣贤”的人性观发展中国管理学理论，不仅是基于中国人对人性认识的理论需要，也有其现实基础的支撑。中国社会普遍存在着利他奉献精神，中国很多事业的成功都是基于这种利他奉献精神，学术领域需要对这种利他奉献精神予以认可与研究。此外，在经济学研究领域，关于人性的一些实验，也可以说明人具有善性，具有道德自觉性，比如，费尔德曼所做的“甜饼实验”，如果管理学忽略人的善性，而仅针对“恶”的一面进行管理，显然是有失偏颇的。费尔德曼把甜饼放到各个公司的零食间里，并在旁边放上一个收款的现金盒，等到中午再来取回现金盒和卖剩的甜饼，吃甜饼的人是否付钱全凭自觉。他每个星期要为140家公司配送8400个甜饼，不同公司的付款率有所差异，有些高于90%，有些在80%~90%，整体来说

付款率达到了87%，这使得他的收入与之前做研究员时相当。[①]这个实验可以让我们看到，人是有道德自觉性的，即使不被监督也不会一味为了利益而做不道德的事。如果把所有人当成没有道德自觉性的人进行管理，实际上是采取了适宜少数人的管理方式，因而就不是好的管理。可能有人会说，把“好人”当“坏人”管理为害浅，把“坏人”当成“好人”管理为害深。其实，管理是一个系统工程，有很多措施可以限制“坏人”的作为空间，比如，可以通过考察区分好人和坏人，可以通过“教化”把坏人变成好人，等等。总之，从“人皆可以为圣贤”的人性观出发，也是可以构建管理学理论指导管理实践的，这样的管理学理论或许可以更充分发挥人的善性与能力。

---

① 史蒂芬·列维特，史蒂芬都伯纳. 魔鬼经济学［M］. 刘祥亚，译. 广州：广东经济出版社，2006：45-51.

第三章　道德激励理论

西方经济学与管理学的基本人性假设是经济人假设，认为人会愿意为获得物质利益等而工作，在后续的发展中又提出社会人、自我实现人、复杂人等人性假设，相应的激励要素也从物质利益扩展到了其他因素。激励理论的基本逻辑是向他人承诺一些能让他们感到愉悦的事物，使其按照管理者的期待去做。需求层次论提出人具有生理、安全、社交、尊重、自我实现五个方面的需要①；ERG理论认为，人有生存、相互关系、成长发展三种核心需要②；双因素理论把能够引起人工作动机的因素分为激励因素与保健因素，激励因素是指那些满足了会引发人们满意情绪的因素，保健因素是指那些不满足会引发人们不满情绪的因素③；激励需求理论认为，人有成就、权力、归属等需要。④可见，人性观是激励的重要依据，而激励是引导人按照组织意图工作的手段。在中国传统文化中，对人性的认识是“人皆可以为圣贤”，意味着要把人当成“好人”来管理，而不是当成“坏人”来管理，这样的人性观意味着人要如何激励？

按照中国传统思想，人的天性是善的，按照天性生活人会更快乐，那么，做一个讲道德的人可以给人带来快乐吗？如果可以，那么道德可以成为一个激励要素吗？道德激励可行吗？做一个讲道德的人是理性的吗？道德激励有什么特点？道德激励要如何运用？本章我们将试图回答这些问题。

---

① 海因茨·韦里克，哈罗德·孔茨. 管理学：全球化视角：第11版［M］. 北京：经济科学出版社，2004：286–287.

② 海因茨·韦里克，哈罗德·孔茨. 管理学：全球化视角：第11版［M］. 北京：经济科学出版社，2004：287.

③ 海因茨·韦里克，哈罗德·孔茨. 管理学：全球化视角：第11版［M］. 北京：经济科学出版社，2004：287–288.

④ 海因茨·韦里克，哈罗德·孔茨. 管理学：全球化视角：第11版［M］. 北京：经济科学出版社，2004：293–294.

弘扬中华优秀传统文化，最重要的是继承与发展中华民族优秀的民族精神，而在众多的优秀民族精神中，利他奉献精神是核心。利他奉献精神既是生发其他优秀民族精神的源泉，又是中华民族得以延续与发展的核心动力，还是中华文化区别于其他文化的重要特征。利他奉献不是自我消耗式奉献，而是自我滋养式奉献，在奉献的过程中实现自我成长与提升。利他奉献精神与中国的整体观思维是有内在联系的，在“天人一体”“万物与我为一”“万物皆备于我”的整体观中，人与人之间也是有密切联系的。帮助他人就是帮助“整体”，也是在帮助身处这个“整体”中的自己。

第一节　道德激励与儒家的义利观

在管理学中，一般认为满足人的需求可以给人带来激励。比如，需求层次理论、期望理论、人际关系理论、自我实现理论，等等，各种管理学理论大多从不同角度满足人的需要，包括生理方面的需要，也包括心理方面的需要，但现有的激励理论较少涉及满足人的道德需要。《孟子》中说“故理义之悦我心，犹刍豢之悦我口”[①]。欲求满足可以给人带来愉悦感，因为欲求快乐的存在，使欲求激励成为可能。道德也可以给人带来愉悦感，因为道德快乐的存在，使道德激励成为一种可能。

在本书中，道德主要是指利他意愿、利他行为、利他品质等，并在利他过程中获得或保持积极感受，比如，感觉快乐、值得、平静、安宁等，至少不会因利他而产生消极感受。道德快乐是指做有道德的人或做有道德的事而获得的积极感受。道德激励是帮助人成为有道德的人或帮助人做有道德的事而对其产生的激励。

在中国传统文化中，人的自我修养的最高境界，对于儒家来说是“明明德”“止于至善”，道家讲“天下皆知美之为美，斯恶已；皆知善之为善，斯不善已。有无相生，难易相成，长短相形，高下相盈，音声相和，前后相随”，佛家也讲“是诸法空相，不生不灭，不垢不净，不增不减”。至善境界可能是超越善恶的，是无善无恶的。一切是一元的，没有二元对立，也不会有“利他”与“利己”的区别。在本书中，道德没有指向这种至善境界，而是现实生活一般所指的道德，与“恶”相对的“善”。在中国传统文化中，道

① 孟子，等．四书五经［M］．北京：中华书局，2009：104.

德具有广泛的含义，如仁义礼智信、恭谦孝敏慧，等等。各种道德品质，基本有一个共同特点，就是利他。因为我们在研究管理学，管理总是在人与人的互动中完成的。在这种互动过程中，利己与利他是两种主要的利益关系模式。西方管理学主要建立在利己的利益关系上，而在中国，无论是在文化传统上，还是在社会实践中，都广泛存在利他性，这是西方管理学难以解释的。在研究中国管理学的过程中，我们尤其要重视那些具有中国特色和区别于西方的内容。

一、道德快乐使道德激励成为可能

这里我们需要考虑一个问题：道德是否是人的一种需求？如果独立地看每一个个体，每个人都有利他性，比如，父母之于子女。当然，利己主义论者会说“养儿是为了防老”，是追求自身利益的一种方式。我们不能排除“养儿防老”的成分存在，但是，也绝对不能说父母对子女好完全是为了利己，而不存在单纯为子女着想的成分。很多情况都是复杂的，往往是利己与利他混杂在一起的。既然是混杂的，我们是否要抛弃人的利他性，而只针对人的利己性进行激励？社会上有很多人在做公益，现实中有很多人愿意助人为乐，道德起码是一部分人的需求，也是大部分人在某些时候的需求。如果道德需求存在，当这种需求被满足时，人就会产生快乐等积极感受。既然道德能够给人带来积极感受，那么至少从理论上来说，只要合理使用，道德应该也可以成为激励因素。

在儒家思想中道德与情志有密切关系，《论语》中说“知者不惑，仁者不忧，勇者不惧”[①]，“知者乐水，仁者乐山；智者动，仁者静；知者乐，仁者寿”[②]，“君子不忧不惧”[③]，“不仁者不可以久处约，不可以长处乐”[④]，“苟志于仁矣，无恶也”[⑤]，等等，都在一定程度上反映了道德与情志之间的关系，高尚的道德可以带来良好的情志。

中国从古至今在人才选拔方面，都有一个重要原则：“德才兼备，以德为先。”这也意味着一个道德高尚的人，更可能获得好的就业机会，更可能获得

① 孟子，等. 四书五经［M］. 北京：中华书局，2009：22.
② 孟子，等. 四书五经［M］. 北京：中华书局，2009：16.
③ 孟子，等. 四书五经［M］. 北京：中华书局，2009：27.
④ 孟子，等. 四书五经［M］. 北京：中华书局，2009：11.
⑤ 孟子，等. 四书五经［M］. 北京：中华书局，2009：11.

管理职务，也更可能有高收入。如果这样的情况在现实中发生，那么道德可能还会带来财富、权力等回报，也可以支撑道德的可行性。

从中国的社会实践来看，中华民族有非常多的优秀人物，以极大的奉献精神，为国家和民族的利益而努力奋斗，不惜自我牺牲，甚至献出生命。这些人的奉献，完全不是利益激励可以解释的，而是利国利民的精神在鼓舞着他们。虽然不是所有人在所有情境下都可以采用道德激励方法，但是某些人在某些情境下，道德激励是可以发挥良好效果的，外在的物质激励此时反而难以发挥良好作用。

二、道德快乐与欲求快乐的比较分析

道德需求满足可以给人带来愉悦感，欲求需求满足也可以给人带来愉悦感，两者之间有时是矛盾的，这里我们先对道德快乐与欲求快乐进行一个简单的比较。

1. 易感知性

孔子说“吾未见好德如好色者也”[①]，可以从侧面说明，道德快乐可能不如欲求快乐那样容易被感知。欲求快乐容易被感知到，有时具有立竿见影的效果。比如，饥饿状态可以被人明显地感知到，如果不及时吃东西，这种饥饿感可能会一直持续，吃了东西马上就感觉到不饿了。但通过帮助别人所获得的快乐，有时候可能不如吃饱了那样容易感知。一般来说，欲求快乐比道德快乐更容易感知。

2. 持续性

美味的食品从口中进入腹中后，就品尝不到那种滋味了。很多的欲求满足在停止以后就不能再以正在发生时的方式感知。虽然可通过回味再次体会到满足感，但已经是不同的满足感了。相对来说，道德快乐更容易在回忆中重新构建。曾经在道德快乐中获得的感动，可通过回忆再次感受到。一般来说，道德快乐比欲求快乐更具持续性。

---

① 孟子，等. 四书五经［M］. 北京：中华书局，2009：22.

3. 无厌足性

在一些情况下，人的欲望是无厌足的。以对奢侈品的需求为例，从功能角度来看，任何材质和品牌的包都可以满足装东西的需求，但奢侈品牌通过营销创造消费者的需求，使包的价格一跃至上万元，甚至几十万元。欲求具有无厌足性，因此就难以满足，获得快乐的“筹码”可能会不断增加。一般来说，欲求快乐的无厌足性比道德快乐高。

4. 饱和性

在一些情况下，欲求快乐具有饱和性。比如吃饭，即使有再多的钱，饭量也是有限的；比如睡眠，即使有再多的房间，睡觉能占的空间也是有限的。但对于道德快乐的追求可能是无饱和性的，人的自我修为是没有止境的。一般来说，欲求快乐比道德快乐更容易饱和。

5. 可转化性

在儒家的观点里，道德快乐可以转化为欲求快乐。即便欲求不能被很好地满足，但只要有足够的道德修养，也可以获得快乐。比如：“贤哉回也！一箪食，一瓢饮，在陋巷，人不堪其忧，回也不改其乐。贤哉，回也！”[①]“饭疏食饮水，曲肱而枕之，乐亦在其中矣。不义而富且贵，于我如浮云。”[②]“富与贵，是人之所欲也，不以其道得之，不处也。贫与贱，是人之所恶也，不以其道得之，不去也。”[③]道德如果修为得好，则可以较为坦然地面对人生的困境，在同样的情境下，减少不快乐的情感体验，增加快乐的情感体验。但是，反过来，欲求快乐难以转化为道德快乐。

道德快乐与欲求快乐的特点及关系，为我们认识道德激励与欲求激励的特点及关系提供了基础。从易感知性来看，欲求快乐优于道德快乐；从持续性、无厌足性、饱和性、可转化性来看，道德快乐优于欲求快乐。在管理实践中，道德激励与欲求激励不是矛盾的，而是可以相辅相成的，只有综合运用才能发挥更好的激励效果。我们区分了“道德快乐”与“欲求快乐”，在“欲求快乐”中，蕴含着“因满足欲求而获得快乐”的意味，“欲求满足”与

---

① 孟子，等. 四书五经［M］. 北京：中华书局，2009：15.
② 孟子，等. 四书五经［M］. 北京：中华书局，2009：17.
③ 孟子，等. 四书五经［M］. 北京：中华书局，2009：11.

快乐之间具有一种因果联系，但在“道德快乐”里，道德与快乐之间，是什么关系？如果“道德”是人的天性，那么“道德快乐”有没有可能也是人的天性？即天性在人格上体现为道德，在情志上体现为快乐。也就是说，“道德”与“道德快乐”之间，可能是因果联系，也可能是同一枚硬币的两面。

三、以道德快乐引领欲求快乐

前文指出，道德能够带来快乐，欲求满足也可以带来快乐，而很多时候，道德与欲求满足之间是存在矛盾的。根据儒家思想，欲求快乐比道德快乐更容易让人感受到，如“吾未见好德如好色者也”①，但是欲求快乐的满足，并不一定对人有实质的好处，甚至可能是有损害的，比如，“乐骄乐，乐佚游，乐宴乐，损矣”②，“郑音好滥淫志，宋音燕女溺志，卫音趋数烦志，齐音敖辟乔志。此四者，皆淫于色而害于德”③。当两者之间存在矛盾时，儒家主张欲求要让位于道德。如“富与贵是人之所欲也，不以其道得之，不处也；贫与贱是人之所恶也，不以其道得之，不去也”④，“不义而富且贵，于我如浮云”⑤，“志士仁人，无求生以害仁，有杀身以成仁”⑥，可见，儒家主张追求道德快乐，而不是追求欲求满足。另外，即使欲求不满足，也并不影响道德快乐，如“饭疏食，饮水，曲肱而枕之，乐亦在其中矣”⑦，“一箪食，一瓢饮，人不堪其忧，回也不改其乐”⑧。

当道德快乐与欲求快乐之间发生矛盾时，人们为什么不去享受触手可及的欲求快乐，而是要压抑这种快乐去追求道德快乐呢？“不仁者不可以久处约，不可以长处乐”⑨，道德作为人的本性，只有符合人的本性才能获得持久真正的快乐。而感性欲求作为非本性的，受外界刺激才能产生的感受，是不具有可持续性的，当外界刺激消失时，这种感性欲求快乐就会消失。道德所带来的快乐是一种持续的状态，而感性欲求所带来的快乐是暂时的。如果这种

---

① 孟子，等. 四书五经［M］. 北京：中华书局，2009：22.
② 孟子，等. 四书五经［M］. 北京：中华书局，2009：36.
③ 孟子，等. 四书五经［M］. 北京：中华书局，2009：385.
④ 孟子，等. 四书五经［M］. 北京：中华书局，2009：11.
⑤ 孟子，等. 四书五经［M］. 北京：中华书局，2009：17.
⑥ 孟子，等. 四书五经［M］. 北京：中华书局，2009：34.
⑦ 孟子，等. 四书五经［M］. 北京：中华书局，2009：17.
⑧ 孟子，等. 四书五经［M］. 北京：中华书局，2009：15.
⑨ 孟子，等. 四书五经［M］. 北京：中华书局，2009：11.

感性欲求是违背人本性的，那么可能给人的快乐带来反作用。脱离了道德引领的欲求快乐，并不能给人带来真正快乐，"'乐者，乐也。'君子乐得其道，小人乐得其欲。以道制欲，则乐而不乱；以欲忘道，则惑而不乐"。[①]从儒家的视角来看，儒家并不提倡严格的"禁欲主义"，而赞成适当的欲求满足，但是反对"穷奢极欲"。欲求的满足应该在符合"道德"的前提之下，不能为了满足欲求而做不道德的事。可见，放纵欲望不是快乐，违背人道德本性的放纵，并不通向快乐。社会的发展，要摒弃桎梏人本性发展的东西，但不能放纵感性欲望的无限蔓延，因为放纵欲望并不能通向幸福快乐。儒家主张以道德快乐引领欲求快乐，对应到管理领域，就是要以道德激励来引领欲求激励。

"颜渊问仁。子曰：'克己复礼为仁。一日克己复礼，天下归仁焉。为仁由己，而由人乎哉？'颜渊曰：'请问其目。'子曰：'非礼勿视，非礼勿听，非礼勿言，非礼勿动。'"[②]"视""听""言""动"对应着眼、耳、舌、身等的感性欲求，要克制不符合"礼"的感性欲求，以实现"仁"。儒家虽然主张克制不符合"礼"的感性欲求快乐，但并不反对所有感性欲求的快乐。欲求快乐如果把握不好，则可能会有损道德快乐；如果把握得好，则可能使人趋向人之本性，有助于实现道德快乐，"是故先王之制礼乐也，非以极口腹耳目之欲也，将以教民平好恶而反人道之正也"[③]。

四、儒家的义利观及其管理意义

道德快乐与欲求快乐，对应到儒家思想里，涉及义利观的问题。道德近似于"义"，欲求近似于"利"。

《论语》中一些涉及义利观的论述："放于利而行，多怨。"[④]"君子喻于义，小人喻于利。"[⑤]"饭疏食，饮水，曲肱而枕之，乐亦在其中矣。不义而富且贵，于我如浮云。"[⑥]"贤哉回也！一箪食，一瓢饮，在陋巷，人不堪其忧，回也不改其乐。贤哉，回也！"[⑦]"富与贵，是人之所欲也，不以其道而得之，不处

---

① 孟子，等. 四书五经［M］. 北京：中华书局，2009：384.
② 孟子，等. 四书五经［M］. 北京：中华书局，2009：27.
③ 孟子，等. 四书五经［M］. 北京：中华书局，2009：381.
④ 孟子，等. 四书五经［M］. 北京：中华书局，2009：11.
⑤ 孟子，等. 四书五经［M］. 北京：中华书局，2009：11.
⑥ 孟子，等. 四书五经［M］. 北京：中华书局，2009：17.
⑦ 孟子，等. 四书五经［M］. 北京：中华书局，2009：15.

也。贫与贱，是人之所恶也，不以其道而得之，不去也。”①“志士仁人，无求生以害仁，有杀身以成仁。”②

《大学》中也有相关论述：“是故君子先慎乎德。有德此有人，有人此有土，有土此有财，有财此有用。德者本也，财者末也。外本内末，争民施夺。是故财聚则民散，财散则民聚。”③“国不以利为利，以义为利也。长国家而务财用者，必自小人矣。”④

《孟子》中，也有关于义利观的论述：“生，亦我所欲也；义，亦我所欲也。二者不可得兼，舍生而取义者也。生亦我所欲，所欲有甚于生者，故不为苟得也；死亦我所恶，所恶有甚于死者，故患有所不辟也。”⑤“为人臣者怀利以事其君，为人子者怀利以事其父，为人弟者怀利以事其兄。是君臣、父子、兄弟终去仁义，怀利以相接；然而不亡者，未之有也。……为人臣者怀仁义以事其君，为人子者怀仁义以事其父，为人弟者怀仁义以事其兄，是君臣、父子、兄弟去利，怀仁义以相接也。然而不王者，未之有也。”⑥

从这些论述来看，儒家主张“义”大于“利”，如果在管理上不注重激发人的道义，只是以利益来激励人，则会导致大家都为了争利而工作，而资源总是有限的，争利的心又是无厌足的，终究难以让人满意。利的特点是具有排他性，一样东西给了甲就不能再给乙，不同的人之间容易产生利益争夺；但义是没有排他性的，甲成为一个讲道义的人并不会妨碍乙成为一个讲道义的人，甲做有道义的事并不会妨碍乙做有道义的事，不同的人之间还可能相互赞赏、相互促进。儒家主张“重义轻利”，但不是完全放弃“利”，而是以合理的方式获得“利”，“君子爱财，取之有道”，只要符合道义，不反对获得“利”，反对的是见利忘义。

第二节 从“仁者不忧”的实证检验看道德激励的可行性

我们在理论上阐释了道德可以作为激励因素，那么在现实中，道德与情

① 孟子，等. 四书五经［M］. 北京：中华书局，2009：11.
② 孟子，等. 四书五经［M］. 北京：中华书局，2009：34.
③ 孟子，等. 四书五经［M］. 北京：中华书局，2009：48.
④ 孟子，等. 四书五经［M］. 北京：中华书局，2009：49.
⑤ 孟子，等. 四书五经［M］. 北京：中华书局，2009：105.
⑥ 孟子，等. 四书五经［M］. 北京：中华书局，2009：108.

志之间是否存在联系？存在怎样的联系？在本节中，我们将以实证研究方法，对道德与情志的关系进行检验。在《论语》中有"仁者不忧"等论述，反映了道德与情志之间的联系，我们将据此提出研究假设，对变量进行选择与测量，通过调查收集数据进行统计分析。

一、儒家的"仁者不忧"思想

按照量化研究方法的研究范式，检验变量之间的因果联系需要有理论基础，在理论基础上提出相应研究假设。这里我们以儒家传统思想为理论基础，在此基础上提出用于实证检验的研究假设。

在儒家思想中道德与情志相关。《论语》中说"知者不惑，仁者不忧，勇者不惧"①,"智者乐水，仁者乐山；智者动，仁者静；知者乐，仁者寿"②,"君子不忧不惧"③,"不仁者不可以久处约，不可以长处乐"④,"苟志于仁矣，无恶也"⑤。可见，在儒家的理念中，良好的道德可以产生良好的情志，用我们现代语言来说，道德水平高更容易获得快乐的感受。道德是人的本性，顺应这种道德本性就会获得愉悦感。有道德指导的情志宣扬，可以达到舒展人性的目的；缺乏道德指导的情志宣扬，可能使人产生忧郁、痛苦等不良感受。通过对儒家思想的梳理，我们可以得出如下研究假设。

研究假设 1：个体所具有的儒家意义上的道德水平越高，负面情志水平越低。

研究假设 2：个体所具有的儒家意义上的道德水平越高，正面情志水平越高。

二、"仁者不忧"的实证检验

我们选择的实证研究方法是量化研究方法，首先确定研究变量，其次对相关变量进行测量，进而对变量关系进行统计分析。我们的研究目的是分析道德与情志的关系，儒家道德有丰富的内容，我们难以在此进行面面俱到的

---

① 孟子，等. 四书五经［M］. 北京：中华书局，2009：22.
② 孟子，等. 四书五经［M］. 北京：中华书局，2009：16.
③ 孟子，等. 四书五经［M］. 北京：中华书局，2009：27.
④ 孟子，等. 四书五经［M］. 北京：中华书局，2009：11.
⑤ 孟子，等. 四书五经［M］. 北京：中华书局，2009：11.

分析。所以，我们要有所取舍，选择儒家思想中具有代表性且能反映道德水平的变量进行测量分析。

1. 确定研究变量

儒家的道德包含着广泛的内容，比如“仁”“义”“礼”“智”“信”等，但“仁”是其核心，能够演化出很多其他道德品质。在《中庸》中，把“智”“仁”“勇”称为“三达德”①,“仁者必有勇，勇者不必有仁”②，说明具有“仁”的品质的人，一定具有“勇”的品质。因此，我们选择“仁”作为反映儒家道德的基础变量，在量化分析中，我们主要考察“仁”对情志的影响。

“仁者不忧”③,“不仁者不可以久处约，不可以长处乐”④，由此，我们可以判断：一是具备“仁”的品质的人是“不忧”的，二是不具备“仁”的品质的人是缺乏持久的快乐的。这是儒家思想中对“仁”与“情志”关系的反映。

儒家经典中反映情志的指标并不是特别多，所以在研究计划中，我们拟对情志进行全面测量，包含正面情志与负面情志。

由于道德变量“仁”与情志变量都是无法直接观测的潜在变量，我们拟开发测量量表对两个变量进行测量。

2. 变量的测量

对于变量的测量，首先我们梳理《论语》中所提及的“仁”与“情志”的相关内容，作为测量的指标；其次根据每个测量指标设计测量题目，形成测量相关变量的题库。以题库为基础进行数据收集，然后进行项目分析、探索性因子分析、验证性因子分析、测量信度与效度检验等，得出最后的测量量表。测量题库的产生，完全忠实于《论语》等儒家原典，以保证我们测量出的道德与情志是儒家思想中的道德与情志。在具体问题的设计方面，注重符合现代人的特征。

（1）道德的测量。

在儒家经典中多次提到与“仁”相关的言行，我们将主要参考这些言行对“仁”进行测量，梳理能反映“仁”内涵的言行，作为测量指标。比如，

---

① 孟子，等. 四书五经［M］. 北京：中华书局，2009：55.
② 孟子，等. 四书五经［M］. 北京：中华书局，2009：31.
③ 孟子，等. 四书五经［M］. 北京：中华书局，2009：22.
④ 孟子，等. 四书五经［M］. 北京：中华书局，2009：11.

颜渊问仁，孔子的回答中提到“非礼勿视，非礼勿听，非礼勿言，非礼勿动”[①]；仲弓问仁，孔子的回答中提到“己所不欲，勿施于人”[②]；司马牛问仁，孔子的回答中提到“其言也讱”[③]；樊迟问仁，孔子的回答中提到“爱人”[④],“居处恭，执事敬，与人忠”[⑤],“先难而后获，可谓仁矣”[⑥]；子贡问为仁，孔子的回答中提到“友其士之仁者”[⑦]；子张问仁，孔子的回答中提到“恭、宽、信、敏、惠。恭则不侮，宽则得众，信则人任焉，敏则有功，惠则足以使人”[⑧]。主要选择适合所有人的方面，只适合特定人群的方面在测量过程中可能产生偏差，不作为测量依据。比如，仲弓问仁，孔子的回答中提到“出门如见大宾，使民如承大祭”[⑨]，是具有官员身份的人更易于表现出的“仁”，没有作为测量指标。根据“仁者必有勇，勇者不必有仁”[⑩],“见义不为，无勇也”[⑪]，可以推测仁者是会见义勇为的，但是“见义勇为”需要以“见义”为机会条件，而机会条件并不是对所有人都均等，所以也没有作为测量指标。除了直接可以从儒家经典中看到的“仁”的言行，我们还可根据相关论述进行一定扩展，比如,“孝悌也者，其为仁之本与”[⑫]，据此可以推测“孝悌”是“仁”的重要内容；我们又梳理了《论语》中与“孝悌”相关的内容，作为测量的指标，如“无违”[⑬],“生事之以礼”[⑭],“有事弟子服其劳，有酒食先生馔”[⑮],“敬”[⑯]，等等。“仁”是儒家道德的核心内容，由“仁”可以推出很多其他品质，这些品质又对应着很多行为表现。为了集中精力分析核心问题，我们不对“仁”做太宽泛的扩展。只要最后我们测量出来的“仁”能够满足研究需要就可以了，更全面的分析有待后续研究来完成。

---

① 孟子，等. 四书五经［M］. 北京：中华书局，2009：27.
② 孟子，等. 四书五经［M］. 北京：中华书局，2009：27.
③ 孟子，等. 四书五经［M］. 北京：中华书局，2009：27.
④ 孟子，等. 四书五经［M］. 北京：中华书局，2009：28.
⑤ 孟子，等. 四书五经［M］. 北京：中华书局，2009：30.
⑥ 孟子，等. 四书五经［M］. 北京：中华书局，2009：16.
⑦ 孟子，等. 四书五经［M］. 北京：中华书局，2009：34.
⑧ 孟子，等. 四书五经［M］. 北京：中华书局，2009：38.
⑨ 孟子，等. 四书五经［M］. 北京：中华书局，2009：27.
⑩ 孟子，等. 四书五经［M］. 北京：中华书局，2009：31.
⑪ 孟子，等. 四书五经［M］. 北京：中华书局，2009：8.
⑫ 孟子，等. 四书五经［M］. 北京：中华书局，2009：5.
⑬ 孟子，等. 四书五经［M］. 北京：中华书局，2009：7.
⑭ 孟子，等. 四书五经［M］. 北京：中华书局，2009：7.
⑮ 孟子，等. 四书五经［M］. 北京：中华书局，2009：7.
⑯ 孟子，等. 四书五经［M］. 北京：中华书局，2009：7.

除以上提及的指标外，测量“仁”的指标还包括“巧言令色，鲜矣仁”[①]，“唯仁者能好人，能恶人”[②]，“君子去仁，恶乎成名”[③]，“恶不仁者其为仁矣”[④]，“人之过也，各于其党。观过，斯知仁矣”[⑤]，“己欲立而立人，己欲达而达人”[⑥]，“刚毅、木讷，近仁”[⑦]，“志士仁人，无求生以害仁，有杀身以成仁”[⑧]，等等。

确定出测量指标以后，我们还要进一步确定具体的测量题目，生成测量题库。我们的测量指标都是根据儒家经典来确定的，但是测量题目的设计要考虑测量对象的时代特征。道德如果以是否符合本性为标准，其标准在古今应该是没有差异的，我们考虑时代特征，是测量区分度的需要。比如，如果以古代的“非礼勿视”为行为标准，我们现代人可能都达不到这个标准，就没有了区分度。所以，我们要选择具有现代意义的标准，区分出不同品质的人的差异。要实现内在品质有差异，变量的测量结果也有差异。如果用一个古代人的高标准，就反映不出现代人之间的差异了。所以，我们需要对题目进行“时代转化”的原因，其根本上不在于古今道德标准的差异，而在于行为差异与区分度的要求。

测量题目示例：对“巧言令色，鲜矣仁”[⑨]的测量题目为“我不会为讨好别人而说违心的话”，对“无违”的测量题目为“父母吩咐的事，我会马上去做”，对“非礼勿视，非礼勿听”的测量题目为“我不会有意去窥探别人的隐私”，对“其言也讱”的测量题目为“我尽量不说伤害别人的话”，对“无求生以害仁，有杀身以成仁”的测量题目为“我宁可利益受损，也不做不道德的事”，等等。

（2）情志的测量。

对于情志的测量，首先我们梳理儒家经典中关于情志的描述作为测量指标，如“悦”“乐”“安”“忧”“惧”“惑”“悔”“怒”“愠”“怨”等。其次针对每个测量指标设计具体题目。在设计具体题目时，除了考虑我们的时代

① 孟子，等．四书五经［M］．北京：中华书局，2009：5．
② 孟子，等．四书五经［M］．北京：中华书局，2009：11．
③ 孟子，等．四书五经［M］．北京：中华书局，2009：11．
④ 孟子，等．四书五经［M］．北京：中华书局，2009：11．
⑤ 孟子，等．四书五经［M］．北京：中华书局，2009：11．
⑥ 孟子，等．四书五经［M］．北京：中华书局，2009：16．
⑦ 孟子，等．四书五经［M］．北京：中华书局，2009：30．
⑧ 孟子，等．四书五经［M］．北京：中华书局，2009：34．
⑨ 孟子，等．四书五经［M］．北京：中华书局，2009：5．

特征外，也注重体会儒家经典中对于相关指标内涵的反映。比如，对于“恕”的测量，参考“不念旧恶，怨是用稀”①，开发了“有些不愉快的事，我想起来就会难过”；对于“乐”的测量，参考“有朋自远方来，不亦乐乎”②，开发了“我有志同道合的好朋友”，参考“游于艺”③，开发了“我有自己很享受的兴趣爱好”；对于“悦”的测量，参考“学而时习之，不亦乐乎”④，开发了“我感觉自己在不断成长”；等等。一个测量指标可能设计了多个不同角度的测量题目。

（3）通过多次预调查确定最终的测量量表。

在测量题库开发完成后，我们开始收集数据，根据数据分析结果确定最终的测量量表。数据收集过程通过网络完成，在形成最后的调查问卷前一共进行了 4 次预调查，每个填答者都能获得一定的回报，每个电脑 IP 地址及每个设备只能回答 1 次问卷。由于是网络调查，无法与被调查者面对面，为了保证调查质量，每次调查的题目控制在 50 题以内。第 1 次预调查以道德的测量题目为主，兼有少量情志测量题目，通过项目分析、信度分析、效度分析等对道德的测量题目进行简化；第 2 次预调查以情志的测量题目为主，兼有少量道德题目，通过项目分析、信度分析、效度分析等对情志的测量题目进行简化；第 3 次预调查包含了前两次预调查被保留下来的道德题目和情志题目，通过项目分析、信度分析、效度分析等得出道德测量量表与情志测量量表；第 4 次预调查，旨在对第 3 次预调查所确定的测量量表进行信度和效度的进一步检验，结果显示信度、效度良好，都达到了研究领域公认的标准，至此，确定了最终的测量量表。在每一次预调查中，样本数量都在分析题目的 5 倍以上，满足分析需要。通过 4 次预调查之后，形成了最终的调查问卷，进行了正式调查。

在研究过程中，我们还发现，当对道德的测量题目、正面情志的测量题目、负面情志的测量题目同时进行探索性因子分析时，正面情志的题目更倾向于与道德题目成为一个因子，而不是与负面情志的题目成为一个因子。这与本书的主要观点也具有一致性——正面情志与道德都来源于人的本性，但负面情志是违背本性的表现。这虽然超出了研究者的预料，却与我们旨在验证的理论不谋而合。

① 孟子，等. 四书五经［M］. 北京：中华书局，2009：14.
② 孟子，等. 四书五经［M］. 北京：中华书局，2009：5.
③ 孟子，等. 四书五经［M］. 北京：中华书局，2009：17.
④ 孟子，等. 四书五经［M］. 北京：中华书局，2009：5.

（4）其他控制变量。

社会科学领域的研究表明，教育水平、性别、年龄、个人收入、职业、婚姻状况、健康状况、家庭经济状况等都是影响个体主观幸福感受的重要变量（边燕杰等，2014），这些变量也是影响情志状态的重要变量，据此，为了更准确地分析道德与情志的关系，在回归分析中将把这些变量作为控制变量。

3. 估计结果——道德与情志的关系

（1）样本统计描述与测量的信度、效度检验。

在通过 4 次预调查确定了最后的调查问卷以后，我们实施了最终调查。最终调查也是通过网络实施，每位填答者都能获得一定的回报，每个电脑 IP 地址及每个设备只能提交一次问卷。在问卷的卷首语中，我们强调了如实填答的重要性，说明了问卷的严格保密性。我们一共收回 1201 份问卷，其中有效样本 1122 份。男性样本占 49.9%，女性样本占 50.1%，样本平均年龄约为 33 岁，覆盖 30 多个省份的 200 多个城市。

数据进行 KMO 检验后的结果为 0.931，Bartlett 球形检验的显著性为 0.000，说明数据非常适合进行因子分析。经过探索性因子分析与验证性因子分析，得到了以下测量量表，量表的因子载荷都可以达到研究领域的标准。见表 3-2-1。

表 3-2-1 测量量表

变量与题目	
道德变量“仁”	
1. 我的好朋友都是品行很好的人	0.526
2. 我总是能关注到父母的需要	0.503
3. 别人需要我帮助时，我总是尽力而为	0.586
4. 我不会有意窥探别人的隐私	0.512
5. 我疾恶如仇，看不惯不仁不义的事	0.516
6. 我不会为讨好别人而说违心的话	0.546
7. 我讨厌品行不端的人	0.558
8. 做任何事，我都会认真负责	0.654
9. “己所不欲，勿施于人”是我做人的原则	0.623

续表

变量与题目	
10. 我宁可利益受损，也不做不道德的事	0.663
11. 我愿意帮助别人实现梦想	0.570
12. 我从来不做不仁不义的事	0.653
情志变量"负面情志"	
1. 我感觉自己的压力很大	0.699
2. 有些事，我想起来就感到后悔	0.660
3. 我经常感到焦虑	0.834
4. 我时常有力不从心的感觉	0.819
5. 有些不愉快的事，我想起来就会难过	0.701
6. 经常会有人引起我的不满	0.795
7. 我经常发脾气	0.768
8. 我经常因别人的影响而心情不好	0.779
9. 我觉得自己的运气不佳	0.779

注：因子分析的载荷，都在 1% 水平上显著。

验证性影响因子分析的相关拟合指标如表 3–2–2 所示，双因子模型（基准模型）各拟合指标都达到了研究领域公认的标准，说明模型与数据的拟合性较好，而单因子模型各项拟合指标都远低于基准模型，说明变量是具有区分度的。

表 3–2–2　验证性影响因子分析拟合指标

量表	χ^2	df	TLI	CFI	RMSEA	SRMR
道德测量	221.9	54	0.924	0.938	0.058	0.037
情志测量	411.1	27	0.928	0.946	0.105	0.036

信度检验的结果显示，道德"仁"的测量量表 α 系数为 0.854，负面情志的测量量表 α 系数为 0.925，说明两个量表的内部一致性都比较好。变量的均值、标准差以及变量间的相关系数如表 3–2–3 所示。

表 3-2-3 均值、标准差以及变量间的相关系数

变量	样本量	均值	方差	1	2	3	4	5	6	7	8
1. 性别	1122	0.501	0.500	—							
2. 年龄	1121	3.470	0.248	−0.083*							
3. 受教育年限	1122	15.745	1.650	0.032	−0.088*						
4. 户口	1122	0.206	0.405	0.054	−0.266*	−0.214*					
5. 收入区间	996	6.807	1.684	−0.121*	0.063*	0.340*	−0.216*				
6. 健康状况	1122	3.615	0.774	0.019	−0.085*	0.129*	−0.060*	0.145*			
7. 家庭经济条件	1122	3.080	0.666	−0.051	0.017	0.144*	−0.171*	0.313*	0.327*		
8. 道德"仁"	1122	3.973	0.478	0.012	0.076*	0.112*	−0.156*	0.161*	0.319*	0.175*	
9. 负面情志	1122	3.076	0.860	0.027	−0.069*	−0.131*	0.164*	−0.151*	−0.286*	−0.246*	−0.117*

注："*"表示在5%的水平上显著；男性为0，女性为1；样本的平均年龄为33.17岁，方差为8.46岁，表中为取对数后的值；城市户口为0，农村户口为1；收入为选项区间的离散值；健康状况与家庭经济条件都为5点量表的主观评价。

（2）道德与情志关系的实证检验。

普通最小二乘法的回归分析结果如表3-2-4所示。第（1）列在未控制其他变量的情况下，道德的回归系数显著为负，说明道德水平越高，负面情志可能越低。第（2）列引入了受教育年限变量，受教育年限的估计系数显著为负，说明个体教育水平越高，负面情志可能越低；道德的估计系数有所降低，但仍然是显著为负的，说明个体的道德水平可能与受教育年限正相关。为了检验在影响情志状态时道德水平与受教育水平是否存在交互作用，在第（3）列回归中，我们引入了道德与教育的交叉项，估计结果显示交叉项显著为负，说明教育水平越高，道德水平对负面情志的降低作用越强；道德水平越高，教育水平对负面情志的降低作用越强。在第（4）列至第（11）列的回归中，我们逐渐引入了性别、年龄、户口、婚姻状况、收入水平、职业状况、单位类型、住房情况、健康状况、家庭经济条件等变量，道德与教育交叉项的估计系数都显著为负，说明所得结论具有稳定性。研究假设1得到了验证，即个体所具有的儒家意义上的道德水平越高，负面情志水平越低。

表 3-2-4　道德对负面情志的影响分析

自变量	因变量：负面情志										
	（1）	（2）	（3）	（4）	（5）	（6）	（7）	（8）	（9）	（10）	（11）
道德“仁”	−0.211*** [0.057]	−0.187*** [0.057]	0.844** [0.423]	0.861** [0.423]	0.958** [0.420]	0.961** [0.435]	0.862* [0.450]	1.021** [0.455]	0.968** [0.442]	1.102** [0.438]	1.109*** [0.427]
道德 × 教育			−0.066** [0.027]	−0.066** [0.027]	−0.071*** [0.027]	−0.070** [0.028]	−0.064** [0.029]	−0.073** [0.029]	−0.068** [0.028]	−0.068** [0.028]	−0.068** [0.027]
受教育年限		−0.062*** [0.015]	0.189* [0.099]	0.187* [0.099]	0.219** [0.098]	0.219** [0.102]	0.204* [0.107]	0.242** [0.108]	0.217** [0.105]	0.227** [0.104]	0.227** [0.101]
性别				0.037 [0.051]	0.029 [0.051]	0.038 [0.050]	0.012 [0.051]	0.011 [0.053]	0.007 [0.052]	0.014 [0.051]	0.018 [0.051]
年龄				−0.251** [0.098]	−0.136 [0.104]	−0.125 [0.126]	−0.151 [0.126]	−0.230 [0.143]	−0.101 [0.140]	−0.242* [0.140]	−0.271** [0.138]
户口					0.258*** [0.061]	0.245*** [0.062]	0.221*** [0.061]	0.211*** [0.064]	0.128** [0.065]	0.142** [0.063]	0.123** [0.063]
婚姻状况	否	否	否	否	否	是	是	是	是	是	是
收入水平	否	否	否	否	否	否	是	是	是	是	是
职业类型	否	否	否	否	否	否	否	是	是	是	是
单位类型	否	否	否	否	否	否	否	是	是	是	是
住房情况	否	否	否	否	否	否	否	否	是	是	是
健康状况	否	否	否	否	否	否	否	否	否	是	是
家庭经济条件	否	否	否	否	否	否	否	否	否	否	是
常数项	是	是	是	是	是	是	是	是	是	是	是
样本量	1122	1122	1122	1121	1121	1121	1121	1121	1121	1121	1121
调整的 R^2	0.013	0.026	0.03	0.034	0.046	0.055	0.061	0.064	0.085	0.138	0.153

注：方括号内为稳健的标准差，*** 代表 $p<0.01$，** 代表 $p<0.05$，* 代表 $p<0.1$；其他控制变量均以虚拟变量形式进入回归；婚姻状况有未婚、同居、初婚有配偶、再婚有配偶等 7 类；收入水平为选项区间的离散值，未工作的无收入者归为一类；职业类型划分了专业技术人员，商业、服务人员，农林牧渔水利业生产人员等 13 类；单位类型划分了政府机关、国有企业、家庭联产承包农业、民营企业与个体企业等 9 类；住房情况划分了自有产权无贷款、自有产权有贷款、租住、集体宿舍等 6 类；其他变量的相关介绍参见表 3-2-3 下方的注。

虽然正面情志与负面情志会有很高的相关性，但两者不完全一致。在情志量表开发过程中，由于没有形成正面情志的测量量表，为了检验道德与正面情志的关系，我们把被调查者对自己幸福情况的评价作为反映正面情志的变量，进行进一步分析。在调查过程中，我们请被调查者评价自己的幸福情况，有“很不幸福、不太幸福、一般幸福、比较幸福、非常幸福”5 个选项，这种评价幸福感的方法，在研究领域有一定应用。① 估计结果如表3-2-5所示，在控制了所有变量以后，道德对幸福感仍然具有显著的正向影响。据此，我们在一定程度上验证了假设 2，即个体所具有的儒家意义上的道德水平越高，正面情志水平越高。

---

① 边燕杰，肖阳 . 中英居民主观幸福感比较研究［J］. 社会学研究，2014（2）.

表 3-2-5　道德对幸福感的影响分析

自变量	因变量：幸福感									
	(1)	(2)	(3)	(4)	(5)	(6)	(7)	(8)	(9)	(10)
道德"仁"	0.547*** [0.049]	0.529*** [0.049]	0.534*** [0.049]	0.515*** [0.050]	0.488*** [0.048]	0.486*** [0.048]	0.479*** [0.049]	0.448*** [0.049]	0.253*** [0.046]	0.240*** [0.044]
受教育年限		0.047*** [0.015]	0.046*** [0.015]	0.035** [0.015]	0.043*** [0.015]	0.036** [0.016]	0.033** [0.016]	0.035** [0.016]	0.023 [0.015]	0.024 [0.015]
性别			-0.018 [0.045]	-0.012 [0.045]	-0.007 [0.044]	0.012 [0.045]	0.009 [0.046]	0.018 [0.045]	0.003 [0.042]	0.000 [0.040]
年龄			-0.083 [0.096]	-0.172* [0.100]	-0.443*** [0.119]	-0.406*** [0.120]	-0.374*** [0.131]	-0.473*** [0.135]	-0.252** [0.114]	-0.204* [0.108]
户口				-0.198*** [0.061]	-0.203*** [0.060]	-0.187*** [0.061]	-0.166*** [0.062]	-0.090 [0.062]	-0.098* [0.055]	-0.072 [0.053]
婚姻状况	否	否	否	否	是	是	是	是	是	是
收入水平	否	否	否	否	否	是	是	是	是	是
职业类型	否	否	否	否	否	否	是	是	是	是
单位类型	否	否	否	否	否	否	是	是	是	是
住房情况	否	否	否	否	否	否	否	是	是	是
健康状况	否	否	否	否	否	否	否	否	是	是
家庭经济条件	否	否	否	否	否	否	否	否	否	是
常数项	是	是	是	是	是	是	是	是	是	是
样本量	1122	1122	1121	1121	1121	1121	1121	1121	1121	1121
调整的 R^2	0.109	0.117	0.117	0.125	0.162	0.164	0.165	0.184	0.332	0.388

注：方括号内为稳健的标准差，*** 代表 $p<0.01$，** 代表 $p<0.05$，* 代表 $p<0.1$；这里使用了 OLS 的估计结果，当使用多分定序因变量估计方法进行回归时，各变量估计系数的显著性相似，本书的相关结论依然成立。

比较表 3-2-4 与表 3-2-5 中的估计结果可以发现，各因素对正面情志与负面情志的影响是有一定差异的：教育水平显著降低了负面情志，但是当控制了所有变量以后，对幸福感的影响变得不显著；年龄显著降低了负面情志，但是对幸福感也有降低作用。这说明正面情志与负面情志确实没有必然联系，两者之间虽然可能高度相关，却是不同的维度，在分析中是不能相互替代的。这里的研究结果支持了 Diener 等的建议，即对幸福感的全面测量应该考虑负面情绪（Diener et al.，2009；郑晓明等，2016）。此外，性别对正面情志与负面情志都没有显著影响；城市户口相对于农村户口来说，有更高的幸福感、更低的负面情志。

研究结果表明，道德能够提高幸福感，降低负面情志，提高正面情志。对个人来说，情志不仅影响人的心理健康，也影响人的身体健康。当今社会，随着经济的发展，物质极大丰富，人们基本物质需求的满足已经不成为社会问题，而心理健康问题却有增长趋势。很多身心健康问题都与情志有密切关系。如果快乐是人的根本需要，那么道德也应该是人的根本需要，这对认识教育问题具有重要意义，如果道德教育只是为了规制社会关系，那么道德似乎就是从外部强加给个体的；反之，如果道德是人之本性需要，那么道德教育就是对人性需要的一种满足。很多人也许意识不到道德是自身的需要，但基本都能意识到幸福是自身的需要。幸福是在不同文化中具有普适性的相对终极的人生目标，如果道德与幸福之间具有确切的联系，道德也就具备了终极目标的意义。

在我国的正规教育体系中，一直把“立德树人”作为培养学生的目标，学校教育在目标上是教人向善的，但是在家庭教育中，有一部分父母存在着这样的疑虑：既然社会上有一些不道德的现象，如果教育孩子以高的道德标准要求自己，是否会让孩子吃亏？本书的研究结果表明，虽然做好人可能吃亏，但不做好人一定会吃亏。违背道德可能就是违背本性，违背本性就不会快乐。

根据实证分析结果，我们可以判断道德确实能降低负面情志，提高正面情志，即儒家所谓的“仁者不忧”。按照儒家理论来说，这是因为道德符合人的本性，人按照本性生活会比较快乐，所以一个道德水平高的人，可能会有更多的正面情志、更少的负面情志。但道德与情志之间，可能也有其他影响机制，比如，因为社会认同这样的道德标准，按照社会认同的标准生活，在主客观上都能获得益处，进而比较快乐。我们虽然验证了儒家“仁者不忧”的思想，但道德与情志之间是否还存在其他影响机制，需进一步探索。

三、道德本性论与天赋论

“道德水平越高情志状态越好”，是证明道德具有本性特征的一个必要条件，虽然不是一个充分条件，但仍然具有比较重要的参考价值。根据研究结果，我们不能否定“道德是本性”。顺应本性会给人带来快乐，道德也会给人带来快乐，所以道德可能是人的本性。今后，研究领域可以采取更丰富的方法，对道德是否为人之本性进行检验。

“天命之谓性”[①]，从道德角度来看，至少应该包括两层含义：一是道德源自“天命”，我们称之为“天赋”，把相关理论称为“道德的天赋论”；二是道德是“性”，我们称之为“本性”，把相关理论称为“道德的本性论”。可见，本性论与天赋论之间不是相互排斥的，而是同一个问题的不同方面，可以认为两者之间是相互补充的。目前，研究领域对儒家思想中道德的来源有一定的关注，但对“本性”是什么的关注比较少，尤其是缺少对“本性”的实证研究。“天赋”是外部意志赋予的，这种外部意志具有超越性，是很难或者不可检验的；而“本性”是自身所具有的，是真实存在的，是可以应用一定的研究方法进行检验的。对于“本于天而备于我”[②]，我们暂且悬置是否“本于天”这个问题，而重点讨论“备于我”的是什么。只有知道“备于我”的是什么才能更好地指导现实生活。人的本性来自哪里是难于验证的，但如果我们知道本性是什么，就可以按照本性的要求去做人以及培养人，而本性是什么，可以应用一定的方式进行验证。

中国人熟知的一句话是“善有善报，恶有恶终”，在很多人的意识里，“善”与“善报”之间，“恶”与“恶终”之间，都是前者导致了后者，是一种因果关系。但如果从道德本性论角度来看，做好人本身就是对做好人的奖励，做坏人本身就是对做坏人的惩罚。为善本身就是善报，为恶本身就是恶报。

本性论与天赋论之间不是相互排斥的，也不是相互替代的，而是从不同的角度来认识同一个问题，但两者对当前中国社会的现实意义是有差别的。当今社会，人们很难普遍接受一种不可验证的超越力量的存在，但对于幸福的感受，每个人都是有切身体会的，也是绝大多数人都愿意追求的，因此就

---

① 孟子，等．四书五经［M］．北京：中华书局，2009：53.
② 朱熹．四书章句集注［M］．北京：中华书局，1983：17.

容易被接受。“天赋论”以“超越的力量”赋予道德以终极意义，而“本性论”通过“按照本性生活更快乐”赋予道德以现实动力。“现代新儒学以既超越又内在还是只超越不内在区分儒学和西方哲学”（杨泽波，2006），可以认为“本性论”是具有中国文化特色的道德理论，是弘扬中国文化不可忽略的方面。在中华传统文化中，区别于其他文化的真理性认识，对中国的文化安全具有重要意义。

四、总结与展望

本节的研究结果表明，道德水平越高的人，情志水平越好，这具有重要的实践意义：一是可以证明道德作为一种激励要素的可行性，二是可以为社会道德建设提供更深入的支持，三是可以为情绪调节提供新的思路。

尝试应用现代社会科学的实证方法，对中国传统智慧进行实证检验，是研究中华传统文化的方法尝试，为大数据时代研究中华传统文化展现了新的可能。当今社会大部分人从“人与人”的角度来理解道德，把道德看成是指向他人的，而从儒家的角度来看，道德不仅是“人与人”的，更是“人与自己”的，是源于人的本性的，只有顺应自己的本性才能“乐而不忧”。研究道德与情志的关系，对于非宗教国家有特别重要的意义，如果道德能指向幸福快乐，就会对人的道德养成有积极影响，“幸福快乐”可以赋予“道德”以现实动力。但我们不是要把道德与情志的关系看作思辨的哲学理论，而是要用现代的科学技术去验证两者的关系，并尊重事实结果。人性到底是善是恶，还是有善有恶，不是一个主观问题，而是一个客观问题；不是一个意识形态问题，而是一个普遍规律问题。建议自然科学与社会科学领域，加强对人性的实证研究。

以往关于中国传统思想的研究，大多应用思辨方法，很少有文献以实证研究方法检验中国传统智慧，而实证研究方法是现代社会科学领域普遍使用的方法。有学者指出，有些中国传统思想受到当今处于世界主导地位的“科学”“理性”的挤压，而难以被人们接受或认同。有一部分人虽然对中华传统文化有认同倾向，但是在讲究“科学”“理性”的当今时代，还是会对缺乏“科学”检验的传统思想有所疑虑。本书采用实证研究方法检验中国传统思想，旨在表明虽然中国传统思想不是依靠当今盛行的实证研究方法产生的，但也是可以应用当今的实证研究方法检验的，中国传统思想与科学理性之间并不是矛盾的，中国传统思想中的真理性认识完全是经得起科学实证检验的。

在当今时代，中国要弘扬优秀传统文化，需要用当代人乐于接受的形式表达传统文化，针对人们对“科学”“理性”的普遍认同，以实证研究方法科学地检验传统思想，可以认为是学术研究领域对传统文化的一种创新表达。①

本书从中国文化生成相关操作性概念的方法，对于学术研究与社会实践的连接也有特别意义。有一种看法认为，学术研究普遍与社会实践脱离。如果应用从其他文化中生成的概念而缺乏本土性概念，就更容易造成理论与实践的脱离。同样一个名词，在西方文化中的内涵与在中国文化中的内涵有很大差异。比如，“道德”在中西方的社会实践中是有不同内涵的。产生于其他文化的学术概念，不容易被实践者理解，实践者很难像研究者那样去理解一个概念的内涵与外延，所以这些学术研究成果就难以应用于实践，即使应用，也难免有隔靴搔痒的感觉。但是，如果相关概念从中国文化中生成，就会很容易被中国人理解，进而可以迅速应用于实践。比如，本书根据传统经典《论语》生成“道德”的理论概念与操作性概念，中国人基本都可以迅速理解其内涵，进而可以指导自己的行为。

现代的社会科学基本肇端于西方，在概念体系、研究目标、研究方法等方面都有很强的西方文化烙印。如果以这些学科的视角来看待中华传统文化，则难免有削足适履的可能，使我们很难认识真正的中国文化，也很难使中华传统文化对这些学科产生深刻影响。在探索两者有机结合的过程中，要时刻有所警惕。

我们的实证研究的局限性在于样本不是随机抽样，而是方便抽样，但目前还没有证据显示道德与情志的关系在不同群体间有差异。另外，现有研究表明，即使样本不随机，只要样本的选择是由外生变量决定的，估计结果仍然是无偏的（于洪霞、陈玉宇，2010）。所以，尽管本书的研究样本不随机，但其研究结论仍然具有参考价值。本书展示了一种以实证研究方法检验中国传统思想的方法与范式，在未来研究中可以探索更多的研究方法与研究范式。

① 研究方法本身都有非常大的局限性，对于中国传统智慧的认识，如果完全依靠研究方法来实现，几乎是不可能的。但是，研究方法可以起到一定的辅助作用。使用实证的研究方法并不是必需的，但可以迎合现代人的思维方式。未经实证检验证明的真理，仍然是真理。实证检验的证明只是为那些还没有认识到这些真理的人提供参考。

第三节 从经济收入的实证检验看道德激励的可行性

物质激励是被广泛应用的激励方法，中国在人才选拔上注重“德才兼备”，道德高尚也可能具有经济意义。如果道德水平高能够带来较高的经济收入，就可以进一步支持道德激励的可行性。

一、道德与收入的潜在关系

1. 中国传统文化思想里道德与收入的关系

新中国成立以后，党和国家在人才选拔上经常强调“德才兼备，以德为先”。可见，“德才兼备，以德为先”是中国人才选拔的重要标准。Balan和Knack（2012）实证研究发现，一个国家的人力资本与道德水平相关性越高其人均国内生产总值越高，即“德”与“才”的相关性越高产出水平越高，以实证检验证明“德”与“才”之间可能具有互补性，佐证了中国德才兼备用人思想的合理性。

在中国的人才选拔体系中，“德才兼备”是选拔的重要标准，“以德为先”是选拔的重要原则。而获得一个什么样的工作，是影响个体经济收益的重要因素（李实，2003），但对于道德在劳动力市场上如何影响个体的经济收益，却很少有详实的理论分析与量化研究。

2. 经济学中道德与收入的关系

按照经典的经济学理论，市场是一只“看不见的手”，每个人都追求自身利益的最大化，就可以实现社会利益的最大化，但中国实施市场经济的实践表明，这只“看不见的手”是有局限性的，满足这只“看不见的手”完美运作的现实条件并不存在，食品安全、环境污染等社会问题在市场机制中都没有得到解决。如果离开了道德对行为的约束，让利益决定一切，那么可能会产生很多不良后果。虽然制度与法制的完善是解决相关问题的一条途径，但道德仍然是不可忽略的途径。以实现个人利益为宗旨的“看不见的手”，是不能代替道德的。经济学的基本假设是“理性人”假设，或“经济人”假设，在经济学里研究道德相关问题，可能首先要回答“道德人是理性人吗？”这个问题。这里我们通过分析道德与收入的关系回答这个问题。如果道德水平越高，收入水平也越高，则说明道德是理性的，在管理实践中，进行道德激励就有了现实基础。

根据重复博弈理论，在重复博弈过程中，个体可能为长远利益而放弃短期利益，做一个利他的人（Roth et al，1978；Kreps，1982；Andreoni，1993）。如果按照重复博弈理论，做一个有道德的人可能是理性的。但是，现有研究很少直接讨论"道德人"是否理性，如果做一个"道德人"可以使个体获得更高的收入，则说明"道德人"与"理性人"具有一致性。

"理性人"或"经济人"是经济学的基本假设，相关假设认为，人总是做出有利于自己的决定，而"道德人"往往具有利他的意味，甚至可能为利他而损害自己的利益。从表面上看，"理性人"与"道德人"可能是矛盾的，这促使我们提出一个问题：道德人是理性人吗？估计结果显示，道德水平每增加 1 个单位，收入增加 10%~15%；道德水平每增加 1 个标准差，收入增加 5%~8%。可见，道德水平对个体收入有较大影响。由此可以判断，从个体角度来看，做一个讲道德的人是与经济收益直接相连的，在这个意义上，做一个讲道德的人是理性的表现。相反，不讲道德并不是理性行为；为了短期的利益而不讲道德，可能会失去更大的利益，也不是理性行为。

本书的研究结果与"道德风险""重复博弈"等经典经济学理论具有一致性。在"道德风险"理论中，代理人也会选择做一个讲道德的人，因为这样对自己是最有利的。但在道德风险的研究中，需要一个条件，即委托人设计了合理的机制。本书的研究结果，相当于从代理人角度来决定，是否做一个讲道德的人。从代理人角度来看，做一个讲道德的人，是有经济收益的，也是一种理性选择。根据重复博弈理论，在单次博弈中，如果不遵守"道德"规则，可能会有短期回报，但在长期的重复博弈中，可能会失去获得更多回报的机会。对个体来说，为了获得短期回报而做一个不讲道德的人是得不偿失的。

道德对个体来说，可以说是一场终生博弈，一个人如果在一次博弈中做了不道德的事，可能以后就会失去获得更大利益的机会。当然，这只是从物质利益角度来认识道德，道德也可能带来其他收益，比如，更愉悦的心情等。"理性人"观点提出了"每个人都追求个体利益的最大化，可以实现社会利益的最大化"的论述，如果做一个讲道德的人也是一种理性选择，"道德人"与"理性人"则具有一致性，那么"每个人都追求社会利益的最大化，可以实现个体利益的最大化"的论述也可能成立，但这需要更深入的探讨。

我们的研究表明，“道德人”也是“理性人”，道德相关研究也可以纳入经济学现有的研究框架中，但道德在一定程度上是外生于经济系统的，如何更好地发挥道德对经济系统的作用，需要进一步深入探讨。

3.“做事”决策与“做人”决策的差异

在现有经济学理论中，也有关于道德的研究，如道德风险的相关研究。从委托代理角度来看，解决道德风险完全依赖委托者的机制设计，通过机制设计使委托人与代理人之间的利益一致，使代理人按照最优水平工作。“道德风险”理论解决了个体如何“做事”的问题，但没有解决个体如何“做人”的问题。“道德风险”理论明确了个体在面临一份委托代理契约时，如何决策自己的行为，使自身利益最大化。但在现实中，人不仅面临“做事”的问题，还面临“做人”的问题。“做事”的决策是需要重复做出的，但“做人”的决策是相对稳定的，个体一旦决定了做一个什么样的人，就可能忽略所面临的“契约条件”，做出一个一以贯之的决策。我们可以认为，“做事”的决策成本较高，不仅需要精力、时间等成本，还需要心理成本，比如，个体在决定是否做一个“不诚实”的人时，很可能感到纠结，这种纠结可能会给个体带来负面的情绪体验，降低经济利益为个体带来的效用。

二、道德与收入关系的实证检验

道德是一个潜在变量，潜在变量无法直接测量，所以我们需要使用测量潜在变量的量表。道德具有文化特征，我们想分析中华传统道德在社会主义市场经济中还能否发挥社会调节作用，在对道德进行测量时，我们将选择具有中华传统文化特色的测量工具。有一种看法认为，中华传统道德源于传统农业社会，而如今已进入工业社会与信息社会，传统道德在当今社会已经不适用；另一种看法认为，中华传统道德与人的本性密切相关，不管社会如何变迁，一些本质性的道德要求仍然是适用的。这里的研究，将为认识这些问题提供一些实证参考。此外，中华传统道德可能仍然通过各种途径影响着当代人的思想行为，相关研究在一定程度上可以帮助我们认识中国社会的道德建设是如何进行的。为了达到相关研究目的，我们将使用具有中华传统文化特色的道德测量量表，由于研究领域目前还缺乏相应的成熟量表，我们将根据中华传统经典中对道德的认识完成量表开发。

1. 变量的测量

道德变量的测量与前文相似（详见本章第二节），这里我们旨在分析道德与收入的关系，我们认为高道德水平会带来高收入。中国有句古话“仓廪实而知礼节”，蕴含了高收入可能带来高道德的启示，也就是说，道德与收入可能是相互影响的。为了克服这种内生性，我们拟采用工具变量法进行评估，工具变量要满足可以影响道德，但不直接影响收入的特点。

我们设计了 3 个题目来测量“道德榜样”这个变量，作为道德水平的工具变量，即“我尊敬的名人，是我做人的榜样”“生活中有很多人是我做人的榜样”“雷锋是我做人的榜样”，以 3 个题目的均值作为道德变量的工具变量。

2. 数据介绍与统计描述

通过网络收集，我们一共收到了 1201 个样本，剔除年龄在 18 岁以下和 60 岁以上的样本，剔除回答时间低于 90 秒的样本，剔除量表题目方差为 0 的样本，最后进入分析的有效样本为 1027 个。其中，女性样本约占 48.9%，农村户口样本约占 20.4%，大专以上学历样本约占 94.2%。样本结构上偏向高学历、城市户口人口，这可能在一定程度上限制了结论的适用范围。此外，通过网络收集的采样方式也排除了不使用网络的样本，存在着样本偏差。但目前还没有证据表明，相关作用机制在不同学历、不同户口、不同网络使用习惯的人之间有差异性，所以该样本仍然可以为我们认识相关机制提供一定的参考。

道德水平测量量表的验证性影响因子分析如表 3–3–1 所示，相关指标都达到了研究领域的公认标准。信度检验的 α 系数为 0.853，这说明题目的内部一致性较好。分析结果表明，道德测量量表的信度与效度都较好，能够满足这里的分析需要。

表 3–3–1　道德水平测量量表的验证性影响因子分析

χ^2	df	TLI	CFI	RMSEA	SRMR
227.410	54	0.933	0.946	0.056	0.034

相关变量的样本量、均值、标准差及相关矩阵，如表 3–3–2 所示。

表 3-3-2 相关变量统计描述

变量	样本量	均值	标准差	1	2	3	4	5
1. 收入	1027	4.361	0.658	1.000				
2. 道德水平	1027	3.984	0.478	0.136*	1.000			
3. 受教育年限	1027	15.762	1.644	0.321*	0.103*	1.000		
4. 工作经验	1027	11.760	7.496	0.017	0.053	–0.289*	1.000	
5. 性别	1027	0.489	0.500	–0.195*	0.051	0.058	–0.118*	1.000
6. 户口类型	1027	0.204	0.419	–0.213*	–0.151*	–0.213*	–0.200*	0.013

注："*" 表示在 10% 的水平上显著。

3. 估计结果

（1）道德对当期收入的影响分析。

道德对当期收入的影响模型设定如式（3–3–1）所示。

$$inc=\beta_0+\beta_1 mor+\beta_2 edu+\beta_3 exp+\beta_4 exp^2+\beta_5 gen+\beta_6 huk+\beta_7^T car+\beta_8^T org+\beta_9^T reg+\varepsilon \quad (3–3–1)$$

其中，β 代表估计系数；ε 为误差项；*mor* 代表道德水平；*inc* 代表年收入，取对数值；*edu* 代表教育年限，小学取 6，初中取 9，高中取 13，大专取 15，大学本科取 16，硕士研究生取 19，博士研究生取 22；*exp* 与 exp^2 代表工作经验及其平方项；*gen* 代表性别，男性取 0，女性取 1；*huk* 代表户口类型，城市户口取 0，农村户口取 1；*car* 代表职业类型虚拟变量；*org* 代表单位类型虚拟变量；*reg* 代表所在省份虚拟变量。我们想考察，在控制其他影响工资水平的因素后，道德对当期收入是否具有显著影响。根据"德才兼备"的用人标准，我们预测道德水平的估计系数 β_1 显著为正。

式（3–3–1）的估计结果如表 3–3–3 所示。第（1）列仅控制了道德水平，可以看到估计系数显著为正，说明道德水平越高，收入水平越高。第（2）列仅控制了教育年限，可以看到估计系数显著为正，说明教育年限越高，收入水平越高。第（3）列同时控制了道德水平与教育年限，两者的估计系数还是显著为正，且相对于第（1）列与第（2）列都有所下降，说明道德水平与教育年限之间具有正向关系，教育可能有助于提高个体的道德水平，教育年限越高，道德水平越高。第（4）列进一步控制了工作经验及其平方，工作经验对收入呈现倒"U"形影响，道德水平的估计系数有所下降，说明道德水平与

表 3-3-3　道德水平、受教育年限对当期收入的影响

自变量	因变量：当期收入对数值								
	（1）	（2）	（3）	（4）	（5）	（6）	（7）	（8）	（9）
道德水平	0.187*** [0.047]		0.143*** [0.044]	0.124*** [0.044]	0.140*** [0.043]	0.123*** [0.042]	0.084** [0.040]	0.097** [0.040]	0.153** [0.061]
受教育年限		0.129*** [0.017]	0.124*** [0.017]	0.138*** [0.018]	0.139*** [0.017]	0.126*** [0.018]	0.107*** [0.016]	0.108*** [0.016]	0.107*** [0.016]
工作经验				0.030*** [0.009]	0.028*** [0.008]	0.024*** [0.008]	0.020** [0.008]	0.016** [0.008]	0.016* [0.008]
工作经验的平方				−0.001*** [0.000]	−0.001*** [0.000]	−0.001** [0.000]	−0.001** [0.000]	−0.000* [0.000]	0.000 [0.000]
性别（男=0）					−0.276*** [0.038]	−0.276*** [0.037]	−0.216*** [0.037]	−0.214*** [0.038]	−0.218*** [0.038]
户口类型 （城市=0）						−0.180*** [0.049]	−0.133*** [0.051]	−0.146*** [0.051]	−0.140*** [0.050]
职业类型	否	否	否	否	否	否	是	是	是
单位类型	否	否	否	否	否	否	是	是	是
地区	否	否	否	否	否	否	否	是	是
样本量	1027	1027	1027	1027	1027	1027	1027	1027	1027
调整的 R^2	0.018	0.102	0.112	0.127	0.17	0.181	0.244	0.272	0.270

注："***""**""*"分别表示在 1%、5%、10% 的水平上显著。

工作年限之间存在一定的关系，而工作年限与年龄密切相关，我们认为道德水平可能与年龄有关。第（5）列进一步控制了性别虚拟变量，可以看到，女性的收入显著低于男性，道德水平的估计系数有所上升，说明道德水平存在一定的性别差异，女性的整体道德水平可能高于男性。第（6）列进一步控制了户口虚拟变量，可以看到农村户口的收入显著低于城市户口，道德水平的估计系数有所降低，说明道德水平存在一定的城乡差异，城市户口的整体道德水平可能高于农村户口。第（7）列进一步控制了个体的职业类型虚拟变量与单位类型虚拟变量，第（8）列进一步控制了个体所在地区的虚拟变量，道德水平的估计系数仍然显著为正，但相对于前面的回归结果有所变化，说明在不同的职业类型与不同的单位类型中，不同地区之间的道德水平可能存在着系统性差异。

综上所述，道德水平与收入之间存在着显著的正向关系，当控制其他影响收入水平的变量时，这种关系仍然存在，表现出一定的稳定性。在不同的教育年限、性别、户口类型、职业类型、单位类型等方面都存在着一定差异。

通过前面的分析，可以判断道德水平对收入有显著的正向影响，但是这种影响可能受内生性影响，也可能受生命周期偏误影响，我们需要做进一步分析。

（2）内生性偏误与工具变量法估计结果。

经济条件也可能反过来影响一个人的道德水平。收入与道德之间可能存在内生性：道德水平高能促进收入水平提高，收入水平高也可能促进道德水平提高；二者也可能存在共时性：具有某种特征的人，既有较高的收入，也有较高的道德。内生性的存在，可能导致普通最小二乘法的估计系数有偏，为了检验并解决潜在的内生性问题，我们设计了“道德榜样”为道德水平的工具变量。工具变量需要满足两个条件：一是与道德水平显著相关；二是不直接作用于收入水平，而只能通过道德水平影响收入水平。我们认为“道德榜样”能够满足这两个条件：一是个体的道德水平与“道德榜样”密切相关，二是“道德榜样”不会直接作用于个体的收入。工具变量法采取两阶段回归的方式来估计：第一阶段，以道德水平对工具变量及其他所有控制变量进行回归，模型设定如式（3–3–2）所示；第二阶段，将第一阶段估计的道德水平代入式（3–3–1）进行回归。

$$mor=\alpha_0+\alpha_1 iv+\alpha_2 edu+\alpha_3 exp+\alpha_4 exp^2+\alpha_5 gen+\alpha_6 huk+\alpha_7^T car+\alpha_8^T org+\alpha_9^T reg+\phi \tag{3–3–2}$$

其中，α 代表估计系数，ϕ 为误差项，iv 代表工具变量，其他变量的内涵与式（3–3–1）一致。如果道德与收入相互影响的内生性存在，工具变量法中道德水平的估计系数可能会高于普通最小二乘法的估计系数。

为了解决内生性问题，我们使用工具变量法进行了回归。工具变量“道德榜样”的均值为3.908，方差为0.657；信度检验的结果显示 α 系数为0.736，达到了学术领域公认标准；探索性因子分析提取了一个因子，因子载荷都在0.6以上；验证性因子分析的估计系数均显著，载荷在0.7左右，相关拟合指数也满足分析要求。当以道德水平对工具变量进行回归时，工具变量的估计系数为0.48（p=0.00），调整后的 R^2 为0.452；当控制其他所有变量以后，工具变量的估计系数为0.477（p=0.00），调整后的 R^2 为0.467，这说明该变量与道德水平显著相关，满足作为工具变量的条件。使用“道德榜样”作为工具变量进行工具变量法估计的结果如表3–3–3第（9）列所示。与第（8）列的普通最小二乘法估计结果相比，道德水平的估计系数有明显提高，而其他变量的估计系数则没有明显变化。这进一步验证了工具变量法在解决内生性问题中的有效性。

工具变量法的估计系数虽然具有无偏性，但其方差往往较大。因此，在不存在内生性问题的情况下，工具变量法并不是理想的估计方法。为了检验内生性问题是否存在，我们以道德水平为因变量，对工具变量及其他所有控制变量进行回归，并计算残差值。随后，将残差值代入原模型（1）进行回归，观察残差项的估计系数是否显著。结果显示，残差项的系数并不显著（p=0.113），这表明内生性问题可能并不严重。换言之，道德水平对收入的影响是显著的，但收入对道德水平的影响并不明显。因此，普通最小二乘法的估计结果仍可作为较为理想的参考依据。

（3）生命周期偏误与道德对收入的长期影响。

收入在个体的生命周期中是动态变化的，当期收入与终身收入并非完全一致。现有研究表明，以当期收入代替终身收入进行分析时，可能会引入生命周期偏误（于洪霞，2013）。道德作为影响收入的因素之一，既可能在短期内发挥作用，也可能在长期内产生影响。中国有句古话：“路遥知马力，日久见人心。”如果一个人的道德水平是稳定的，随着时间的推移，其道德品质将被更多人了解，道德对收入的影响也可能更加显著。为了避免生命周期偏误对估计结果的干扰，我们采用于洪霞（2014）的方法，以个体35~40岁的收入作为终身收入的代理变量，并使用处于该年龄段的样本数据来估计道德水平对终身收入的影响。估计模型设定如式（3–3–3）所示。

$$inc=\gamma_0+\gamma_1 mor+\gamma_2 edu+\gamma_3 gen+\gamma_4 huk+\gamma_5^T car+\gamma_6^T org+\gamma_7^T reg+\delta \quad (3\text{–}3\text{–}3)$$

其中，γ 为估计系数，δ 为误差项，各变量的内涵与式（3–3–1）相同。在个体的一生中，道德水平、户口类型、单位类型、职业类型和地区等因素都可能发生变化。因此，我们实际上是以个体在某一特定时期的情况作为其终身情况的代理变量。具体而言，道德对当期收入的影响可以视为短期影响，而对终身收入的影响则可视为长期影响。我们预测，道德对收入的长期影响可能会高于短期影响。

为了缓解生命周期偏误对估计结果的影响，并考察道德对收入的长期作用，我们使用终身收入代理变量进行了相关估计。式（3–3–3）的估计结果如表 3–3–4 中的第（1）至第（6）列所示。总体而言，终身收入的估计结果支持了以当期收入估计所得出的大部分结论，但也有一些新的发现。以终身收入进行回归时，道德水平的估计系数显著为正，且高于以当期收入估计的结果，这表明道德对终身收入的影响可能更大。此外，以当期收入估计时，户口类型虚拟变量的估计系数是显著的，但以终身收入估计时，该系数不再显著，这说明户口类型对收入的长期影响可能并不存在。与当期收入的估计结果相比，以终身收入估计时，教育年限的估计系数有所降低，这与现有研究的预测一致，即现阶段以当期收入估计的教育收益率可能存在高估的情况（于洪霞，2014）。

表 3–3–4 终身收入估计结果及教育影响收入的道德机制

因变量	终身收入对数值					
	（1）	（2）	（3）	（4）	（5）	（6）
道德水平	0.324*** [0.086]	0.240*** [0.083]	0.283*** [0.081]	0.283*** [0.082]	0.222*** [0.069]	0.253*** [0.076]
教育年限		0.101*** [0.036]	0.106*** [0.035]	0.105*** [0.035]	0.085*** [0.028]	0.104*** [0.029]
性别（男 =0）			–0.316*** [0.084]	–0.316*** [0.084]	–0.277*** [0.086]	–0.268*** [0.099]
户口类型 （城市 =0）				–0.029 [0.123]	–0.056 [0.108]	–0.05 [0.129]
职业类型	否	否	否	否	是	是
单位类型	否	否	否	否	是	是
地区	否	否	否	否	否	是

续表

因变量	终身收入对数值					
	(1)	(2)	(3)	(4)	(5)	(6)
样本量	199	199	199	199	199	199
调整的 R^2	0.049	0.118	0.175	0.171	0.244	0.277

终身收入的估计结果进一步证实了道德对收入的正向影响，并且其估计系数高于当期收入的估计结果，这表明道德水平对收入的长期影响可能高于短期影响。在经济学中，“理性人”或“经济人”假设是核心概念，认为人们总是做出有利于自己的决策。然而，“道德人”通常被认为具有利他性，甚至可能为了他人利益而牺牲自身利益。从表面上看，“理性人”与“道德人”似乎存在矛盾。但这一矛盾也促使我们思考：做一个“道德人”是否也是“理性人”的表现？

综合当期收入、终身收入以及工具变量法的估计结果来看：道德水平每增加 1 个单位，收入大约增加 10%~15%；道德水平每增加一个标准差，收入大约增加 5%~8%。这表明道德水平对个体收入的影响是显著的。从个体角度而言，做一个讲道德的人与经济收益是直接相关的。在这个意义上，讲道德的行为实际上是一种理性的选择。相反，不讲道德并非理性行为。为了短期利益而不讲道德，可能会失去长期更大的利益，这种行为同样是不理性的。

这一研究结果与“道德风险”和“重复博弈”等经典经济学理论一致。在“道德风险”理论中，代理人会选择做一个“讲道德”的人，因为这对自己最为有利。然而，这一结论的前提是委托人设计了合理的激励机制。而本书从代理人的角度出发，探讨了个体是否选择做一个讲道德的人。结果表明，从个体角度看，做一个讲道德的人不仅能带来经济收益，也是一种理性的选择。

根据重复博弈理论，在单次博弈中，违背“道德”规则可能会带来短期回报，但在长期的重复博弈中，这种行为可能会失去获得更多回报的机会。因此，从个体角度来看，为了短期利益而选择不道德的行为是得不偿失的。

（4）道德影响收入的配置效应与产出效应分析。

从前文的分析中我们可以看到，道德能够影响个人收入，那么这种影响的发生机制是什么？前文指出，道德水平高的人可能获得了更高收入的就业机会，但我们还要进一步回答一个问题：道德对收入的影响，是仅仅具有配置效应，还是也具有产出效应？如果只存在配置效应，道德水平高的人被配置到了收入较高的工位岗位，但整个社会的整体产出水平与整体工资水平是不变的；如果存在产出效应，道德本身具有对产出的促进作用，道德水平高的人产出也高，道德能够提高社会的整体产出与整体工资水平。

对于这一问题的回答，我们在一定范围内考察平均道德水平对个体工资的影响，如果有显著影响，则说明道德的产出效应具有外溢作用，反过来则说明产出效应存在，否则不能确定产出效应是否存在。相关变量的相关系数矩阵如表 3-3-5 所示，地区道德水平与个体收入之间没有显著的相关性，但职业道德水平与个体收入显著正相关，单位道德水平与个体收入显著正相关，在回归分析中控制个体道德水平、教育水平、工作经验及其平方项、性别、户口类型等其他变量以后，相关道德水平均值的估计系数仍然显著，说明外溢作用是存在的。道德对收入的影响，不仅存在配置效应，也可能存在产出效应。高道德水平的劳动者所获得的高工资，至少有一部分是由道德对产出的贡献带来的。对于个体来说，提高自身的道德水平有助于提高自身的收入水平；对于社会来说，道德建设是促进社会生产发展的一种途径。

表 3-3-5　道德水平的配置效应与产出效应分析

变量	样本量	均值	方差	1	2	3	4
1. 个体收入	1027	4.361	0.658	1.000			
2. 个体道德水平	1027	3.984	0.478	0.1359*	1.000		
3. 地区道德水平	1002	3.985	0.086	−0.012	0.1807*	1.000	
4. 职业道德水平	1026	3.984	0.072	0.2773*	0.1521*	0.059	1.000
5. 单位道德水平	1020	3.984	0.072	0.1607*	0.1495*	0.0931*	0.2042*

注："*" 表示在 10% 的水平上显著。

三、结论与展望

量化分析的结果表明，道德水平对工资水平具有显著的正向影响。这说明，做一个道德高尚的人不仅是理性的选择，还能带来双重的快乐：一方面，道德本身会给人带来直接的满足感；另一方面，道德通过提升收入水平，间接地为个体带来更多利益。这进一步证实了道德作为一种激励方式的可行性。

在经济学领域，关于"道德风险"的研究也从一定程度上反映了道德与收入之间的联系。然而，这些研究大多是从制度设计者的角度出发，探讨如何通过有效的机制设计来规避道德风险。在这种情境下，道德往往被视作一个较为抽象的概念。虽然完善的制度设计是规避道德风险的一种重要方式，但另一种更直接的方式是选择或培养具有高道德品质的人。

在培养个体利他奉献精神的过程中，我们或许需要思考一个问题：个体的利他奉献是否意味着牺牲自我以成就他人？在教育中，培养奉献精神是否仅是从集体利益的角度出发，还是从个体利益的角度看同样也是最优选择？实证研究结果为我们理解这些问题提供了重要参考。一个利他的人，往往也能利己；而一个只关注自身利益的人，反而可能无法真正获得利益。这对于我们认识道德的价值具有深远的意义：讲道德并非“舍己为人”，而是“利人利己”。

第四节　从中国社会实践看道德激励的可行性

本节我们重点讨论中华民族在历史上是如何在疾病与战争面前生存下来的。

一、从古代历史看中国人的利他精神——以中医为例

在整个中国古代史中，在各个领域都普遍存在着利他奉献的精神。比如，“先天下之忧而忧，后天下之乐而乐”“苟利国家生死已，岂因福祸避趋之”“人生自古谁无死，留取丹心照汗青”“为天地立心，为生民立命，为往圣继绝学，为万世开太平”，等等。这里我们主要讲医疗领域的“但愿天下人无病，哪怕架上药生尘”。

《黄帝内经》是现存最早中医理论著作，其作者是谁，至今没有明确的说法，但由于其医理精深，后续的中医流派都在不断验证其正确性。一个朋友曾对我说，她不相信中医而相信西医，因为她听说，中医几千年来都在仰望《黄帝内经》，这哪有进步可言，而西医一直在不断进步。事实上，中医在整个历史上也是有发展的，在不同时期，由于人们的生活环境不同，身体状况及常见疾病也会有所不同，比如，贫困时期因饥饿导致的病症较多，而富裕时期因吃得太多代谢慢导致的病症较多，这一现象导致治疗方法及主流的医学理论都会有所不同，但中医的发展，一直没有推翻《黄帝内经》中记载的医学规律，只是在某方面对其进行扩展。《黄帝内经》主要讲经络穴位，对方

剂的讲述并不多。但其中关于五味五气的理论，为方剂学的发展奠定了基础。

中国历史上影响力最大的方剂学医书，是东汉张仲景的《伤寒杂病论》，在后续传承过程中，有医家将其分为《伤寒论》与《金匮要略》两部分。张仲景在《伤寒杂病论》的序言中说“感往昔之沦丧，伤横夭之莫救，乃勤求古训，博采众方”[①]，书著成之后，张仲景没有将其私藏起来，而是分享出来，希望能帮助更多人，以至千年之后的中华儿女，还能受惠于此书。

唐代名医孙思邈在其著作《备急千金要方》的第一卷《大医精诚》中写到“凡大医治病，必当安神定志，无欲无求，先发大慈恻隐之心，誓愿普救含灵之苦。若有疾厄来求救者，不得问其贵贱贫富，长幼妍媸，怨亲善友，华夷愚智，普同一等，皆如至亲之想。亦不得瞻前顾后，自虑吉凶，护惜身命。见彼苦恼，若己有之，深心凄怆，勿避险巇，昼夜寒暑，饥渴疲劳，一心赴救，无作功夫形迹之心。如此可为苍生大医，反此则是含灵巨贼。……其有患疮痍下痢，臭秽不可瞻视，人所恶见者，但发惭愧、凄怜、忧恤之意，不得起一念蒂芥之心，是吾之志也”。[②]《大医精诚》中所提倡的中医精神，为很多中医所推崇，勉励着一代又一代中医精湛医术，敦诚医德。

中国历史上有无数以“治病救人”为己任，而非以赚钱为目标的医生，他们积累着治病救人的经验，帮助中华民族渡过了一次又一次的劫难。

二、从近代历史看中国人的利他精神——以救亡图存为例

1840 年，帝国主义的洋枪洋炮炸开了清政府闭关锁国的大门，从此，中华儿女开始了反帝反封建的苦难斗争，开始了民族独立富强的探索。1931 年 9 月 18 日，日本制造九一八事变，企图侵占东北，蒋介石南京国民政府下达不抵抗命令，东北沦陷。[③]东北人民和东北军队部分爱国官兵纷纷组成抗日武装，统称“抗日义勇军”，后发展为中国共产党领导下的东北抗日联军。[④]蒋介石奉行“攘外必先安内”政策，对中央红军苏区进行五次围剿，红军取得

---

① 张仲景．伤寒论［M］．王叔和，撰次，钱超尘，郝万山，整理．北京：人民卫生出版社，2005：（序）13．

② 孙思邈．备急千金要方［M］．鲁兆麟，主校．沈阳：辽宁科技出版社，1997：1．

③ 87 年前的“9·18 事变”究竟谁下了不抵抗命令？［EB/OL］．（2018-07-18）．https://www.krzzjn.com/show-404-77866.html．

④ 东北抗日联军　十四年艰苦历程［EB/OL］．（2022-09-15）．https://www.krzzjn.com/90/124190.html．

了前四次反“围剿”的胜利，第五次反“围剿”失利，为了保存有生力量及“北上抗日”，1934年10月，共产党领导的中央红军走上了长征之路。长征期间共经过14个省，翻越18座大山，跨过24条大河，走过荒草地，翻过雪山，行程约25000里。其间共进行了380余次战役，攻占700多座县城，共击溃国民党军数百个团。红军牺牲了营以上干部达430余人，平均年龄不到30岁，30万红军经过长征，只幸存下了25000人。[①]1937年7月7日，卢沟桥事变爆发，日本开始了全面侵华战争，中国共产党先后发表号召抗战的宣言和《抗日救国十大纲领》；7月23日，毛泽东发表《反对日本进攻的方针、办法和前途》，提出愿同国民党人和全国同胞一道为保卫国土流最后一滴血。[②]

面对凶残而强大的敌人，在实力悬殊的情况下，中华儿女表现出了英勇无畏、舍生忘死、无私奉献的精神，所有实力上的差距，中华儿女都是用生命与鲜血来弥补的，在抗日战争中，中国军民伤亡超过3500万人。中国抗日战争的胜利，为世界反法西斯战争的胜利做出了重要贡献。

在武器装备等远远落后于侵略者的情况下，中华儿女用自己的血肉之躯，抵挡着敌人的先进武器，沃血染中华，一寸山河一寸血。有多少战士明知道自己的血肉之躯抵挡不住敌人的子弹，仍然在枪林弹雨中勇敢向前冲杀，为其他战友赢得了宝贵的前进空隙。有多少豪杰壮士，在战场上拼杀到弹尽粮绝，用留下来的最后一颗手榴弹与敌人同归于尽。有多少人在战场上受伤后，仍不肯退出战场。有多少被敌人逮捕的战士、地下党人，为了保守秘密，面对敌人的严刑拷打和百般折磨，英勇不屈，视死如归。有多少战士在物资匮乏及敌人的封锁下，以草根甚至棉絮充饥，而坚持战斗。有多少人，看到战友处于危险之中，为救战友而牺牲。有多少仁人志士，他们才华横溢，胸怀大略，但是他们没有用自己的才华谋求个人的福祉，而是与祖国人民同呼吸、共命运，把自己所有的心血与才华，都献给了自己的祖国和人民。有多少文艺工作者，他们虽然没有扛起枪在战场上拼杀，但是他们通过文艺作品唤醒了人民的抗战精神。有很多海外侨胞，为了保卫祖国而捐款、捐物，甚至放弃国外优渥的生活回国参战。社会各界人士都组织起来，以力所能及的方式，为战争的胜利而奋斗。

如果没有无数前辈的浴血奋战和舍身奉献，就没有今天的中国，就没有

① 长征知多少［EB/OL］.（2016-10-21）. http://dangshi.people.com.cn/n1/2016/1021/c85037-28797113.html.

② 宋清渭．中国共产党是夺取抗战胜利的民族先锋［EB/OL］.（2015-06-05）. http://www.xinhuanet.com//politics/2015-06/05/c_127882447.htm.

今天延续的中华文化。我们不否认，人性有自私利己的一面，但人性也有利他奉献的一面，而让生命得以延续，让人类走向幸福，必须依靠人类利他奉献的一面。面对科技的发展，少数人的自私利己可能给整个人类造成难以估量的灾难，我们必须审慎地考虑，我们的学术要弘扬什么样的人文精神。人类的真正矛盾并不在于国与国之间，而在于正义与邪恶之间。如果所有人都是正义的，那世界自然就是和平的。

三、从社会主义建设看中国人的利他精神

中华人民共和国于1949年成立，当时国家一穷二白，人民连饭都吃不饱；2020年，中国全面进入小康社会，人民在衣食住行、教育、医疗等方面都得到了保障。中国仅用70多年的时间，在各方面取得了举世瞩目的发展成就，这与千千万万中国人的利他奉献精神密切相关。

1. 抗美援朝

1950年，朝鲜半岛内战爆发，联合国军随即派兵武装干预朝鲜，且有舰队入侵台湾海峡。为了保卫国家安全，维护世界和平，中国人民志愿军高唱“雄赳赳，气昂昂，跨过鸭绿江，保和平，卫祖国，就是保家乡”入朝参战。中国人民志愿军同朝鲜军民密切配合，首战两水洞、激战云山城、会战清川江、鏖战长津湖等，此后又构筑起铜墙铁壁般的纵深防御阵地，实施多次进攻战役，粉碎“绞杀战”、抵御“细菌战”、血战上甘岭，创造了威武雄壮的战争伟业。[①]经过艰苦卓绝的战斗，把侵略者从鸭绿江、图们江边赶回到三八线，打破了美军不可战胜的神话。在朝鲜战场上，志愿军以无数英勇顽强、舍生忘死、可歌可泣的事迹，谱写了胜利的篇章。有多少热血青年，永远埋骨在了异国他乡。志愿军以自己的血肉之躯，打败了国际顶级发达国家最先进的武器装备，这种威慑作用，为中国赢得和平发展机会起到不可估量的作用。在弱肉强食的国际丛林里，和平从来不是被赋予的，而是靠生命与鲜血换来的。为什么敌人不敢轻易来犯，因为我们有无数个英勇的解放军战士，随时准备用生命捍卫自己的祖国。

---

① 听总书记讲党史故事丨雄赳赳，气昂昂，跨过鸭绿江［EB/OL］.（2021-10-25）. http://www.xinhuanet.com/politics/2021-10/25/c_1127994367.htm.

2. 开荒种粮

新中国成立之后，国家要解决百姓的吃饭问题。为了保障国家粮食安全，国家决定开垦北大荒。从1947年开始，14万复转官兵、20万支边青年、10万大中专院校毕业生和地方干部、54万城市知识青年组成拓荒大军①，近百万垦荒大军先后奔赴北大荒。他们卧冰爬雪艰苦奋斗，把北大荒建设成了“北大仓”，为保障国家的粮食安全做出了不可磨灭的贡献。

3. 石油工业

新中国成立初期，我国没有自己的石油工业，在大庆发现石油后，石油系统37个厂矿、院校组织精兵强将自带设备奔赴大庆。国务院一些部门人员、当年退伍的3万名解放军战士和3000名转业军官、黑龙江省援战干部工人等也陆续抵达大庆。经过3年奋斗，基本实现了石油自给自足。②

4. 科技振兴

国家各方面事业的发展都离不开科技，新中国成立初期，我国经济基础差，各方面条件都比较薄弱。广大科技工作者本着爱国主义精神，以更低的成本、更高的效率，追赶着前沿科技，使我国在军事、农业、地质、生物、数学、物理、化学、医学、航空航天、能源等各领域的科技水平不断提高，为国家发展作出重要贡献。很多科学家放弃了国外优渥的生活条件与工作条件，毅然回国同祖国人民一起建设自己的国家。很多军事领域的科学家，为了保密，长期隐姓埋名，甚至与家人断绝联系，在最艰苦的环境中，从事着最重要的工作。

5. 基础设施建设

当今的中国，基础设施建设非常完备，建设能力也很强，但在一穷二白的起步阶段，我国没有先进的机器设备，建设者完全依靠最原始的方法建设着祖国。川藏公路，北线由四川雅安至西藏拉萨，全长2412公里；南线由四川成都至西藏拉萨，全长2146公里，1950年开始修建，直到1969年修建完

① 何兰生，等. 大国重器：北大荒打造“中国饭碗”“农业航母”记［N/OL］. 农民日报，2023-09-25.https://www.farmer.com.cn/2023/09/25/99937360.html.

② 新中国档案：大庆油田开发与中国石油自给［EB/OL］.（2009-09-10）. https://www.gov.cn/test/2009-09/10/content_1414059.htm.

成，全线牺牲人数5000多人，平均每公里牺牲一个人。①

2020年6月30日，在全国脱贫攻坚战场上，四川凉山彝族自治州全国最后一个通公路的建制村阿布洛哈村实现"车路"双通。今天的中国，交通四通八达，水利、电力等各类基础设施完善，这里面有无数人的牺牲奉献。

6. 抗灾抢险

中国国土辽阔，自然灾害时有发生，在洪水、地震等自然灾害面前，中国人民解放军、广大党员干部总是冲锋在前，与专业救援团队、志愿者、广大人民群众齐心协力共渡难关。在抗洪抢险战役中，"坝在人在，誓与大坝共存亡"，是救灾者立在大坝上的生死牌，更是保护国家人民生命财产安全的决心。

四、社会主义市场经济领域中的利他精神

社会主义市场经济与一般的市场经济的不同之处在于，社会主义市场经济是利用市场规律让人民过上幸福生活，而不只是利用市场规律赚钱。一般认为，市场经济就是追求利益的经济，但在中国社会主义市场经济的发展中，有很多利他奉献精神在闪耀。这里我们列举一个"沙县小吃"发展的案例。

拓展阅读：沙县小吃发展案例②

沙县是福建省三明市下属的一个县，当地有丰富的饮食文化，自20世纪80年代起，就已经有部分村民在沙县周边城市做小吃生意，到90年代初，有部分村民到更远的大城市做小吃生意，赚了钱就回家盖房子，并带动自己的亲朋好友也出去做小吃生意。

沙县土地资源不足，人均不到一亩地，发展工业也困难重重。当地政府一直苦于找不到提高农村人口经济收入的对策。在一次调研中，县领导敏锐地发现，很多村民通过外出做"沙县小吃"的生意赚钱了，便产生了以小吃产业为突破口解决"三农"问题的想法。1997年，县政府

① 陈辉. 川藏公路：平均每公里牺牲一个人：人民解放军建设川藏公路回眸［EB/OL］.（2020-04-12）. https://scsqw.cn/whzh/slzc1/content_34573.

② 资料来源于周黎安，张闫龙，姜万军. 聚沙成金："沙县小吃"背后的产业政策实践［EB/OL］.（2020-05-15）. https://www.gsm.pku.edu.cn/info/1316/21856.htm#_ftn1.

做了调研，认为在现有的条件下，发展其他产业的可能性都不大，而小吃行业进入门槛不高，资金投入少，劳动者也不需要学历。

然而，经过调查发现，沙县小吃的发展依然面临一些困境。比如，店面卫生条件不理想；经营者对于沙县小吃的工艺掌握不到位，品种相对单一；外出经营人生地不熟，无法顺利办理各种证照，往往成为重点整顿对象。同时，市面上已经开始出现冒牌沙县小吃，外地人看沙县小吃赚钱，就纷纷效仿，一些小吃店品质、技术不过关，影响沙县小吃声誉。

1997 年 5 月 13 日，沙县召开了小吃产业发展专题会议，形成了《沙县人民政府关于促进沙县小吃业发展的意见》。在这一文件中，沙县政府将“上规模、增总量、出效益”作为工作思路，将小吃定位为支柱性第三产业，是帮助农村剩余劳动力和城镇下岗职工转移就业促进增收的主要途径。

政府每年都会下发沙县小吃发展工作意见，指明产业发展的年度目标、任务工作要求和具体推进措施。为了加大政策执行力度，各乡镇都任命了专职人员抓小吃发展工作，小吃业发展工作被列入县、乡两个文明建设考核目标，通过各种检查评比和奖惩措施狠抓落实。

在制度改革的同时，机构改革也在紧锣密鼓地进行。1997 年，沙县小吃业发展领导小组成立。除第一任组长由统战部部长担任外，该小组一直由县委书记或者县长担任小组组长。县委、县政府，各委办局，主要乡镇都派主要领导参与小组的工作。为了提升制作和服务水平，规范行业秩序，1997 年 7 月，沙县成立“沙县小吃同业公会”，作为沙县小吃行业管理的社团组织。两年后，沙县小吃业发展中心成立，负责对从事沙县小吃业的人员培训、技术咨询、指导服务和技能竞赛、外出展出等工作。

在具体的市场策略方面，初期产业政策的关注焦点是集中力量，有序开拓市场。为此，沙县实施了“一乡一城一队伍”的发展战略。具体而言，一个乡镇负责发展一支沙县小吃队伍，锁定一个目的地城市，积极抢滩，提高沙县小吃的市场占有率。在一个城市站稳脚跟后再逐步推进，避免四处出击、混战一场。在城市的选择上，以南方城市、中等城市、大厂矿生活区、大专院校、机关宿舍区为主。

为了壮大和管理外出经营的队伍，县委、县政府允许机关干部保留工资、职务，脱离岗位两年，外出经营沙县小吃。这些干部的一个重要任务，就是承担起协调管理所在城市沙县小吃业主的职责。在此政策的鼓励下，乡镇外出经营小吃的人员数量在两年内翻了一番。之后一些乡镇推出更大力度的政策，开展“一带三”活动，即党委成员每人联系三个支部，每个支部联系三名党员，有经营经验的党员每人带动三名群众外出发展小吃。高效的动员和强大的激励成为这一时期产业上规模的重要动力。

针对沙县小吃制作工艺缺乏统一标准的问题，县政府通过整合相关的财政补贴，将有限的经费投入培训体系中，为外出经营小吃的农民提供免费技能培训。1998 年到 2016 年，小吃培训中心举办了 496 期学习班，培训了 21203 人。这些培训推动了沙县小吃业主由“游击队”向“正规军”的转变。

在金融支持方面，地方政府出面协调金融机构为小吃业主提供贷款，采取了公务员担保、小吃业主联保、财政贴息等一系列措施。工商银行等机构开发了以沙县小吃品牌命名的，为沙县在外经营人员定做的“牡丹沙县小吃卡”。沙县农商银行甚至专门为了支持外地小吃业主，成立了沙县小吃支行，派人前往小吃业主聚集地区，上门为经营者办理贷款等金融业务。

1998 年国庆节，一支由 6 辆宣传车组成的沙县小吃宣传展示队伍走访了省内 8 个城市，沿途进行小吃制作，供市民品尝，扩大沙县小吃的影响力。同年，县委、县政府在福州等地组织了沙县小吃的展示会，通过报纸、电台以及电视台进行了宣传。

2002 年，为了进入上海市场，沙县政府在上海城隍庙举办了为期两天的沙县小吃推介会，邀请上海当地领导、各界人士和媒体品尝沙县小吃并体验其民间文化。2004 年，沙县小吃在上海的店面达 1000 多家，2016 年超过 3000 家。

2005 年，为了进入北京市场，沙县政府与中国烹饪协会联合举办沙县小吃推介会，进行宣传造势。沙县政府还在北京设立沙县小吃驻京联络处，负责在北京的宣传和产业服务发展协调。2006 年，北京的沙县小吃店不过 50 家，10 年后，该数量超过 3000。

后期，由于沙县小吃的名气越来越大，有很多非沙县人也开始经营沙县小吃店，个别声誉较差的店铺影响了沙县小吃整体品牌形象。沙县政府因此走上了品牌保护与品牌整合的道路。

可以说，在整个沙县小吃的发展过程中，政府提供了非常有力的支持，而这种支持是建立在“为人民服务”的利他奉献精神之上的。

五、中国社会利他合作的行为逻辑

利他与合作是相互补充的。当人们拥有共同的目标时，合作就容易形成；而当人们只考虑个人利益时，目标往往难以一致，甚至完全背道而驰。然而，如果两个人都以服务社会为目标，不考虑个人私利，那么他们的目标就会高度一致，合作也就顺理成章。在现实生活中，很少有人是纯粹的利他者或纯粹的自利者，通常两者兼而有之，只是不同的人在利他与自利的比重上有所不同。这意味着人们在目标上既有重合之处，也有分歧之处。如果对分歧目标过度激励，可能会破坏在共同目标上的合作。我们的管理方式需要明确，针对不同的工作，是直接指向国家和社会的利益，还是仅仅指向经济利益。有些事情虽然能够赚钱，但对国家和社会并无益处；而有些事情虽然有利于国家和社会，却不一定能带来经济回报。如果一味用金钱来激励人们，有时反而无法达到理想的效果。在竞争情境下，领先者与追随者之间的竞争可能会为社会带来最大收益；而在合作情境下，如果双方都以最大化社会利益为目标，那么合作无疑是最佳选择。在中国，我们集中国家力量办大事，正是在最大化国家和社会利益的基础上，实现了第一名与第二名乃至所有人的合作。如果人们追求的是个体利益，那么竞争可能是最优选择；但如果追求的是集体利益，那么合作才是最优的。关键在于利益是否一致。

以“自利竞争”为导向的主体可能会导致“市场失灵”，从而危害社会。只有具备“利他合作”精神的主体，才是可靠且积极的力量。以专利制度为例，其合理性也是建立在经济人假设的基础上。专利的发明者追求自身利益的最大化，而社会为了鼓励他们创造对社会有益的发明，通过专利制度保障其利益，并借助市场竞争激励发明者不断推出更先进的技术以服务社会。然而，如果发明者过度追求自身利益最大化，可能会引发一些问题。例如，一个处于垄断地位的经济组织在两个技术之间做选择时，一个是有利于人类发展的但不赚钱的技术，另一个是不利于人类发展的但能赚钱的技术，经济组织会如何选择？在医疗领域，一种治疗方案可以用低廉的成本治愈疾病，而另一种治疗方法则无法根治，却需要患者终身服药。在这种情况下，垄断的医疗组织会如何选择？

在教育领域，也存在着培养什么样的人、为谁培养人的问题。目前，从小学到大学，许多学生管理方式都基于自利与竞争的逻辑，这很容易让学生形成自利竞争的思维方式与行为模式。然而，从文化和思维方式上看，只有把学生培养成具有中国式价值观的人，才能真正为社会培养出有用之才。如果培养出来的人只关注个人利益，尤其是经济利益，那么他们很容易被利益收买，也就无法真正为社会服务。无私奉献会不会被搭便车？会不会有人不劳而获地享受付出者的成果？这种情况确实可能存在。然而，重要的是无私奉献者如何看待这件事。一方面，无私奉献者本身就有利益他人的动机，有人从中受益对他们来说是“求仁得仁”；另一方面，无私奉献者可能并不会因为别人的不道德行为而降低自己的道德标准。搭便车者虽然在物质上可能获得了利益，但他们无法体会到与高尚灵魂共鸣、齐心协力的快乐。做好人本身就是对好人的奖励，做坏人本身就是对做坏人的惩罚。君子与小人永远都会同时存在，我们能做到的是“君子贤其贤而亲其亲，小人乐其乐而利其利”。不能因为小人的存在，就把君子也当作小人来对待，甚至把君子变成小人。

文化如同思维方式的基因，基于这种基因，人们形成了看待世界的方式以及对人对事的态度。中国之所以有浓厚的利他文化，与古圣先贤的深厚修养、对宇宙的深刻认识以及他们本身的利他精神密切相关。我们之所以能有如今全面小康的中国，走上社会主义道路，正是因为这种文化基因。中国人能够继承优秀的传统文化，是极为幸运的。中国传统文化不仅属于中华民族，更是世界优秀文化的一部分。有利他精神的中国人创造了美好的中国，而有利他精神的世界人民也将创造一个更美好的世界。只要社会制度合理，每个正常人都有养活自己的能力，每个正常家庭都有养活自己的能力，那么人们就能走上共同富裕的道路，共同创造美好生活。我们不禁要思考：人类是否有智慧为自己选择更好的人文文化？我们自己这样做人，也引导后代这样做人，这样的做人标准是否能让整个人类更幸福？作为旨在提高人类福祉的学术研究与公共管理，应该主动选择一种文化体系，能够促进人类社会的长远可持续发展，为人类带来幸福。

六、继承遗志，是为感恩

曾经有一位年过八旬的革命英雄，受邀到一所小学进行演讲，反响热烈。老英雄动情地说：“我们在战场上拼死搏斗，随时准备献出生命。先辈们流了多少鲜血，才换来你们今天的幸福生活，可你们却在攀比穿名牌。”演讲结束后，一个小男孩找到班主任，困惑地问道：“革命英雄们流血牺牲不就是为了让我们过上好日子吗？那我们攀比穿名牌又有什么不对？”老师一时语塞，不知如何回答，于是与其他老师交流。大家虽然不认同孩子的观点，但也难以给出令人信服的答案。

听到这件事，我的心情十分复杂。不妨先设想两个情境。第一个情境：在一个家庭中，父辈们操劳一生，留下家业后离世。如果子女不思进取，只知吃喝玩乐、挥霍家产，那便是败家子；只有继承父辈遗志，继续奋斗，守护家业并开拓新局面，才是真正的孝子贤孙。第二个情境：如果有人为救你于危难而献出生命，让你得以幸福地生活，你会怎么做？在力所能及的范围内，是否应该照顾恩人的家人和后代？是否应该帮助完成恩人未竟的心愿？

先烈们用热血染红了中华大地，将一个支离破碎的旧中国，变成了如今欣欣向荣的新中国。他们把幸福生活交到我们手中，不是让我们自私自利地享受，而是希望我们秉持利他奉献的精神，过好每一天。我们应心怀感恩，继承先辈遗志，传承这种道义与精神，成为像他们一样的人，赓续他们的事业，把祖国建设得更加繁荣富强，交给未来的人们。

作为一个平凡的中国人，当我们过着衣食无忧、自在安然的日子时，应明白，这样的平凡生活，是古今中外多少人一生的向往，背后凝聚了无数人的心血与生命的祝福。有无数我们知道或不知道、在明处或暗处的人，为我们的幸福生活默默付出。如果没有古圣先贤用智慧为我们奠定的文化根基，没有无数革命烈士用鲜血换来的胜利，没有新中国无数仁人志士的无私奉献，我们不可能拥有今天的生活。继承遗志，正是为了感恩。如果只享受好日子，却丢弃了利他奉献的精神，那就是背信弃义。先辈们为国家富强、人民幸福呕心沥血，我们作为后人，更应继承这样的遗志，继续努力。

身体需要食物滋养，灵魂同样需要精神滋养。若能将自己灵魂的这一滴水融入中华民族伟大精神的海洋，灵魂便永远不会枯竭，也会变得如同大海般宽广。用什么样的精神滋养灵魂，就会成为什么样的人。中国并不完美，但谁又有义务为我们创造一个完美的世界呢？对于不完美的地方，若不是从自身做起去努力改变，又该等着谁来完成呢？前辈们从一穷二白、支离破碎的旧中国出发，创造了如今的新中国。我们怎能因为它的不完美，就抱怨先辈们对不起我们呢？作为中国人，我们该如何看待这份不完美？是将责任归咎于他人，怨天尤人，还是从自我做起，尽自己所能，推动社会向更好的方向发展？

比如吃饭时遇到头发，若是在饭店，有人可能会要求重上一份，有人可能会要求免单，甚至讹诈一笔；但如果是自己做的饭，可能就会默默地挑出来，平静地继续吃。关键在于我们如何看待责任——如果认为是社会或政府的问题，那就只能抱怨；而问题的根源，终究在于人。这个“人”，不仅仅是“别人”，也包括我们自己。如果每个人都能从自身做起，改变自己能改变的，多做好事，少做坏事，社会自然会进步。

我们之所以能过上今天的幸福生活，正是因为无数人的利他奉献。在管理学这门与人们生活息息相关、联系广泛的学科中，我们是否可以完全忽视这种利他精神，而将人简化为纯粹的自利者呢？本书提出了道德激励理论，提出了“人皆可以为圣贤”的人性假设，强调人可以具有利他奉献精神。从西方管理学的学术视角来看，这或许被视为“天方夜谭”“大逆不道”。然而，这样的理念并非凭空产生，它植根于中华文化的传统，也是中国古今实践的真实写照。试想，我们今天的生活，是因无私奉献精神而得以发展，还是因自私自利精神而繁荣？如果是因为无私奉献精神，那么在我们的学术领域却一味提倡自私自利，岂不是自掘坟墓？

因此，中国需要发展自己的管理学，一种蕴含自身文化命脉与价值主张的管理学。就像关乎国计民生的产业必须掌握在自己手中一样，关乎文化命脉的学科，也应发出自己的声音。我们并非要强迫他人接受这样的观点，但至少要将其展现出来，供人们选择。如果人们连选择的机会都没有，只能被动接受其他文化的学说，那无异于“丧权辱国”。

第五节　道德激励理论及其应用

一、道德激励理论的可行性再讨论

在先前的实证研究中，我们发现道德水平越高，个体的情绪状态往往越好，收入也相对更高。这一结果表明，道德激励是可行且有效的。然而，道德对情绪和收入产生影响的具体机制是复杂多样的，这里我们仅进行简要探讨。

那些秉持利他奉献价值观的人，往往会在帮助他人的过程中获得快乐。而帮助他人通常比从他人那里获取利益更容易实现。正如“时势造英雄”所揭示的，一个人的能力发挥往往需要一定的外在条件。具有利他奉献精神的人，会将众多人的需求放在心上，社会的需求便成为他们成长与发展的动力源泉。利他奉献者往往会赢得众人的尊敬、支持与拥护，从而具备调动社会资源的能力，进而更有可能取得成功。

在西方管理学中，存在一种转化逻辑：如果他人有需求，只要自己能够满足这些需求，便可以获得利益。通过将他人的需求转化为自身有利可图的机会，进而追求个人利益最大化，最终实现社会利益最大化。然而，这种转化过程的每一步都充满挑战。并非所有事情都能转化为可计量的货币价值。对于那些看似无法转化为货币价值的“善良”，我们是否仍应坚守善良？在中国传统文化中，一直强调“勿以恶小而为之，勿以善小而不为”。一个人若想实现自我超越，就必须从狭隘的“自利”中解脱出来，迈向更广阔的“自利利他”境界。一个好的价值观，应当具备可兼容性与可持续性。可兼容性意味着如果所有人都秉持这种价值观，彼此之间不仅不会相互妨碍，甚至可以相互成全；可持续性则意味着如果所有人都遵循这种价值观，社会能够实现持续发展。包括“利他奉献”在内的许多中华传统价值观，都具有这样的特点。

自利与利他是同一过程的两个方面，但由于个体的着眼点不同，便塑造了不同的人与不同的人生。不同的理论虽然都是对同一社会现实的认识，但因视角不同，也会塑造不同的人格。与其说社会学理论是在探讨绝对的真理，不如说是在进行集体理性的选择——选择哪一种理论能够更多地惠及个体与社会。我相信，中国文化所提倡的利他的管理理论，相比其他文化中提倡自利的管理理论，能够给个体带来更大的幸福，也能为社会、为人类创造更多的美好。

二、需求建构论与道德激励

从我读大学开始学习管理学到从事管理学的相关教学科研工作，这 20 多年间，我发现，所有的管理学案例，几乎都有人用需求层次理论来解释，而且似乎都能说得通。这一度让我非常困惑：如果需求层次理论这么有效，大家还研究管理学做什么，直接用需求层次理论来管理就可以了；再反观那些成功的管理学案例，又觉得没有一个案例是以需求层次理论为主要指导来进行管理的。这个问题困惑了我很久，总感觉有什么不对，却又抓不住问题在哪儿。在思考胖东来这个案例时，我似乎略有所悟。需求层次理论假设人的需求是固定的，即使有变化也是按照既定的层次在变化，即使在不同的层次间来回转化，也是有章可循的。其实，人的很多需求并不是固定的，而是受环境影响的，员工的需求往往是受组织环境影响的。“苟子之不欲，虽赏之不窃”①,“君子之德风，小人之德草”②，员工总是倾向于向领导看齐。如果领导者和组织氛围讲究“义”，员工就可能更多地追求“义”；如果领导者和组织氛围讲究“利”，员工就可能更多地追求“利”。所以，很多成功的管理者，其实并没学过需求层次理论，只不过考虑自身需要，他们也就知道了下属的需要。胖东来创始人于东来每当悟出什么道理，感觉有所受用时，总是希望自己的员工，甚至更多人，也能像自己这样受益，于是，他就把自己的想法贯彻到管理实践中，让员工也能从他的成长中受益。世界上好的道理有很多，重点不在于领导者提倡了什么道理，而在于他能真诚地将心比心。

于东来把自己认为最好的东西拿出来与员工分享，只要领导者能将心比心，他并不需要知道需求层次列表。反之，如果不能将心比心，即便他对照着需求层次列表也做不好管理。基于此，我们提出管理的“需求建构论”，员工的需求有一部分是在组织中建构的，组织能够合理建构并良好满足员工的需求就是好的管理。如果组织能够建构出员工的道德需求，道德激励就可以发挥良好的激励作用。建构道德需求的伦理性：一是领导者自身是真诚的，构建自己所相信的对人有价值的需求；二是按照人善的天性构建需求，而不是反人性。其核心要点是“己欲立而立人，己欲达而达人，己所不欲勿施于人”。

三、道德激励与利益激励的比较分析

道德激励相对于利益激励来说，有其自身的特点。深入认识道德激励的特点，是有效应用道德激励的基础。

1. 道德激励内化于人，利益激励外化于人

利益激励是以外在的能够满足个体需要的事物为激励因素，而道德激励是以内化的能够满足个体需要的认知、情感、态度、意愿等作为激励因素。内化的道德成了个体人格的一部分，不需要有任何外在的其他激励，个体仍

① 孟子，等．四书五经［M］．北京：中华书局，2009：28.

② 孟子，等．四书五经［M］．北京：中华书局，2009：28.

然能够按照对自己的道德要求行动。利益激励一般要给予可见的利益，如果没有可见的利益，就没有激励。道德内化为个体的一部分，道德一旦形成，不遵守这样的道德就是对自我的背叛，要承担很高的心理成本。即使没有监督与外在激励，个体也会愿意遵守自己所认可的道德标准。此外，外在利益的特点可能具有同质性与可比性，一个组织可以给予，其他组织也可以给予，当其他组织所给予得更高、更好时，就容易发生跳槽等情况。而道德激励往往蕴含了情感等因素，具有异质性与不可替代性。

2. 道德激励不具有排他性，利益激励具有排他性

一项利益，如一个职位，一笔金钱，一旦给了某个人，就难以再给其他人，是具有排他性的。但是，培养某个人形成了某种道德人格，如奉献精神，并不会给其他人带来负面影响，还可能通过榜样的力量给其他人带来正向影响。

3. 道德激励具有长期性，利益激励不具有长期性

以利益来进行激励，一旦停止了利益输送，一般来说激励也就同时停止。但是，道德一旦内化为人格的一部分，就具有了长期性，不会轻易停止。一笔进入口袋的钱，很难激励人一辈子；但一个触动灵魂的道德故事，却可能一直给人带来动力。

4. 道德激励效果不明显，利益激励效果相对明显

道德激励是一种软约束，要内化为人格的一部分，而人格情况是其他人难以简单测量，也难以观察的。利益激励的效果是很明确的，如绩效工资，工作绩效与工资之间具有明确的联系。为了获得相应的绩效工资，就要提供相应的业绩。组织获得员工生产出的成果，而员工从组织获得绩效工资，利益关系非常明确，利益分配方式非常明确，激励效果也非常明确。在道德激励中，有时可能不蕴含明确的外在利益关系，激励效果也要看个体的道德自觉。

5. 道德激励不具有饱和性，利益激励可能饱和

这里所说的饱和性是指激励因素达到一定程度以后，数量上的继续增加不会带来激励效果的持续增加。从生理需要上看，人对物质的需求是有限的，在现代社会中，人产生了很多“社会需求”，对于那些“知足常乐”的人来

说，利益激励可能会饱和。但道德激励不具有这种饱和性。

6. 道德激励效果稳定，利益激励效果边际下降

经济学里有一个“边际收益递减规律”，即一个人从一项消费中所获得的收益是边际递减的。利益激励也可能存在着边际递减的情况。但道德激励一般不容易存在这种边际递减的情况。

7. 道德激励外溢性强且具有积极性，利益激励外溢性弱且具有消极性

道德激励是具有外溢性的，一部分人具有利他奉献的精神，一方面可以通过自己的奉献利益他人，另一方面可以通过示范作用提高他人的利他奉献精神。在这个过程中，奉献者、受益者、学习者都可能获得积极感受。利益激励大部分情况下是不能产生外溢作用的，只能让获得者受益，但在一定的制度安排下，有些类型的利益激励也可以有外溢性，如利益激励的“锦标赛”方法。Lazear 和 Rosen（1981）提出了锦标赛理论，对绩效排名靠前的人或者获得职务晋升的人进行高奖励，这种制度会激励很多人为获得高工资而努力工作，进而产生激励的外溢作用。从锦标赛理论来看，发给某个人的工资，也可能通过一定的制度安排对其他人起到激励作用。然而，利益激励的这种外溢作用，虽然能对没有在竞争中获胜的人产生激励作用，却不能给他们带来积极感受。且这种激励的外溢作用，仅仅能在潜在竞争者之间产生，对于不参加竞争的人就不会产生外溢作用。道德激励所发挥的外溢作用，会给受影响者带来积极感受，且外溢范围可以非常大。比如，学习雷锋，全社会各行各业的所有人都可以学。可见，道德激励与利益激励的外溢机制与外溢范围都有所不同，且道德激励的外溢可以给受影响者带来积极感受，而利益激励的受影响者可能难以产生积极感受，甚至会产生消极感受。

四、道德激励的重要性

利益激励主要的激励手段是奖励与惩罚，奖励是激发人的欲望，惩罚是激发人的恐惧。无论是欲望还是恐惧，都会使人的认知发生扭曲，无法发挥最佳状态。是哪些因素使得个体具备了工作能力？大家熟知的有体力、脑力、能力、情绪、工作意愿等，但当今时代创新成为驱动社会进步的重要动力，而创新很多时候来自可遇而不可求的灵感。在《庄子·达生》中有这样一则故事。

梓庆削木为鐻，鐻成，见者惊犹鬼神。鲁侯见而问焉，曰："子何术以为焉？"对曰："臣工人，何术之有！虽然，有一焉。臣将为鐻，未尝敢以耗气也，必齐以静心。齐三日，而不敢怀庆赏爵禄；齐五日，不敢怀非誉巧拙；齐七日，辄然忘吾有四枝形体也。当是时也，无公朝，其巧专而外骨消；然后入山林，观天性形躯至矣，然后成见鐻，然后加手焉；不然则已。则以天合天，器之所以疑神者，其由是与！"①

这里提到"不敢怀庆赏爵禄"等，而现代管理往往在用"庆赏爵禄"来激励人，虽然在一定层面能够发挥激励作用，但是也扰乱了人的心神，使人难以专注，达到"以天合天"的灵性境界。有些能力并不来自理性思维，而是来自"感觉"，比如，切土豆丝，一般是经过实践练习凭着感觉切得又细又均匀，但如果靠思维逻辑去切，可能就切不好。很多创新想法的产生并不来自冥思苦想，而是在无忧无虑、无欲无求时的灵光一闪。

激励不只是为了引导下属成为管理者想要的样子，而是帮助下属成为他们想要的样子。很多取得成就的人，并不是为了要获得名利，而是一心想为社会作贡献，想解决人民的疾苦。这样的愿望激励着他们克服万难取得胜利，如果以金钱来激励，则是无法达到这种激励效果的。有些工作成就，用名利引诱，用恐吓威胁，都难以让人做到，只有身心达到一定状态，才能完成。

宏观层面的政策制定一般只能根据整体情况做出对全局最优的决策，但对全局最优的决策，可能并不是对局部最优的决策。比如，社会学领域的学术研究，很多单位都鼓励大家多出研究成果，发表成果符合每一个科研工作者的个人利益。想用宏观政策使每一个人都进行最优的选择是非常困难的，在一定范围内就只能靠个人的道德自觉，这也体现了道德激励的重要性。

五、道德激励与利益激励的综合应用

道德激励是帮助人成为有道德的人或帮助人做有道德的事而对其产生的激励，个体的道德认知与表现都可能受环境影响。在同一项工作任务面前，可能同时具有道德性与利益性，需要道德激励与利益激励的综合运用。

对于激励方式的选择，组织还要分析自身所具备的条件，综合运用多种激励方法。表 3-5-1 展示了一种根据组织情况分析激励要素，进而改进激励

① 陈鼓应. 庄子今注今译［M］. 北京：中华书局，2009：525.

措施的方法。首先，对不同的激励要素进行适当分类，如利益激励、道德激励、情感激励等；其次，对人员的需求情况进行分析，并分析组织对人员需求的满足情况；再次，对组织的资源情况进行分析，并结合人员的需求情况分析组织的满足能力；最后，根据满足情况与满足能力的差距，确定改进空间。不同的组织可以根据自身的情况来进行规划，比如，有些组织没有充分的资金进行利益激励，那就可以考虑从道德激励入手。以我个人的了解与观察，很多单位对“道德资源”的挖掘与运用都是不够充分的。

表 3–5–1　组织激励要素分析

	人员的利益需求	人员的道德需求	人员的情感需求
需求情况			
满足情况			
改进空间			
满足能力			
资源情况			
	组织的利益资源	组织的道德资源	组织的情感资源

举例来说，像北京师范大学这样一所具有百年历史的师范类高校，在“人员的道德需求”方面，很多老师都具有一种责任感——对中国教育事业的责任感，对维护学校地位的责任感，等等；在“组织的道德资源”方面，在学校发展的历史上，有很多可歌可泣的人物，他们的故事都是组织的“道德资源”，不只已逝的前辈，就连仍在世的很多老先生，也都对年轻师生有很大的感染力与影响力。我接触过的很多中小学也有很多很感人的故事，这些故事都可以成为“道德资源”。其实，不仅组织自身的资源可以成为道德资源，古今中外具有激励作用的资源，都可以成为组织的道德资源。云南丽江张桂梅校长所在的免费女子高中，以红岩精神作为“道德资源”，发挥了良好效果。

树立为组织奉献的道德榜样，也是道德激励的一种。有时候这种激励的效果，并不比物质激励差。因此，组织应重视挖掘自身的“道德资源”，并有意识地进行宣传与弘扬，其激励作用是不可小觑的。实行市场经济以后，很多组织都按照绩效实行物质激励，而忽视了道德激励、精神激励的重要作用。有条件的组织在实施物质激励的同时，也应该充分发挥道德激励的作用。道德激励不一定只有高高在上的道德榜样才能发挥激励作用，哪怕是一位普通员工，在某一点上做得突出，也可以通过宣传发挥激励作用，既可以激励其本人，也可以激励其他员工。

在激励这个问题上，影响员工的行为只是表层，影响员工的心是更深层面。行为背后的原因，也是至关重要的。员工一旦认可了原因，就会把外部激励转化为内部激励，变“为组织工作”为“为自己工作”。情感激励也是一种重要的激励，后面我们还会深入介绍。

六、道德激励的应用要点

道德激励相对于利益激励来说，有其自身的特点，在应用过程中也有不同于利益激励的应用要点。

1. 君子贤其贤而亲其亲，小人乐其乐而利其利

道德激励与利益激励不同之处在于，利益激励难以差异化，道德激励可以差异化。利益激励，一般来说要公平，要一致。比如，发放绩效工资的原则在同一岗位的所有员工之间要一致。不能说同样的业绩、同样的合同类型，有的成员拿得多，有的成员拿得少。但道德激励就可以实现差异化激励，对于道德水平高、乐于奉献的员工，可以鼓励其多奉献。但这种多奉献不是“欺压良善”，而是尊重员工的自主选择，对于那些有高尚道德乐于奉献的人，要给予奉献的机会，给予支持与肯定。

人的利他奉献精神是有差异的，人与人之间道德水平是不均衡的，在同样的外部条件下，也很难均衡发展。在中国经济发展过程中，曾经采取了先富带动后富的分步发展战略。在精神建设领域，我们也可以采取分步发展的策略，要给有奉献精神的人给予精神及物质上的支持，以他们为榜样带动其他人成长。

2. 员工自主——道德内化的自我要求，而不是道德绑架

道德激励作为组织的一种激励要素，应该采取“修己安人”、营造组织氛围、教化等管理方式，使道德内化为组织成员的品质，使道德行为成为组织成员的自觉选择，使讲道义的决策成为大家公认的惯例。总之，使员工自主做出高道德性的选择，而不是管理者直接对员工提出道德要求，进行道德绑架。员工的自主选择是应用道德激励的要点。

3. 领导以身示范——出于真诚，而不是出于虚伪

管理者要对员工进行道德激励，自己首先要在人格、行动等方面达到或者超过对员工的道德要求，并且一定要真实。物质激励的特点是，即使领导的业绩不如员工，也可以对员工进行物质激励。而道德激励的特点是，如果领导自己没有做到，就难以激励员工。能力上的缺陷别人可以原谅，但是道德上的缺陷大家难以原谅。

第四章　德政的双重内涵与管理教化理论

前文我们提到道德可以发挥激励作用，道德激励作用的发挥，需要相应的管理方式来配合。利益激励一般以“制度规定”的管理方式来配合，规定达到一定的绩效就给予一定的利益奖励。但道德激励难以用制度规定来实现，难以规定员工要做一个有道德的人。制度规定虽然也能发挥一定的作用，但主要还是从外在行为上要求人，在制度不完善的地方，可能就会发生不道德行为。道德激励需要不同的管理方式来配合。

管理实践中有管理者与被管理者两类主体，管理过程从一定视角来看，是管理者影响被管理者的过程，而一个人影响另一个人的方法可以有多种。在西方管理学中，这种影响主要通过“制度”实现，通过一定的制度安排，管理者具有指挥被管理者的权力，被管理者要按照管理者的规定去行动。教化也是影响他人的方法，在中国传统管理思想中，教化是管理的重要手段。这种方法的运用有其内在逻辑。儒家管理思想比较讲究“修已安人”，以自身作为示范去影响他人，中国的教育讲究言传身教，两者之间有不谋而合之处。中国的传统管理思想讲究德政，德政既是管理者以较高的道德规范要求自己，对被管理者有仁爱之心，也是激发被管理者德行成长的过程。在中国传统思想中，管理实践侧重以教化的方式影响人，使人自觉地按照组织的意志去做。中国传统管理思想讲究“以和为贵”，“和”的水平越高，意味着组织成员之间的利益一致性越高，个体就越可能按照组织和集体的利益行事。所以，“和”与简约的制度之间是有互补性的。由于“和”的存在，不需要进行特别精细化的制度安排，可以授权个体在具体情境下，根据实际情况自主做出对组织最优的决策。精细化的制度虽然有一定优点，但也有其缺陷：一方面制定起来难度大；另一方面在执行过程中，情况千变万化，按僵化的制度执行不一定最优。

以教化的方式影响人，使道德内化于人，即使没有制度控制和监督，个体可能也会自觉自愿地按照组织的意志去做。《论语》中明确提出了政与刑、德与礼都可以作为管理的方法，但不同方法的作用是有差别的。本章我们将对这些内容进行深入阐释。

第一节　德政的双重内涵及其管理效果

德政一直被认为是中国传统管理思想的重要特点，论语中有言“为政以德，譬如北辰，居其所而众星共之”[①]，“道之以政，齐之以刑，民免而无耻；道之以德，齐之以礼，有耻且格”。[②]本节，我们讨论德政的双重内涵及其管理效果。

一、德政的双重内涵

情境一：你参加了一个业余兴趣班，大家出于共同的兴趣一起学习，每次学习都有一个人轮值主讲，这一次，刚好轮到你主讲，你一直想早一点到达约定地点，但由于种种原因，你不小心迟到了。你会怎么想？

情境二：你是一所学校的老师，学校对老师上课迟到有严格规定，上课迟到属于教学事故，会被扣奖金，影响晋升，有专门的督导老师检查老师是否上课迟到，你一直很小心，但由于种种原因，某一次上课你不小心迟到了。你会怎么想？

如果你匆匆忙忙赶到教室，感觉督导老师并没有发现你迟到，你会怎么想？

如果你被发现了，领导愿意给你一次解释的机会，你会怎么做？

在第一种情境下，很多人会感觉很惭愧，觉得由于自己没有安排好时间，而浪费了大家的时间，如果下次还有类似情况，一定要更早一些。在第二种情境下，自己会非常焦虑、紧张，期待不要被发现；如果没有被发现，会觉得很庆幸；如果被发现了，获得了向领导解释的机会，会不自觉地夸大自己的理由，甚至不惜说谎让理由显得更充分。

比较两种情境，在第一种情境下，没有惩罚性制度，个体进行的是道德

---

① 孟子，等. 四书五经［M］. 北京：中华书局，2009：7.

② 孟子，等. 四书五经［M］. 北京：中华书局，2009：7.

反思，发自内心觉得自己错了，耽误了大家的时间，下次要改正自己的错误。在第二种情境下，由于有惩罚性制度，个体被惩罚的恐惧控制了，一直在考虑如何摆脱惩罚，完全没有进行道德反思的余地；如果没有被发现，就会感觉很幸运；如果被发现了，为了避免惩罚甚至不惜说谎，进一步做违反道德的事。

在第一种情境下，是“道之以德，齐之以礼，有耻且格”，不仅有惭愧之心，而且决心要改正；在第二种情境下，是“道之以政，齐之以刑，民免而无耻”，不仅没有惭愧之心，没有道德反思，如果没有被发现，还会感觉很庆幸。由此可见，德政不仅仅是管理者自身具有高尚的道德，以仁爱之心管理下属，也包含了要给被管理者德行成长的空间。因此，我们强调德政的双重内涵：一是管理者自身的德行，二是被管理者的德行成长。德政不仅是指管理者如何对待被管理者，也包含了管理方式对被管理者道德人格的影响，即德政是管理者与被管理者道德人格的共同实现或成长。

如果以“政”与“刑”来规制人只能做到“止恶”；而以“德”与“礼”来教导人，不仅可以止恶，而且可以“扬善”。如果以“政”与“刑”来规制人，做了坏事没有被发现，不会有羞耻心，只会感到侥幸；而以“德”与“礼”来教导人，不仅会有羞耻心，而且会主动进行自我改进。如果以“政”与“刑”来教导民众，虽然可能没有恶行，但是不能保证没有恶心，只要有恶心在，有适当机会难免行恶事；而以“德”与“礼”来教导民众，不仅没有恶行，连恶心也不会有，没有恶心就不可能有恶行。

二、德政的管理效果

德政是如何发挥效果的呢？我们可以举一个例子来说明。在一个偏远的农村，一位老人去世了。去世前，老人曾对子女表示，自己不想火化，而是希望土葬。而在当地之前的惯例中，按照政策规定，人去世后应当火化。如果想要土葬，就必须向某个部门缴纳几千块钱，才能获准。甚至之前还发生过这样的情况：有人没有交钱就直接进行了土葬，结果被相关部门派人将遗体重新挖出。

老人的子女们非常尊重父亲的遗愿，他们希望能让老人入土为安。于是，老人的儿子带着钱，找到相关部门，表示愿意交钱以实现土葬。然而，相关部门却没人肯收这笔。钱儿子无奈地带着钱回家了。回到家后，他想到父亲的遗愿，心里始终不踏实。于是，他又带着钱再次去找相关部门，结果依然没人收。如此反复几次后，相关部门的人看到他如此执着，便悄悄对他说：“自从国家开始提出反腐倡廉以来，对于政策中没有明文规定要收取的费用，我们都不敢再收取了。”

从这个例子中，我们可以看到中央政策的影响力具有两个显著特点：一是直接性。它并没有经过层层传递，从中央传到省里，再到市里、县里，最后到镇里。而是中央的旗帜一举起来，各级政府就同时直接感受到了“风向”，开始审视并调整自己的行为；二是普遍性。这种影响广泛地波及各个层面和各个领域。中央的政策一出台，所有的组织和个人都要进行自我检讨，甚至可能要在原来的基础上进行一些自我改进。

对于一个如此庞大的国家来说，尚且能受到如此显著的影响。那么对于一个组织而言，其领导者如果能够秉持符合德政的正确主张，也一定会对该组织产生广泛而深刻的影响。这种影响不仅来自于领导者个人的权威，更源于正确主张本身的影响力。当领导者个人的影响力与正确主张本身的影响力相结合时，其综合影响力无疑会更加巨大。

“君子之德风，小人之德草，草上之风必偃”说明德政是有效的，“德之流行，速于置邮而传命”说明效果是非常快的。德政为什么能做到有效且速效，是我们需要思考的。我们尝试从以下两个方面来认识这个问题：一是人之本性使然，如果按照儒家的观点，人性本善，那么符合人本性的东西自然就容易产生效果，就像种子有了阳光、雨露等适宜的条件就要发芽一样，不需要其他特别的外力，自然就能生长起来；二是德政是人心所向，德政符合了人内心的需要，因而可以迅速产生效果。

第二节　从德政的双重内涵看制度的边界

前文我们提到德政的双重内涵：一是管理者自身的德行；二是在德行上给被管理者成长的空间，不提倡以严苛的制度管理人。为什么不提倡用严苛的制度来管理人，本节我们看看制度管理对人的影响。

一、从考勤制度看管理

我们以考勤制度为例，把人群分为几类：一是必然迟到者；二是边际迟到者，指那些“恰好”迟到的人，如果再快一点儿，就不会迟到了；三是边际未迟到者，指那些“恰好”没有迟到的人，如果再慢一点儿，就会迟到了；四是没有迟到危险的人。我们分当期与长期两个方面来看制度对员工考勤的影响（表 4-2-1）。

表 4-2-1 制度对员工考勤的影响分析

类型	当期	长期
必然迟到者	在迟到发生前，可能一直在酝酿如何向单位解释；在迟到发生后，受到单位的处罚，有可能影响其工作态度和士气。	可能对其迟到产生震慑作用，减少其迟到次数。但是，这种“震慑”作用只对长期反复迟到的人来说才有意义。如果只是偶尔一次迟到，就不具有长期的作用
边际迟到者	在迟到发生前，可能一直处于焦虑状态，担心自己会迟到；在迟到发生后，受到单位的处罚，感觉自己运气很差，影响了心情	同上
边际未迟到者	在到达单位前，可能一直处于焦虑状态，担心自己会迟到；踩点儿赶到单位，惊魂未定，需要平复一下之前焦虑的情绪才能投入工作	险些迟到的经历，可提醒自己更好地规划时间
没有迟到危险的人	在上班的路上可规划一下今天的工作，如何解决昨天没有解决的问题；到了单位之后，可快速投入工作	无长期影响

注：该表格里所呈现的分析方法，也可以用于其他制度分析；把受制度影响的人员进行一定的分类，分析每类人员的受影响情况，包括当期影响与长期影响等，然后对制度的适宜性进行综合评价。

这里我们可以看到，考勤制度既可能影响道德行为，也可能影响工作效率。有些迟到者可能为了避免惩罚而说谎，有些迟到者可能因为被惩罚而影响工作态度，有些人可能因为担心迟到而产生焦虑情绪，焦虑情绪也会影响工作效率。当然，一个人的迟到情况，也可能对其他人造成影响，产生外溢作用。考勤制度无疑是有其积极作用的，如提高组织的规范性与纪律性，保障组织的正常运行。这里进行这样的分析，旨在说明任何一个制度都可能有其两面性，在正向影响与负向影响之间，可能存在着一个最佳权衡。制度并不是越严格越好，越清晰越好，越明确越好。

如果想让一个人专心去做一件事，就不能用太多“规定”去分散他的注意力。比如，火车从起点到达终点，如果中间没有站点，就会直接匀速到达终点。但如果中间有停靠站，就必须减速停车，再重新加速到最高速度。如果有限制性规定需要人注意，就像一个强制停车的站点，让人必须分散精力去考虑不要违反了这个规则。一旦规则太多，就可能让人不知所措。动则得咎，就会让人心里时刻充满了恐惧，手足无措。如果是一个均匀加速的物体，从起点一直加速到终点，其速度就比中间必须停下来快得更多。注意力仿佛是一块大小固定的蛋糕，每多出一个规定，注意力就会分走一块；注意力仿佛是一个在道路上加速前进的运动体，每一个限制性规定都是一个反向的作用力。

在管理实践中有一种倾向，所有不符合组织期待的行为，都用制度规定来禁止。但通过前面的分析，我们可以发现，一项规定会给所有人带来心理压力。即使不会触犯规定，也会产生担心触犯规定的心理。担心是一种负面情绪，而所有的负面情绪都需要一定的精力去处理，因此可能降低工作效率。由此看来，如果只是少数的个体迟到，规定一个严厉的迟到惩罚机制，可能就是得不偿失的。制度制定者可能以为，越严厉的惩罚越有威慑力，而忽略了越有威慑力的惩罚所造成的恐慌心理也越大，恐慌心理越大，个体来处理这种情绪的时间和精力就越多。有些组织往往因为个别人的偶然行为制定规则，这相当于因一个人偶尔生病给全体人员长期吃药。个别问题如果能够个别解决，最好不要制定束缚所有人的制度。

如果必须有所规定，又想在一定程度上避免规定的负面作用，则可以进行一定的设计。以考勤制度为例，如果只是个别员工偶尔迟到，则可以规定迟到几次以内理由正当不受惩罚，几次以后才开始有惩罚措施。如果单位在一定时期内，没人迟到或者迟到情况不多，就不设置惩罚性考勤制度，当迟到情况达到了无法接受的状态，再采取惩罚性考勤制度。

二、制度的局限

制度理论不仅在社会科学研究中广受关注，而且在经济学、政治学、管理学、社会学等学科领域都有较为深入的研究，在其他学科中也有所涉猎。在管理实践中，良好的制度设计也被认为是衡量管理水平的基本标准。甚至在部分管理者眼中，管理等同于制定规则，组织出现任何问题，都试图通过制定针对性的规定来解决。

良好的制度无疑有其重要的管理价值，但是在应用制度进行管理的过程中，需要注意制度的局限性。一是制度本身很难是完备的；二是即使制度设计良好，在执行过程中也不一定是最优决策；三是制度往往只能针对外显因素做规定，可能忽略了更本质、更深层的因素。

1. 制度本身的不完备性

制度理论的相关研究表明，制度很难是完备的。(Grossman & Hart, 1986；Hart et al., 1990）我们只能就平均情况或主要情况做出规定，但是在具体情境下，最优的决策往往是千差万别的，详细的规定可能在避免了最坏选择的同时，也排除了最优选择。

制度理论本身也是有局限的。为了实现对世界的认识，理论研究需要从复杂的现实中提炼出规律。制度理论是建立在严格的假设基础上的，比如，以经济人假设为基础，其目标是效率最大化。但是，通过对中国管理思想的分析，我们可以发现这样的假设在现实中并不是完全成立的。作为理论抽象，有其意义，但管理是一种真实的实践，必须面对真实的世界，如果研究假设与真实世界有差异，以其研究内容指导世界就是有局限的。举例来说，如果按照经济人假设，个体的决定完全依靠于利益的考量，个体的离职决定也应该完全取决于成本收益的计算。但是，在离职决策中，很多人并不是因为利益的考量，而是因为对领导的不满。

把制度理论应用于管理实践的过程也是有局限的。制度的执行会发生偏差，哪怕制度是完美的，仍然要依赖于人来执行。同样的制度，由于执行人的差异也会产生千差万别的结果。因此，忽略人的具体性，单方面鼓吹制度的精细化管理，很难取得理想的效果。很多管理者并没有深入地学习过管理理论或者制度理论，却形成了制度越精细化越好的印象，造成很多时候，员工并不是对待遇不满，而是对“愚蠢”的规定不满。

在有些情况下，制度精细化会变得“没有穷尽”，如绩效工资，一旦针对某些工作内容进行了绩效激励，那些没有进入激励体系却需要有人做的工作，就没有人愿意做了，尤其是那些具有临时性质的工作。为了能让这些工作有人做，要么结合使用其他激励方法，要么把这些工作“不停地”纳入绩效考核体系。

2. 管理实践复杂多样，制度所规定的不一定是最优的

管理中有一种倾向，即使用越来越精细化的制度来明确被管理者可以做什么，不能做什么。但所有“一刀切”的制度、规定都可能是一把双刃剑，因为它忽略了不同的情境条件。现实情境是复杂多样的，在每一个情境下，都存在着不同的最优决策。而制度因其难以完备性，可能在很多情境下，都排除掉了最优决策。比如，一所大学发现很多学生上课时都在玩手机，于是

做了一个规定，即学生上课时严禁使用手机。首先，学生上课使用手机并不都是在“玩”，有些是使用手机在学习，“一刀切”的规定，虽然解决了玩手机的情况，但同时也限制了使用手机辅助学习的可能。

另外，制度往往是针对全体人员提出的，忽略了人的差异性。在组织规模较大时，有其合理性；但是如果组织规模不大，完全依靠制度管理，其效率就会比较低。如果是较大的组织规模，高层领导没有可能了解每一个人的情况，高层领导进行管理时，只能以规则和制度来实现。但对于一个人数不多的小规模组织来说，领导应该了解每个人的具体情况，并采取具体措施帮助员工。这也是一种精细化管理，这种精细化管理不是不断使制度精细化，而是能够考虑到每个人的不同情况，有针对性地给予支持，类似教育领域的“因材施教”。员工是只爱财的“人”，还是有理想的“士”，也受组织管理方式影响。管理如果忽略了人的具体性，人的情感与心理，则很难产生好的管理效果。

3. 关注现象，忽略本质

一般来说，制度只能针对有形有相的因素做规定，把复杂问题简单化，而简单的规定可能忽略了更重要的深层次问题，治标不治本。仍以上面提到的学生上课使用手机的事件为例，规定学生不许看手机：首先，把恰当使用和不当使用都阻止了；其次，可能忽略了深层次的问题，即学生为什么不听课却玩手机。在这个案例里，如果学生没有提高自己的自我管理能力等，老师没有提高教学水平，实质问题就没有得到解决。当然，这些更重要的问题解决起来是有难度的，不像一个简单的规定那样容易做出。但管理者要有这样的意识，即使暂时无法妥善解决，只能采取退而求其次的做法，也要认识到问题的本质在哪里，伺机而动。

很多的管理者，以及一些管理理论，都倾向于从“表象”上解决问题，这样的管理方式，实际上在时刻提醒员工“我们是对立的”，这种思想一旦在员工心目中形成，就可能使员工只要有机会，就想做与组织对抗的事。当从现象下功夫时，可能更关键的问题根本没有得到解决。如果忽略了管理对人的影响，可能事情虽然做了，但不一定发挥真正的管理作用。

三、制度的边界

通过前面的分析我们可以看到：一方面，制度尤其是惩罚性制度往往会压抑人的道德反思；另一方面，制度本身也有其局限性。此外，执行制度本身也是有成本的。因此，制度并不是越精细化越好，是否建立制度以及制度的精细化程度都应该是有边界的。

例如，在实践中流行的留痕制度，要求所有工作都要有记载，其执行成本就很高。本来员工可以将全部精力投入到更好地完成工作，但有了留痕制度后，还需要花费一部分时间和精力来留痕，甚至有些工作用于留痕的时间比正常工作的时间还长。据我了解，很多员工都对留痕制度感到抵触，这种抵触本身就是一种负面情绪，需要花费时间和精力去处理。再加上留痕本身所需要的成本，这就形成了双重成本。

留痕制度本身也反映出一些问题：它可能暗示领导对工作不了解、对员工不信任。重要工作与特例工作可以考虑留痕，但非重要工作与常规工作留痕只是徒增成本。对于从事常规工作的员工来说，其职责范围、工作内容、工作量、工作权限等都是有明确要求的，领导应该对这样的工作岗位了然于心，何必再要求留痕呢？只要员工能正常完成工作，就可以把如何完成的自由度下放给员工，而不是把员工一天内每时每刻的工作内容都记录下来。这种做法不仅降低了员工工作的舒适度，还让他们觉得自己随时在被监督，可能得不偿失。

管理者需要意识到，所有的制度都是有利有弊的。在使用制度时，必须做出审慎的权衡，不能只看到制度的积极方面，而忽视了消极方面。看似简单的 10 分钟的工作，也可能耗费实施者很大的精力去完成。做一件事情的成本，不仅包括做这件事本身所花费的精力和时间，还包括思考、担心没做到或没做好的精力和时间，以及处理抵触情绪的时间与精力等。

四、从制度的边界看数字化时代的管理

在人类进入信息社会以后，特别是随着移动互联网的发展，对人的监督变得空前方便。管理者很容易产生一种倾向，即想监督所有人、所有的时间。然而，人文管理一定要给被管理者留出自由的空间，技术的使用也一定要讲究伦理性。

例如，在教育领域，有人试图开发一种能够随时“监督”学生的技术，包括他们思考问题时的表情、思索的时间等。这看似是为了给学生提供个性化的服务，但实际上却剥夺了一个人的个人空间。如果一个人随时都在被监控之下，就好像被栓了一条绳子，他随时可能都要花一部分精力去考虑如何应对监督。如果一个人完全没有自己自由呼吸、调整、成长的空间，他就像

被绳子牵着走，失去了自我喘息的机会。这种状态不仅对成年人可能引发心理问题，对未成年人的影响更是可想而知。虽然技术的发展让管理者可以更容易地监督下属，但管理者必须明白，下属是人，而不是机器。如果管理者企图把下属当成机器来对待，即使在控制上取得成功，也很难从下属那里获得人的能动性、主动性、创造性等。人的内在能力，只能从内在激发出来，而很难通过外在监督来实现。在数字化时代，管理者需要保持“监督的克制”。

中国在管理实践中，曾经有过“枫桥经验”“鞍钢宪法”等成功的管理经验，这些经验对我们克服信息社会下的权力向上集中仍具有重要的借鉴意义。“枫桥经验”是依靠人民群众就地化解矛盾的方法，对推进全过程人民民主、推进法治社会建设、完善基层治理都具有重要意义。[①]“鞍钢宪法”的“两参一改三结合”（干部参加劳动，工人参加管理，改革不合理的规章制度，工人群众、领导干部和技术员三结合）等经验，有重要的参考价值。[②]解决问题的智慧在哪里？是在群众的实践之中，还是在上级领导的头脑之中？有时候，上级领导提出的目标和方向是十分关键的，但具体执行起来，执行人应该有根据具体情况做抉择的权力。人往往具有将权力向自己手中集中的倾向。如果仅仅顺应这种倾向行事，就可能走向极端：最了解实际情况的基层执行者将失去所有权力，沦为被动执行指令的工具；而其上级领导者则成为操控全局的“牵线人”。信息技术本身是中性的，既可以助力权力向上集中，也可以促进权力向下分散。关键在于如何应用它。

第三节　“和”对德政的意义及其激励作用

儒家主张的德政要以“德”与“礼”进行管理，而少用“政”与“刑”。在中国传统管理思想中，一般认为严苛的制度会压抑被管理者的道德反思，也很难就千变万化的具体情境事先制定出最优决策，因此，中国传统德政思想不倾向于用精细化的制度进行管理，而倾向于采取简约的制度，给具体执行人更大的授权，使其可以根据具体情境做出最优决策。这就存在一个问题：

---

① 钱弘道．坚持和发展好新时代“枫桥经验”[EB/OL].(2024-01-10). https://news.gmw.cn/2024-01/10/content_37080011.htm.

② 四个坚持焕新鞍钢宪法 [EB/OL].(2023-08-24). http://www.qstheory.cn/economy/2023-08/24/c_1129820591.htm.

如何能够使执行人正确使用这种授权，做符合组织利益的决策？中国传统管理思想讲究“以和为贵”。从管理学角度来看，“和”相当于是组织成员的利益一致性，“和”的程度越高，个体之间的利益一致性越高，个体越会为组织整体利益、他人利益着想，就越不需要监督，越不需要详细的规定。

一、“和”与德政的关系

《礼记》中说“发号出令而民说谓之和”，《论语》中说“礼之用和为贵”，“和”在德政管理中具有重要意义。

1.“和”是德政的基础

在中国的传统文化中，德政管理思想倾向于用简约的制度，是以“和”为前提的。一旦组织成员之间的利益一致了，就不需要用精细化的制度约束个体的行为。现在很多管理者，都是从制度角度来考虑问题，有什么不如人意的地方，都会认为是制度不够完善。除了可以从制度完善角度来寻找解决办法以外，还可以从利益一致性角度来寻找解决办法。相关研究告诉我们，制度是很难完备的，再精细的制度也很难穷尽所有情况，在制度没有规定的地方，被管理者永远有投机的空间。现实情况往往是千变万化的，制度很难详细制定好在每一种情境下的最优选择。在利益一致的情况下，一旦使用简约的制度给执行者更多授权，考虑组织利益的执行者就可以根据自己的判断在具体情境下，做出对组织最有利的选择。如果没有“和”为前提，没有利益一致性做基础，就不能轻易授权，也就难以实行德政。可见，“和”是实施德政的基础。

组织“和”的程度，是影响是否适合使用德政管理方式的条件。规模比较小的组织，人与人之间相互了解，容易建立联系并且培养感情，容易对行为做出预期，就可以更多地使用德政方法来进行管理。规模比较大的组织，不可能每个人都了解，难以使所有人都感情融洽，难以对每个人的行为做出预期，在这种情况下，德政可以发挥其独特作用，但是也要辅之以必要的“法治”。

2.德政是“和”的保障

“和”的重要性对于不同组织来说，可能会有所不同，但是，对于任何一个组织来说，有“和”应该都会比没有“和”更优。那么，如何才能实现“和”？“和”可以基于情感的融洽，也可以基于利益的一致。利益的一致性可以通过一定的制度安排实现。中国历史上取得辉煌成就的晋商——山西票号，就利用一系列制度安排，使伙计、掌柜、财东的利益实现一致化，有效避免个体只顾自身利益而损害他人利益的投机行为。现代社会的员工持股制度，也具有类似的作用。情感的融洽可以通过组织文化建设实现，比如，餐饮企业海底捞就通过一系列善待员工的方式，使员工对企业产生了情感上的归属感，愿意为组织"拼命"工作。①

基于情感的和谐与基于利益一致的和谐，都有其局限性，比如，人一多，情感关系就难于建立，利益也不容易一致，就难以基于情感或利益而实现"和"，而德政在促进和谐方面有其独特作用。《论语》中讲"君子和而不同，小人同而不和"②，君子都追求道义，追求道义是没有竞争性的，大家追求道义的水平与形式可能有所不同，但不妨碍相互赞叹欣赏。比如，真正出于公益之心的捐款，捐 100 元的人对捐 10 元的人的态度，应该是赞赏而不是嫌弃。君子与小人的不同在于"君子喻于义，小人喻于利"③，作为管理，我们要把人培养成君子，而不是小人。德政是管理者自身有君子之风，也引领被管理者成为君子，大家都追求道义与德行，就容易实现和谐。德政有助于形成相似的价值观与道德标准，具有相似价值观与道德标准的人，更容易形成认同感，更容易和睦，德政就可以成为"和"的重要保障。

中国有句古话叫"同心同德，众志成城"，"同德"本身就具有促进团结的作用，甚至于"同德"等同于团结。比如，"爱国"是中国人共同认可的做人标准，"爱国"的旗帜把无数陌生的中国人团结到了一起，"保家卫国"的理想信念，让一代又一代中国人前仆后继、团结奋斗。

二、礼之用和为贵

1. 作为资源分配方式的礼

从经济学角度来看，"礼"可以认为是一种资源分配的规则。举例来说，大家一起吃饭，位置安排上是有一定讲究的，是为礼。比如，在包间吃饭，一般正对门口的位置是贵宾的位置，在现实中，大家都遵从这样的"礼法"，

① 详细内容请参见《中国人文管理学实践》第七章。
② 孟子，等. 四书五经［M］. 北京：中华书局，2009：30.
③ 孟子，等. 四书五经［M］. 北京：中华书局，2009：11.

就少了不必要的纷争。

“礼”虽然是一种规则，但不具有强制性，是可以在具体情境下协商的。在“和”与“礼”的共同作用下，中国文化倾向于在具体情境中具体协商最优决策，而不像西方那样完全按事先商定的规则行事，不考虑随后发生的具体情况。尼斯贝特（2006）指出，“根据西方的观点，一旦签约，就不应该再修改，交易就是交易。对于东方人来说，协议通常被认为是暂时的，并在某种意义上算得上是未来的指针”。① “西方人倾向于以抽象的原则为主，认为这些原则适用于每一个人。对于西方人来说，为了适应具体的情况而取消普遍规则是不道德的。每一个事件都坚持同样的规则，这对于东方人来说就是愚笨和固执僵化的，甚至是残酷的。”②

中国人是“情境理性”的，西方人是“制度理性”的。中国人倾向于具体情况具体分析，而不是按照普遍法则行事，这在中国社会中也有体现。在农村，如果有人“为民除害”违反了法律，按照法律规定应该判其重罪。但是，如果犯人能得到广大乡亲们的签名支持，法院在判案时，会考虑广大民众的意见，对犯人从轻处理。这是中华传统文化中保留的一种文化基因，就具体情况协商具体解决方案，而不是按照事前协调好的统一方案来行事。这种文化特点也体现在日常生活中。比如所谓的“中国式”过马路现象：当人行道上聚集了许多人等待红灯，而绿灯方向又确实没有车辆通过时，大家可能会一起选择过马路。而在一些国家，即使深夜没有车辆通行，人们也会严格遵守红绿灯规则等待绿灯。这种差异并非对错之分，而是不同文化背景下形成的行为习惯。③《易经》是中国最重要的传统经典之一，其中“易”的重

---

① 尼斯贝特．思维的版图［M］．李秀霞，译．［M］．北京：中信出版社，2006：125.

② 尼斯贝特．思维的版图［M］．李秀霞，译．［M］．北京：中信出版社，2006：40.

③ 这里举这两个例子，并非是为了支持这种行为，而是为了说明中国文化传统中一种“具体情况具体分析、具体决策”的思维方式。在现代社会的背景下，我们在处理一些问题时，也需要根据社会生活的新需求，重新审视如何对待规则。这本身也是一种“具体情况具体分析”的精神。

另外，我曾听人用中国人与西方发达国家过马路方式的不同来说明“文明程度”的差异。但我个人并不认同这种观点。在我看来，这并不是文明程度的高低之分，而仅仅是文化差异。

在早期的历史上，还没有红绿灯这样的交通规则，中国人过马路主要依靠“礼”来协调。按照“礼”的原则，人们会互相谦让：您先走，您走过了我再走。这是在“礼”的引导下，人与人之间的相互尊重和体谅。然而，随着现代社会的到来，红绿灯等交通规则逐渐普及，人们不再单纯依靠人与人之间的谦让，而是更多地依据规则行事。这并不是说“对人的谦让”就不再重要，而是现代社会对“对规则的遵守”提出了更高的要求。

因此，“对人的谦让”与“对规则的遵守”之间，并不存在文明程度的差异，而只是文化差异的不同表现。现代社会只是更强调对规则的遵循，但这并不意味着我们失去了对“礼”的传承和尊重。

要内涵之一就是“变易”，万事万物都是不断变化的，管理不可忽略这种持续的变化。

2. 和无寡

《论语》中有这样的论述“有国有家者，不患寡而患不均，不患贫而患不安。盖均无贫，和无寡，安无倾。夫如是，故远人不服，则修文德以来之。既来之，则安之”。[①]“和”可以认为是人际和谐与目标一致，在人际和谐与目标一致的情况下，对分配差异的容忍性才会更高。如果目标不一致，就会更容易对分配公平性质疑。比如，在一个组织中有不同的部门，不同部门之间可能存在着资源分配问题，如果以各部门的利益为基础来决策，难免会产生部门之间对资源的争夺，但是如果以整个组织的利益最大化为目标，哪个部门应该获得多少资源是相对客观的，一个部门拿到太多资源，可能会有损其他部门的发展。虽然通过有效的规划可以得到最优解，进而投入能够使组织利益最大化的资源。但这种“最优解”解决不了各部门之间的“公平感”问题。如果从组织整体利益出发，就会觉得公平，实现“和无寡”；如果仅从部门利益出发，就很难实现所谓的公平感。

3. 礼与和的关系

从经济学角度来看，礼是一种资源分配方式，而“和”是分配结果的特点，分配结果能够达到团结的目的，达到使大家利益、目标一致的目的，等等。合理的资源分配应该满足激励性、公平性等特征。资源分配的公平性问题是管理学、经济学中要解决的重要问题。公平性是人的主观感受，很难实现绝对的公平，在人际和谐、利益一致等条件下，可能对分配差异有更高的容忍度。反过来，合理的公平的资源分配，也可以促进人际和谐与利益一致。“和”的水平越高，资源分配的自由度就越大；资源分配越合理，越可以促进“和”。比如，中国是社会主义国家，国家资源由全体人民共同享有，这就是“和”，在这样的前提下，国家就可以根据全体人民的利益来分配资源，把资源投入最有利于国家和人民的地方去。一旦利益不一致，资源分配就是不同立场的人博弈的结果。以高铁建设为例，中国的高铁建设与发展已经走在了世界前列，这是政府根据国家人民利益做决策，大力促进高铁发展的结果。但是，一些比中国发达的西方国家，高铁发展却落后于中国，其中一个重要

① 孟子，等. 四书五经［M］. 北京：中华书局，2009：36.

原因可能是，在这些国家中，有不同利益诉求的主体，比如，高速公路利益集团、旧的铁路利益集团、航空利益集团、汽车利益集团等，这些主体都不希望高铁快速发展来抢自己的生意，如果这些利益集团的势力比较大，就有能力阻碍高铁的发展。当然，高铁的发展受多方面因素影响，利益格局可能只是其中一个因素，至于在其中发挥多少作用，我们还很难判断。但是，因为少了不同利益诉求的群体在其中博弈，中国可以迅速集中力量做利国利民的事，这是中国发展的一个重要优势。

三、和谐、合作具有激励作用与生产作用

在汉语中和谐与合作对应着不同的范畴，但是，都具有“和”的意味，且与“竞争”相对，而竞争是西方管理学的重要管理手段，因此，这里我们一起进行论述。

1. 和谐的激励作用

西方的文化特征讲究个人主义和分析思维，导致其管理思想中比较强调竞争。由于在历史上，我们曾吃过“大锅饭”的亏，所以也特别重视针对个体核算的价值。但是，我们要意识到，不仅竞争可以产生激励作用，和谐同样可以产生激励作用。竞争与和谐之间应该有一个适宜的结合，片面强调任何一方可能都不是最优的。

在西方的组织中，往往强调个体之间的竞争，通过个体之间的竞争实现经济效率。由于竞争与对立的存在，必须通过制定详细的管理规则规定在不同情境下，员工的适宜行为反应。而规则是很难完备的，用统一的规则去应对所有情境，难免有漏洞。中国组织相对来说更注重和谐，追求人与人之间的和睦相处。和谐是你中有我，我中有你，你我是一体的，有着共同的目标和利益基础，所以，就会倾向于给员工更大的决策权力，让员工在不同的情境下，做出最有利于组织的决定。所以，精细规则与竞争的组织环境相适应，简约规则与和谐的组织环境相适应。

我们不仅要认识到竞争激励的积极作用，同时也要有这样的意识，即在特定条件或特定情境下，可以适当配合其他激励方式。有一类组织不采用竞争激励方式，就是家庭，对于和睦的家庭来说，每个人虽然能力不同，但都会尽自己最大的努力为家庭作贡献。在社会组织中，我们虽然不会采取家庭那种极端的方式，但是我们需要意识到，竞争与和谐之间有无数个组合，每

个组织可能适合不同的组合。此外，竞争与和谐并不是绝对此消彼长的关系，竞争性弱并不直接等于和谐，和谐还需要格外的投入去建设。弱化竞争只是为建设和谐环境奠定了一定的基础，但如果没有其他方面的保障，并不会产生和谐。就像家庭内部，基本没有什么竞争性，和谐程度却千差万别。一般来说，当工资差异较大时，竞争性较强；当工资差异较小时，竞争性较弱。但是，工资只是影响竞争性的一个因素，还有很多因素会影响竞争性与和谐性。

《孙子兵法》中说“令民与上同意也，故可以与之死，可以与之生，而不畏危”[①]，也说明了和谐的重要性。日本企业相对于美国企业来说，更强调和谐而弱化竞争。威廉·大内在《z 理论：美国企业界如何迎接日本的挑战》一书中说道：“日本在美国开办的保留了大量日本管理风格的企业，大多数都是很成功的，从事不同岗位的美国本土雇员都会说‘在我工作过的企业中，这是最棒的。……我感到我是一个大家庭中的一分子’；但是，美国在日本开办的保留美国管理风格的企业几乎无一例外都是失败的。”[②]中国人注重人际管理模式，具有自己的优越性，我们不能盲目学习欧美的竞争制度，而放弃自己的优秀传统，我们在学习西方的管理经验的同时，也要注重参考日本等东方国家的管理经验。

在西方经济学里，也有关于“团队激励”的内容[③]，我们这里所讲的内容是否与团队激励相似？是否有必要再重新提出中国自己的管理理论？“团队激励”的基本逻辑还是利己，团队合作是其实现自我利益的途径，但是，我们这里所讲的“和谐”，包含了“利他”的意味，与西方经济学的“团队激励”有着本质上的不同。

2. 合作可以集中力量办大事

社会主义国家是全体人民的国家，本质上是自己人给自己人办事，而资本是雇佣别人给自己办事，两者在本质上截然不同，各自的最优管理方式也会有所不同。我们要把握社会主义国家与其他社会形态在利益关系方面的差异，并进一步把握其管理意味，不能一味照搬西方的管理方式，而束缚了我们的优势发挥。比如，社会上共有 100 分的力量，如果是竞争，把 100 分的

① 孙武. 十一家注孙子校理［M］. 曹操，等注；杨丙安，校理. 中华书局，2016：4.

② 大内. Z理论：美国企业界如何迎接日本的挑战［M］. 朱雁宾，译. 北京：机械工业出版社，2007：10-11.

③ 拉齐尔. 人事管理经济学［M］. 刘昕，译. 北京：生活·读书·新知三联书店，2000：309-311.

力量分成10份，每一份有10分力量通过竞争做一件事，与集中100分的力量做一件事，效果肯定是完全不同的。经济学里有一种理论，认为垄断会导致社会效益的损失，竞争会导致社会效益增加，这个理论的重要前提是企业以追求利润最大化为目标。作为社会主义国家，我们一定要对此有审慎的认识，不能对大型企业进行简单的分解，一方面要考虑面对国际竞争的需要，另一方面要考虑企业的目标。中国国有企业的主要目标不是赢利，而是服务国家和人民，这与资本主义国家的企业以利润最大化为目标是完全不同的。

按照竞争思维，第一优势企业与第二优势企业都追求自身利益最大化，企业通过竞争机制为社会提供产品与服务。按照合作思维，第一优势企业与第二优势企业都追求社会利益最大化，并且联合起来为社会提供产品与服务。我们不能盲目夸大竞争的效果，如果过度强调竞争性，那么在现实中至少可能产生两个潜在问题：一是让本该形成的合作无法形成，二是让本该指向的最终目标被似是而非的中间目标取代。最终目标应该是社会利益最大化，而这个中间目标在大部分情况下都是利润，是“钱”，而钱本身并不具有正义性。

国家可以通过集中力量办大事实现发展；组织也可以通过集中自己的优势资源取得事业上的突破；如果组织的人才能够实现合作，大家为实现同一个目标而努力，就可以取得更大的成绩。

3. 合作可以实现能力互补

在一次集体劳动中，十几个人为一片农田除草，每个人都沿着田垄从一头向另一头依次除草。地头那边是一片特别高大的草，还放了一些脏乱的杂物，一看就知道不好处理，有人就畏难起来。可是，当大家接近地头准备应付“最难啃的骨头”时，却惊讶地发现，已经有一个人手拿镰刀，动作轻快，神情专注，面带微笑地在那里工作，马上就都处理好了。合作意味着，你不擅长的我擅长，你觉得畏难不想做的，我做起来却饶有兴趣。当有人畏难时，还有人享受挑战困难的征服感，享受帮助同伴摆脱困难的愉悦感，这些都只有合作才能实现。

针对个体的激励，都要有一定的工作业绩核算，而业绩核算都要针对一定的工作内容。如果进行分工，只能针对可核算的内容。有些工作容易核算，其分工是可以无限细化的，比如，在服装生产过程中，上拉链，装口袋等，都可以细化为一个分工，可以用计件工资进行激励。但是，很多工作在分工上是难以如此细化的，只能进行一定的“打包”。“打包”可以有两种方式，一种是给事情“打包”，把多重任务交给一个人；另一种是给人“打包”，把一项任务交给多个人。两者结合起来，也可以是把多个任务交给多个人。分工细致的优点是，权责明确，不容易产生推诿“搭便车”偷懒等行为，也可能因专人专长而提高效率；但是，对于一些复杂工作来说，也限制了大家的合作，限制了集体智慧的凝聚。我们这里不是说合作与竞争哪个更好，而是说两者有不同的作用，在一个组织中，要根据具体情况实现两者的有机结合。

四、从囚徒困境到兄弟同心

在经济学里，研究个体在既定条件下的最优选择，如在既定价格及预算约束下的最优购买量。在这种情况下，个体的选择不会对价格产生影响，市场上的每个人都是既定价格的接受者，个体的选择独立于其他个体的选择，也就是人与人之间的选择不相互影响。在经济学里，也研究人与人的决策相互影响的策略性行为，如博弈论。在前面的分析中，当我们分析道德与经济收入的关系时，个体也相当于一个“价格接受者”，面对这样的社会规律，决定自己的道德水平，人与人之间的决策是不相互影响的。下面我们来分析一个存在策略性行为的经济学例子，在这里人与人的决策相互影响，看道德可以在其中发挥什么作用。

在博弈论中有一个著名的案例——囚徒困境，有两个嫌疑人同时被警察抓住，被分别进行审讯。如果两个人都不承认，因为证据不足无法判重罪，每个人被监禁 1 年；如果两个人都认罪，每个人被判监禁 8 年；如果一个人认罪一个人不认罪，认罪的人将被释放，不认罪的人将被判 10 年监禁。在这个决策过程中，假设对方不认罪，自己认罪可马上释放，不认罪则是监禁 1 年，认罪的收益更大，应该选择认罪；如果对方认罪，自己认罪的是监禁 8 年，不认罪是监禁 10 年，也是认罪的收益更大，应该选择认罪。所以，最后的行动均衡就会在两个人都认罪处实现（每人被判 8 年），收益小于每个人都不认罪的情况（每人被判 1 年）。收益的总和也小于一人认罪一人不认罪的情况（Mas-Collel et al.，1995）。

在囚徒困境中，研究的是一种行为均衡问题（Rothschild and Stiglitz，1976；Wilson，1977；Yu and Ding，2011），博弈的双方都是从自身利益出发，最后只能实现最差的整体结果。我们模拟囚徒困境的情境，假设在一次决策过程中，有两个决策者——决策者甲与决策者乙，两个人面对两种方案——方案一和方案二，决策支付矩阵如表 4-3-1 所示。如果甲与乙两位决策者都选择方案一，每个人获得的收益为 10；如果都选择方案二，每个人获得的收益为 7；如果一人选择方案一，一人选择方案二，选择方案一的获得的收益为 5，选择方案二的获得的收益为 12。

表 4-3-1 囚徒困境

决策者甲	决策者乙	
	方案一	方案二
方案一	10，10	5，12
方案二	12，5	7，7

下面，我们来看这个博弈的均衡方案。如果由两个人分别决策：甲选择方案一时，对于乙来说，12>10，乙选择方案二是最优的；甲选择方案二时，对于乙来说，7>5，乙还是选择方案二是最优的。也就是说，不管甲如何选择，乙都是选择方案二最优；同样地，不管乙如何选择，甲都是选择方案二最优。最后的均衡就是两个人都选择方案二，均衡的结果是（7，7），总和是 14，是最差的社会结果，低于其他均衡的 17 或 20。如果能有一个考虑整体利益的“最优决策者”，两个人都把决策权力给这个人，那么就可能实现（10，10）的结果，再通过再分配的形式，使每个人的利益都大于 7，既实现了社会收益的最大化，也会使每个人都比原来获得更多。

囚徒困境的案例看起来逻辑严密，人被死死地钉在最差的结果里。但是，如果能够在一定的文化背景里看待这个问题，结果可能会有所不同。中国有很多鼓励合作的古语，比如，“二人同心，其利断金”[①]，“同心同德，众志成城”，“家和万事兴”，“和气生财”，“天时不如地利，地利不如人和”[②]，如今再看这些古语，又多了一层内涵，老祖宗早就告诉我们破解囚徒困境的方法，就是“和”。诚然，人是有弱点的，是有自私倾向的，而文化的一个作用就是帮助人克服一些人性的弱点，帮助群体或社会达成某种共识。中国文化里本来就有破解囚徒困境的“密码”，在管理领域里，我们不该对这些文化财富弃之不理，不该抱定人自私利己的一面而深陷于囚徒困境。

在囚徒困境的案例里，如果两个人能够实现合作，自然就可以实现（10，10）社会最优结果，而这个结果对每个人来说都好于（7，7）的纳什均衡结

① 语出《周易·系辞传》：“二人同心，其利断金。同心之言，其臭如兰。”孟子，等. 四书五经［M］. 北京：中华书局，2009：540.

② 孟子，等. 四书五经［M］. 中华书局，2009：75.

果。这个结果的实现可以有不同的机制。一种机制是每个人都想最大化对方的利益。当甲做选择时，如果乙选择方案一，10>5，甲选择方案一会使乙的利益最大；如果乙选择方案二，12>7，甲选择方案一会使乙的利益最大；甲的最优选择是方案一。同样地，乙的最优选择也是方案一。这样均衡就自然会在社会最优处实现。另一种机制是两个人不必进行策略性决策，每个人都直接选择社会最优的决策，10+10>12+5>7+7，每个人都自动选择方案一。

在中国讲究“打架亲兄弟，上阵父子兵”，字面意思是上战场打仗这种危险的事情，只有父子、兄弟这样亲密关系的人一起合作，才能同心协力。暗含的意思是，大家做事情都愿意与自己信任的人合作，与考虑自己利益的人合作。在囚徒困境的例子里，是两个只考虑自身利益的自私者，如果这两个人换成是情同手足的“兄弟”，结果就马上不一样了。如果两个人都按集体利益最大化来决策，甚至按照对方利益最大化来决策，在囚徒困境里看起来最稳定的均衡点则是最不可能发生的。在现实的合作领域里，合作对象都不是随机遇见的，而是永远要被精心选择的，就像找对象一样要经过审慎的选择。合作对象有选择错的时候，就像找对象有看走眼的情况，但这并不意味着永远只考虑自己的利益才是最优的。中国人讲究“用人不疑，疑人不用”，在合作关系中，尤其是在复杂的形势面前，要选择信任的人，也要相信自己的选择，这种信任就意味着要精诚合作。

一个人一旦有一次不讲“信义”，就可能会永远失去别人的信任而导致长久损失，这是重复博弈机制；一个人一旦对某个人不讲“信义”，就可能会失去所有人的信任，这是社会声誉机制；重复博弈机制与社会声誉机制也会促使一个人考虑他人利益。一旦一个人在心理上建设了“不义而富且贵，于我如浮云”的品格，就会把“义”看得很重要，即使没有重复博弈机制与社会声誉机制的约束，也会自觉地做出对他人有利的抉择。重复博弈机制与社会声誉机制的约束都是软约束，不排除有人目光短浅，杀鸡取卵，给别人造成伤害。如果能加上自身道德修养的约束就多了一层保障。帮助别人不仅是一种无私的贡献行为，也是有回报的，除了经济回报，也是权力的一个来源。什么样的人能赢得尊重，获得影响力，进而拥有领导力呢？必然是能够给人带来帮助的人。《道德经》中说“受国之垢是谓社稷主，受国不祥是为天下王”，能赢得信任、获得领导“权力”的人，必然是有担当的人。这种领导者的地位，可以是正式的，也可以是非正式的。

人类能否走出“囚徒困境”，实现“兄弟同心”？这正是社会文化要解决的问题。而管理与教育作为文化的一部分，不是要顺应人的自私性，而是要引领人发扬其善性的一面，并彰显出人的高贵性。中国人认为帮助别人是人社会性的一部分，甚至可能是人的一种基本需求。管理与教育不能把人当成自私的“囚徒”，而是要通过教育与社会的道德建设，把可能成为“囚徒”的人变成一个有利他奉献精神的人，能与他人团结合作面对困境的人。不是所有的人都会为自己的一点儿利益而无限伤害别人，我们理想的结果是“君子爱财取之有道”，不贪不义之财。只研究管理制度性的一面，而不去发挥管理对人心的影响，这样的管理学研究可以说是非常片面的。在制定制度时，可以抽象掉人的具体性，但管理者具体进行管理时，一定要考虑人格的可塑性。我们可以选择让人做共赢的兄弟，而不是深陷困境的囚徒。

在类似于囚徒困境的利益格局里，对于两个人来说，如果选择合作，就可以获得更大利益；对于一个组织来说，如果能形成相互合作的组织文化，就比其他没有合作文化的组织更有竞争力；对于一个社会来说，如果能形成相互合作的社会文化，就比其他没有合作文化的社会更有竞争力。作为群居生活拥有智慧的人，我们可以选择做兄弟，而不是选择做囚徒。

五、从兄弟同心到四海之内皆兄弟

中国人的“和”不仅局限在有一定关系的熟人之间，还要扩展到陌生人之间，所谓“四海之内皆兄弟”；不仅局限在自己的国家和民族之内，还要扩展到其他国家与民族，所谓“协和万邦”。“四海之内皆兄弟”语出《论语·颜渊》，文中说“君子敬而无失，与人恭而有礼。四海之内，皆兄弟也。君子何患乎无兄弟也”？[①]可见，“四海之内皆兄弟”也并不是随便称兄道弟，把任何人都当成兄弟，而是要秉持共同的“道义”，自己是君子，对方也是君子，才能成为兄弟。也就是说，中国人的“兄弟同心”并不是狭隘的种族主义与民族主义的“兄弟同心”，而是建立在共同的价值观与道德标准上的兄弟同心。中国是一个多民族国家，五十六个民族能够相互尊重，和谐相处，共同建设祖国，与这种“四海之内皆兄弟”的文化是有一定关系的。

“四海之内皆兄弟”是建立在一定的道德基础上的，道德的培养是有次第的，不是让一个人一下子就具有了胸怀四海的大量，而是从孝悌开始，“君子务本，本立而道生。孝弟也者，其为仁之本与”[②]，人格培养从孝悌开始，社会

① 孟子，等．四书五经［M］．北京：中华书局，2009：27.
② 孟子，等．四书五经［M］．北京：中华书局，2009：5.

关系的建立也是从爱自己的家人开始。“其为人也孝弟，而好犯上者，鲜矣；不好犯上，而好作乱者，未之有也。”[①] 能够做到孝悌，能够爱自己的家人之后，就可以扩展到其他人。这个扩展的过程也是有次第的，从家人到其他熟人，又从熟人扩展到陌生人。比如，校友、同乡很多都是陌生人，但是因为可能秉承了一些共同的价值观等，就比其他陌生人更亲近。

在中国文化里，做人绝对不能只考虑自己的利益，而一定要有利他精神。中国精英一定要有奉献精神、利他精神，如果眼里只有自己的利益，这在中国的文化里根本不能算精英，只能算唯利是图的小人，“君子喻于义，小人喻于利”。[②] 中国精英的快乐在于帮助很多人、利益很多人，而不在于奴役很多人为自己牟利。唯利是图的小人即使达到了目的，在中国文化里也不会被看成是一个成功的人。这类人不管有多少物质财富，不过是一个不懂“大学之道”的人而已，在中国人所推崇的“圣贤”面前，不值一提。

六、从兄弟同心到求同存异

兄弟同心不是要大家完全一致，处处相同，而是要尊重差异，做到求同存异。中国人的“兄弟同心”不是要把对方变成与自己一样，而是尊重对方的特点与利益诉求，在不相互影响或者在容忍范围内实现合作共赢。甚至在某些情况下，为了共同面对最紧迫的问题，而搁置其他矛盾，甚至尖锐冲突。中国是多民族国家，幅员辽阔，人口众多，不同地域不同民族都有各自的风俗习惯，但大家都能友好相处，相互尊重，齐心协力建设祖国，这与求同存异的精神密切相关。

在中国的外交领域里，求同存异也是明确的原则之一。1955 年，亚非会议在万隆召开，与会国家因分歧而难以达成共识，使会议陷入僵局。中国参加会议的代表周恩来总理，根据会议情况临时准备了发言稿，发表了关于“求同存异”的讲话，正式提出把“求同存异”作为解决国际争端和矛盾的原则，推动了会议的顺利进行。[③]60 年后的 2015 年，中国国家主席习近平在纪念万隆会议的会议上，进一步提出“合作共赢”的思想，提出“人类命运共

---

① 孟子，等．四书五经［M］．北京：中华书局，2009：5.

② 孟子，等．四书五经［M］．北京：中华书局，2009：11.

③ 志同道合是伙伴，求同存异也是伙伴：中国外交理念从万隆走向世界［EB/OL］.（2022-08-24）. https://www.mfa.gov.cn/web/ziliao_674904/zt_674979/dnzt_674981/qtzt/zggcddwjw100ggs/jszgddzg/202208/t20220824_10750532.shtml.

同体”思想。[①]求同存异，中国是这样主张，这样承诺，这样实践，这样担当的。秉着这样的精神，中国一直都是世界和平的重要力量，2020年，中国全面进入小康社会，各方面都取得了令世界瞩目的发展，这样的成就完全是依靠和平发展取得的，从来没有用武力或经济手段掠夺过其他国家和民族。中国在文化上，有兄弟同心、求同存异、协和万邦的和平基因；在能力上，有和平发展的经验和实践。中国只会为致力于和平发展的国家提供机会。如果能实现“求同存异”“协和万邦”“四海之内皆兄弟”，大家把用于竞争对抗的资源都用来为人类谋福祉，那将是一个更美好的世界。

七、中国历史上的管理案例——山西票号

山西票号在历史上取得了辉煌的成绩，赢得了“执中国金融之牛耳”的赞誉，在中国金融史上写下了辉煌的一笔。山西票号从事汇兑、信贷等业务，也为清政府收捐税、输军饷等，曾在全国80多个城镇建立了400多个分号，有的还远渡重洋，在日本、朝鲜以及印度设分号，构成四通八达的金融汇兑网，开创了中国金融汇兑的先例。山西票号之所以取得如此辉煌的成就，管理是其基本保障。山西票号的很多管理方式也充分体现了中国传统管理思想。

1. 山西票号的人身顶股制

山西票号能够取得成功，人身顶股制在其中发挥了重要的激励作用。（于洪霞，2009）人身顶股制是指票号的掌柜、伙计，可以凭自己的劳动力顶股份，虽无资本却可以与财东的银股（资本股）一起参与分红，且顶身股者不承担亏赔责任。顶身股没有继承权，也没有转让权，会随着劳动力的消失而消失。顶人力股的方式一般有两种：一是东家开办票号时与聘请的大掌柜或其他核心人员以合约的形式规定的身股；二是票号在经营过程中遇账期分红，由掌柜根据伙计的业绩向东家推荐，经东家认可的身股。（黄鉴晖，2002a）大掌柜身股多少由财东确定，票号内各职能部门负责人、分号掌柜、伙计是否顶股，顶多少，由大掌柜确定。身股的多少按照每个人的工作能力和业绩来确定，但不是人人都能顶身股，而是需要有一定资历。所顶股份的多少与其为票号做出的贡献、工作能力和权限成正比关系。

① 弘扬万隆精神　加强亚非合作　推动建设人类命运共同体［EB/OL］.（2015-04-23）. http://politics.people.com.cn/n/2015/0423/c1024-26889293.html.

下面我们来分析一下人身顶股制的特点：首先，人身可以顶股，这本身就是对人的重要性的肯定，一般情况下，票号的银股数不变，身股数却一直在上升，发展到后期身股数甚至超过了银股数；其次，这种管理制度赋予了大掌柜非常大的权力，票号内的一切事务基本都由大掌柜决定。重视人才的作用，赋予人才充分的授权，这是中国传统管理思想的特点。

2. 提高利益一致性的制度安排

由于身股不承担亏损风险，有观点认为这使得掌柜和伙计的权责利不对称，为票号的稳健发展埋下了隐患。中国传统管理思想讲究“利益一致性”，即“和”的一种表现形式。山西票号采取了一系列制度安排，保障集体的利益一致性。（1）有些掌柜也是财东。日升昌票号就是由东家李箴视出资 30 万两，大掌柜雷履泰出资 2 万两创建的。（黄鉴晖，2002b）这种掌柜自己参股的情况，有效限制了其冒险行为，使之能够站在财东的立场上看待问题。（2）顶身股者在票号有不可随意抽取的存款。每个顶身股者都要根据自身顶股数量向票号存款一定数额，顶股越多，存款越多。（孔祥毅、张亚兰，2005）这种存款是用来预防亏本倒账的一种准备金，如果票号亏损，顶身股者也要受损失。（3）花红。票号总号在大账期分红时，在员工所分红利中，提留一部分存入号内，参加未来资本周转，只拿利息，不分红利，不得随意抽取，作为损失赔偿准备基金，称为“花红”，只要经理人任期内不出现过失，此项基金在其离任时，可以连本带利一次性取得，相当于一笔退休补助。一个员工工作的年限越长，职位越高，为其积累的花红也就越多。也就是说，一个员工的职位越高，对票号影响力越大的时候，约束他规避风险的基金也就越多。（4）终身雇佣，重复博弈。票号顶上人力股的员工，除自己辞职外，一般都是终身雇佣制。在一个票号工作的时间越久，所顶股数以及花红等收益越多，员工利益与票号利益的一致性越高。所以，我们认为人身顶股制并不存在权责利不对称的问题。这种不承担亏损的身股，是分散在许多伙计身上的，而且只涉及利润的分配，没有投票权，作为整体它们不发挥权力作用。（5）故身股。顶身股者死后，票号仍会根据其所顶身股的多少，在一定时间内给予分红，身股越多期限越长，称“故身股”。身股越多的人，拥有的故身股期限越长，因为身股越多的人，对票号的重要性越大，对票号的影响越长久，这体现了激励强度和激励目标的一致性。身股是一种影子股票，只有分红权，没有所有权，随劳动力的消失而中止。如果没有故身股，就不能避免职工在离职时点的短期行为和对未来利润不关心的偷懒行为。如果员工在身故后，其子孙仍能够拿到一定的分红，那么他们在离休之前，将努力寻找可以最大化票号利润的接班人。这正好与票号的情况相吻合，为使子孙能享受到更多的分红，掌柜即使要退休时也全力以赴地工作，为票号的长远发展着想，尽心挑选接班人并全力传授业务。故身股的存在，使人身顶股制既具有股票激励的作用，又具有优于股票激励的特点。股票激励最大的作用是，它避免了代理人的短期行为，是一种长期激励。激励的最优原则是激励方法与激励目的相匹配。股权激励使得代理人在位时，能够站在委托人的角度看待问题，但是代理人离开了企业后无法自然收回，即在股票已经失去激励作用之后，依然存在，这就引起了股权固化问题。而结合了故身股的人身顶股制，不存在这个问题。

可见，山西票号采取了一系列制度安排，使得伙计、掌柜与财东的利益具有一致性。只要大家的利益一致，每个人都会自觉尽最大的能力为组织的利益奋斗。通过对山西票号的分析，我们也可以看到“利益一致性”不仅可以通过人际关系实现，也可以通过制度安排实现。

山西票号对伙计的选拔也是非常严格的，要经过长期的观察和考验。一般学徒在一个票号工作三个账期以上，才可以顶股，所以不会轻易换号，这客观上也起到了稳定人员的作用。这也符合中国传统管理思想，在人才选拔过程中比较严格，认可了人才之后就会给予信任与授权。

第四节　管理的教化理论

管理要使人按照组织的要求去行动，在西方管理理论中，制度是影响人行为的方式。而在中国的人文管理理论中，制度相对简约，授权相对更大，在这种情况下，怎样做才能有效影响人的行为？在人文管理理论中，“教化”是管理影响人的方法。

一、德政、和谐与管理的教化理论

在中国的管理思想中，用德政进行管理，是指用简约的制度给人道德反思的空间，并应用“和”作为简约制度的补充，可以使下属按照组织的利益行事。不用制度规定人的行为，而是用教化去影响人的德行，使其自发自愿按照集体的利益决策。中国文化的一个突出特点是讲究“和谐”，而不是突出竞争。《论语》中有言“礼之用，和为贵。先王之道，斯为美”，“和”文化对于管理来说有其特别的意义。只有用德政与和谐让具体执行者进行自我监督，让其根据自己的判断做出对组织最有利的选择，才可能在不同的情境下实现最优决策。

如何实现人的德行成长与关系和谐，在简约的制度安排下也能让人自觉按照组织利益工作？这就需要发挥教化的作用。《孟子》中说“仁言，不如仁声之入人深也。善政，不如善教之得民也。善政民畏之，善教民爱之；善政得民财，善教得民心”。①“以力服人者，非心服也，力不赡也；以德服人者，中心悦而诚服也，如七十子之服孔子也。”②孟子明确提出了管理的两重内涵“政”与“教”，并且认为“教”胜于“政”。《大学》中说“所谓治国必先齐其家者，其家不可教而能教人者，无之。故君子不出家而成教于国”。③《礼记·学记》中说“古之王者建国君民，教学为先”④，“能为师然后能为长，能为长然后能为君。故师也者，所以学为君也。是故择师不可不慎也”。⑤《孙子兵法》中说“令素行以教其民，则民服；令不素行以教其民，则民不服。令素行者，与众相得也”。⑥可见，在中国传统管理思想中，教化与管理的内容高度相似，管理中有明确的教育内涵，甚至直接把管理称作“教化”。沈立通过对管理的要素及教育的要素进行分析对比，也得出了在中国传统文化中管理与教育是一体的结论。⑦在中国传统思想中，管理即教育，教育即管理。管理者不是制度的制定者与执行者，而是进行教化的引领者。从宏观管理来说，社会的管理也是从教育开始的，所有的国家都会在公办教育中提倡自身的价值观，这其实是重要的社会管理过程。从整个社会层面来看，教化是在整个社会过程中完成的。教化的分工：在家完成一部分，在学校完成一部分，在工作单位完成一部分，在社会完成一部分。

德与礼是教化的重要内容。“道之以政，齐之以刑，民免而无耻；道之以德，齐之以礼，有耻且格。”⑧如果以“政”与“刑”来教导民众只能做到在行为上“止恶”，无法影响民众的内心，如果做了坏事没有被发现，不会有羞耻

① 孟子，等. 四书五经［M］. 北京：中华书局，2009：112.
② 孟子，等. 四书五经［M］. 北京：中华书局，2009：73.
③ 孟子，等. 四书五经［M］. 北京：中华书局，2009：48.
④ 孟子，等. 四书五经［M］. 北京：中华书局，2009：379.
⑤ 孟子，等. 四书五经［M］. 北京：中华书局，2009：380.
⑥ 孙武. 十一家注孙子校理［M］. 曹操，等注，杨丙安，校理. 中华书局，2016：258
⑦ 沈立. 如何培养管理者：中国传统管理教育初探［M］. 郑州：河南人民出版社，2018：21-23.
⑧ 孟子，等. 四书五经［M］. 北京：中华书局，2009：7.

心，只会感到侥幸；而以“德”与“礼”来教导民众，会有羞耻心，不仅没有恶行，连恶心也不会有，没有恶心就不可能行恶事。“教”既是管理他人的方式，也是自我管理的方式，比如，“自诚明，谓之性；自明诚，谓之教”①，“天命之谓性，率性之谓道，修道之谓教”②。

德政管理的核心在于关注员工的内在状态，因为只有当一个人拥有健康的人格、良好的工作状态和强大的创造力时，才能真正发挥出最大的潜力。然而，许多管理者却忽视了这一点，他们简单地认为，通过奖励或惩罚，员工就会像机器一样按照自己的意愿运转。但他们忘了，人不是机器，仅靠外在的动力是无法高效运转的。人的能力发挥需要诸多条件的支持，否则，员工不仅难以按照领导的意愿行事，甚至可能连自己的意愿都无法实现。

以商贸企业胖东来为例。曾经，胖东来有几家店铺面临亏损的困境。为了卸掉员工的心理包袱，让他们能够无后顾之忧地放手一搏，于东来决定由总公司承担亏损。这一举措让员工们能够轻装上阵，最终不仅没有亏损，反而实现了盈利。试想，如果员工们没有卸掉心理负担，他们怎么可能在恐惧中实现止损甚至盈利呢？

在一定时间内，人的情绪往往会被一种主要情绪所主导，尤其是当这种情绪较为强烈时，它会占据主导地位，使其他情绪难以显现。正如前面提到的迟到教师的例子，当教师被惩罚的恐惧所控制时，很难再产生对学生的愧疚感。同理，如果员工的情绪被亏损的恐惧所占据，他们又怎么可能意气风发地勇往直前呢？

于东来曾说，如果公司有员工拿了回扣，他会觉得是公司对不起员工，因为公司没有为员工提供足够的机会，才导致他们走上了错误的道路。当员工犯错时，公司不仅要给予纠正，更要开导员工，帮助他们放下心理包袱。然而，有些管理者并不了解人性的这一特点，他们总是用惩罚来威胁下属，结果导致一些很有能力的人被吓得无法正常工作。

这种管理方式不仅无法激发员工的潜力，反而可能压抑了他们的创造力和积极性。德政管理强调的正是要从员工的内在需求出发，为他们创造一个健康、积极的工作环境，从而实现员工与组织的共同发展。

教化管理的一个重要特点是，被教化者一旦把“做人的标准”内化于心，就成了主动者，是在按照自己的意愿行动，有了自觉性与积极性，也有了情

---

① 孟子，等．四书五经［M］．北京：中华书局，2009：56.

② 孟子，等．四书五经［M］．北京：中华书局，2009：53.

绪上的愉悦感。而制度管理是让人按照制度规定行事，人往往是被动的，是在被迫遵守规则，很容易产生痛苦感。本书提出了“教化管理”这一有一定新意的概念，但教化管理在中国的管理实践中并不是新的，而是普遍存在的，只是其形式与意义没有被深刻认识，在西方制度化的管理风潮中，受到了挤压与挑战。比如，树立榜样，以身作则，这都属于教化管理。

二、修己安人与教化管理

制度管理主要是影响人的行为，而教化管理是整体影响人的认知、情感、态度、行为等。教化的方式可以有多种，包括树立学习榜样，以身示范，修己安人，等等。在组织中总是有各种会议，有时候会议其实是在发挥“课堂”的作用，在开会过程中完成人的教化。

在中国传统管理思想里，特别注重“修己安人”。如果管理者能够有效管理好自己，进行自我修为，在自己的职务上恪守职责，那么他管理的员工也能开展好自己的工作。有效的管理是在一个共同的目标下各司其职，而不是管理者对被管理者的规制与指挥。

中国传统经典《大学》中有“格物、致知、诚意、正心、修身、齐家、治国、平天下”八条目，前五条可以认为是“修己”，后三条可以认为是“安人”。关于应用八条目进行修身的更详细论述，请参见《中国人文管理学实践》第一章。

《论语》《中庸》《大学》等儒家经典中有很多关于“修己安人”的论述。

子路问君子。子曰：“修己以敬。”曰：“如斯而已乎？”曰：“修己以安人。”曰：“如斯而已乎？”曰：“修己以安百姓。修己以安百姓，尧舜其犹病诸！”[①]

子曰：“其身正，不令而行；其身不正，虽令不从。”[②]

季康子问政于孔子。孔子对曰：“政者，正也。子帅以正，孰敢不正？”[③]

季康子患盗，问于孔子。孔子对曰：“苟子之不欲，虽赏之不窃。”[④]

---

① 孟子，等．四书五经［M］．北京：中华书局，2009：33.
② 孟子，等．四书五经［M］．北京：中华书局，2009：29.
③ 孟子，等．四书五经［M］．北京：中华书局，2009：28.
④ 孟子，等．四书五经［M］．北京：中华书局，2009：28.

子曰："无为而治者，其舜也与？夫何为哉，恭己正南面而已矣。"①

子曰："苟正其身矣，于从政乎何有？不能正其身，如正人何？"②

故君子不动而敬，不言而信。《诗》曰："奏假无言，时靡有争。"是故君子不赏而民劝，不怒而民威于鈇钺。《诗》曰："不显惟德！百辟其刑之。"是故君子笃恭而天下平。《诗》云："予怀明德，不大声以色。"子曰："声色之于以化民。末也。"《诗》曰："德輶如毛"，毛犹有伦，"上天之载，无声无臭"，至矣！③

一家仁，一国兴仁；一家让，一国兴让；一人贪戾，一国作乱；其机如此。此谓一言偾事，一人定国。尧舜率天下以仁，而民从之；桀纣率天下以暴，而民从之；其所令反其所好，而民不从。是故君子有诸己而后求诸人；无诸己而后非诸人。所藏乎身不恕，而能喻诸人者，未之有也。④

当出现管理问题时，管理者首先要想到的是"我自身什么不对的地方，有什么不完善的地方"，而不是"我应该制定什么样的规定解决这个问题"。当发生管理问题时，很多领导者的第一反应是如何管理员工，如何设计制度，但很多管理问题并不是员工造成的，还有一些问题即使与员工有关，其根源也在管理者身上，这里为管理者提供了一个新的审视问题、解决问题的视角，就是从审视自我开始，先解决自身存在的问题，再考虑如何解决员工的问题。中国有句古话叫"上梁不正下梁歪"，无论是做教育还是做管理，都应该从审视自我开始。

三、教化管理的特殊价值及其与制度管理的比较

一般来说，制度管理具有整齐划一的特点，难以针对每个人制定不同的规定。因此，制度管理往往只能按照平均水平提出要求，而无法以卓越标准来要求所有人。例如，在师德方面，如果仅依靠制度来规定，就无法以张桂梅校长这样的卓越典范为标准。张桂梅校长无私地将全部心血、时间和精力投入到教育事业中，这种高度的奉献精神是制度难以要求每个人做到的。然而，如果采用教化管理的方式，就可以号召大家向张校长学习。这种方式允

① 孟子，等. 四书五经［M］. 北京：中华书局，2009：34.

② 孟子，等. 四书五经［M］. 北京：中华书局，2009：29.

③ 孟子，等. 四书五经［M］. 北京：中华书局，2009：57.

④ 孟子，等. 四书五经［M］. 北京：中华书局，2009：48.

许每个人根据自身情况选择努力的程度，最终虽然每个人的师德表现可能仍存在差异，但每个人都能在原有基础上有所提升。也就是说，教化管理能够激励每个人向卓越标准努力，其整体效果往往能超越平均水平。总体而言，制度管理通常是按照平均标准来要求人，而教化管理则是通过卓越标准来感召人。

即使制度管理提出了高于平均水平的要求，也不一定能够实现。每个人的能力都有上限，制度并不能直接提升这个上限。相比之下，以榜样为学习对象的教化管理不仅提供了卓越的学习目标，还提供了实现目标的方法——即模仿榜样。

制度管理与教化管理哪一种更有效，取决于组织的情境与目标。如果组织以效率为目标，在标准明确且单一的情境下，制度管理可能更高效。然而，在标准不明确且复杂的情况下，教化管理往往更具优势。

例如，假设组织的目标是提升成员的某方面水平。如果成员的水平普遍低于平均水平，通过制定以平均标准为参考的考核制度，可以迅速将成员的水平提升至平均标准。但如果成员的水平已经普遍高于平均标准，制度管理的效果就会大打折扣。以学校为例，如果教师的师德水平较低，工作完成情况不佳，甚至存在不当行为，此时通过制度明确规定教师的行为规范，可以快速提升教师队伍的整体师德表现。然而，如果教师的师德水平已经较高，再依靠制度管理的效果就会十分有限。因为制度禁止的行为本就不会发生，制度鼓励的行为也已经完成得很好，此时再提高要求可能就不合理了。在这种情况下，教化管理会更加有效。

如果组织的目标是人才的获得与发展，那么教化管理通常会更有效。制度管理可以用来禁止绝对不允许的行为，而教化管理则可以引导那些多多益善的行为。例如，教师性骚扰学生的行为是绝对不能容忍的，可以通过制度明确规定加以禁止。然而，教师关心学生的行为是多多益善的，没有明确的“上限”，也难以用制度来规定，因此更适合通过教化的方式来鼓励。

树立卓越榜样是教化管理的一种重要方式。领导者通过“修己安人”以身作则，实际上就是成为卓越榜样的过程。这种方式不仅能激发员工的内在动力，还能引导他们在追求卓越的道路上不断前行。

四、从经济回报看教化作为管理方式的可行性

我们没有直接检验管理中的“教化管理”对道德的影响，而是以“教育水平”作为“教化”的代理变量，分析了受教育水平与道德的关系。在教化

管理过程中，道德并不是唯一的“教化目标”，工作技能，行为规范等也都可以通过教化完成。教化相对于其他管理方式来说，是实行德政的有效管理方式，但对于道德与德政以外的管理内容，教化也可以是有效的管理方式。

教育可以提高收入水平，教育对收入的影响有一部分是以道德水平为中介的，即教育提高了道德水平，道德水平又进一步提高了收入水平。这些实证检验的结果，支持了道德作为激励要素的可行性，教化作为管理方式的可行性，德政、道德激励与教化之间形成了有机的整体。

第五节　德政与大国治理

德政的特点是不追求制度精细化，以简约的制度给予下属更大的权力，使其可以根据具体情况做出最优决策，形成一种情境理性的相机抉择。德政管理思想形成于夏商及周的春秋时期，这一时期国家的规模相对较小。在这种小规模的管理情境下，管理者能够对成员有较为充分的了解，并对授权后可能产生的结果做出更准确的预期。正是基于这样的前提，简约的制度和更多的授权才得以有效应用。到了战国时期，随着诸侯国之间的战争与兼并，国家规模越来越大，法家的治国理念被逐渐认可而流行，应用法家管理思想的秦国最后统一了其他六国，建立了统一的秦朝。可见，德政是有其适用条件与适用范围的，在任何情境下都单纯使用德政思想，不一定是最优的，尤其是在管理规模比较大，简约制度与授权的后果难以预期，风险较大时，就要谨慎应用。在这种情况下，明确的法律规则可能就有其必要性。所以，对中国这样一个大国来说，依法治国就有其重要意义。但需要说明的是，德政与法治也并非矛盾的，两者可以有机结合相互补充，发挥最好的管理效果。对中国这样人口众多的大国来说，德政有其重要意义，也有其挑战性。

一、德政可以为大国治理提供保障

对于规模比较大的国家来说，人的生活处境、生活环境、生活习惯等方面都会有较大的差别，这为人与人之间的相互理解与认同带来了障碍，文化是大家达成理解与共识的基本保障。如果大家都具有利他奉献的精神与心理，都有“人皆可以为圣贤”的人性观，不管什么样的人都能形成相互认同。德政有助于形成文化认同，形成共同的价值观，有了共同的价值观就有利于形成团结的局面，使得全国人民能够同心同德，共同为建设祖国而奋斗。

对于一个幅员辽阔、民族多样、人口众多的国家来说，不同地区不同人群会有不同的情况，很多事情如果“一刀切”，以统一的方式来管理，就难以处处适用。在这种情况下，德政的简约与授权，就可以使得不同的管理对象根据自己的情况，做出最优决策。

二、德政对大国治理的挑战

德政的制度简约与授权特征，会给执行者以比较大的相机决策权，也会形成相机决策的思维。如果有些人虽然形成了相机决策思维，但是没有形成德政领导者应有的道德自律，就可能以权谋私。这就需要适当的法律规定，相机决策只能在法律允许的范围内。法律在必要的、基础的方面进行规定，在可接受范围内，给当事人留有一定的相机决策空间。每一种管理方式都有其适用条件、适用情境及适用范围。“德政”与“法治”应该有机结合，实现多样性与统一性的协调。

第五章　情志的生产作用与激励作用

道德激励是德政管理的激励方式，在德政管理中是否还有其他激励方式？西方经济学与管理学的重要假设是理性人，但是，人不只有理性的一面，也有感性的一面。人的情志状态其实是影响工作效率的非常重要的因素。举个极端的例子，有些人因为失恋而无心工作，工作效率受到很大影响。失恋的痛苦因其强烈性，容易观察与理解，但还有很多相对隐蔽的情绪状态，也在很大程度上影响着人工作的效率和质量。人一旦情绪不好，就需要花费时间和精力去处理情绪问题，而这种需要具有一种客观性，就像饿着肚子工作，饥饿感总是要提醒你去吃饭。人像需要温饱那样，需要良好的情绪，在情绪状态不好时，不良情绪也总是要寻求解决办法。

在中国传统管理思想里，情志也具有重要意义。情志所包含的内容十分广泛，主要指感受和心理方面的体验，包括情感、情绪、情怀、态度、精神、意志、信念等。其中，包含快乐、幸福、喜悦、忧伤、愤怒、焦虑、抑郁等体验感受，乐观、自信、坚韧、豁达、兴趣等人格倾向，家国情怀、乐于助人、民族自豪感等精神态度，等等。在《礼记·乐记》中说，“哀”“乐”“喜”“怒”“敬”“爱”等，“非性也，感于物而后动”。[①]“情”侧重指情绪、情感等，是受外部刺激而形成的感受；而“志”是志意，心之所向，愿之所往，具有内发性，具有对“情”的引导性，“是故君子反情以和其志”。[②]根据现代心理学研究，情志属于非智力因素，对个体成长有非常重要的意义。（林崇德，1992；2009）

在现实生活中，包括在研究领域里，人们常用的关于“情”的词语有“情绪”“情感”“情志”等，“情”本身是人主观上的一种体验，这三个词都

① 孟子，等．四书五经［M］．北京：中华书局，2009：381.

② 孟子，等．四书五经［M］．北京：中华书局，2009：384.

是对“情”的描述，既有区别又有联系。从主观体验的稳定性来说，情绪的稳定性低于情感与情志，可能是外在因素促发产生的暂时性体验，但是，如果一个人在某种外在因素面前总是能发生某种主观体验，也反映了其人格特征。情感与情志相对于情绪来说，是更稳定、更持续的主观体验，情感是受外在因素影响或者相互影响而自然发生的体验，而情志是在自然生发的情感的基础上，有了自我意志，包含了主观意志对情感的控制。“情感”与“情志”都能反映一个人的人格特征，“情志”可能比“情感”更深刻。这是我从自己的应用习惯上对三者的区别进行的思考。但在本书的写作中，我们并没有对三者的区别进行严格区分，而是进行了混用，觉得应用哪个词更合适就用了哪个词。比如，情志管理，包含了主观意志对情感的控制，所以用了情志；情感激励，作为管理者能给予的激励，只能是外在因素对个体的情感影响，这种影响能否激发出个体主观意志而成为情志是激励者无法掌控的，所以用了“情感”。我们并不想对三者的区别做特别严格的划分，为了避免读者产生困惑，这里我们做一个简单的说明。这个说明也不一定正确，因为语言作为一种符号，本身就有局限性，是无法完全描述现实的，而运用语言的作者，对这种符号的掌握能力又是有限的。我们无法找到完美的语言，但相信读者能够透过这些不完美的语言陈述获得自己的理解。

第一节　儒家管理思想中的情志

《礼记·礼运》中说“何谓人情？喜、怒、哀、惧、爱、恶、欲，七者弗学而能”。[①] 儒家经典《大学》提出了八个条目，“格物、致知、诚意、正心、修身、齐家、治国、平天下”[②]，这八个条目是管理者成长的次第，其中包含了情志的相关内容。关于“正心”与“修身”的关系，在《大学》中有这样的论述“所谓修身在正其心者，身有所忿懥，则不得其正；有所恐惧，则不得其正；有所好乐，则不得其正；有所忧患，则不得其正”[③]，这里提到的“忿懥”“恐惧”“好恶”“忧患”都是一种情志状态，如果不能管理好自己的情志状态，就难以管理好自己的行为，无法达到人格修养的应有境界，也就不能成为好的行动者。

① 孟子，等. 四书五经［M］. 北京：中华书局，2009：346.
② 孟子，等. 四书五经［M］. 北京：中华书局，2009：47.
③ 孟子，等. 四书五经［M］. 北京：中华书局，2009：48.

儒家非常重视个体的情志修养。根据《论语》的记载，“哀公问：‘弟子孰为好学？’孔子对曰：‘有颜回者好学，不迁怒，不贰过，不幸短命死矣！今也则亡，未闻好学者也。’”①这里提及的“不迁怒”，是一种情志状态。在孔子与子路的对话中也提到了颜回，“子谓子贡曰：‘汝与回也孰愈？’对曰：‘赐也何敢望回。回也闻一以知十，赐也闻一以知二。’子曰：‘弗如也！吾与汝弗如也。’”②在《中庸》中也提到了孔子对颜回的评价“回之为人也，择乎中庸，得一善，则拳拳服膺弗失之矣”。③从这些论述中，我们可以看出颜回是孔子非常欣赏的弟子，甚至可以说是孔子最得意的弟子。一个人有多种特点，孔子以“不迁怒”来形容最“好学”的学生，说明其看重这种特质。可见，儒家评价个体的道德修养时，十分看重情志管理能力。

儒家经典《大学》中说“知止而后有定，定而后能静，静而后能安，安而后能虑，虑而后能得”④，其中的“定”“静”“安”“虑”都与情志有或多或少的联系。儒家经典《中庸》开篇说“天命之谓性，率性之谓道，修道之谓教。……喜怒哀乐之未发，谓之中；发而皆中节，谓之和；中也者，天下之大本也；和也者，天下之达道也。致中和，天地位焉，万物育焉”⑤，其中的“喜怒哀乐”也都属于情志范畴。《论语》开篇说道“学而实习之，不亦悦乎；有朋自远方来不亦乐乎；人不知而不愠，不亦君子乎”⑥，其中的“悦”“乐”“不愠”都是情志状态。对于这三句话的认识，大家往往着眼于前半句，而忽视了后半句中关于情志的内容。我们反过来思考，如果个体不能获得“悦”“乐”与“不愠”，就难以说有好的人格修养。可见，拥有“中”“和”“安”“定”“悦”“乐”等正面情绪状态，没有“忿懥”“恐惧”“忧患”“愠”等负面情绪状态，是儒家人格修养的重要内容。在儒家经典中，提到的与情绪相关的词有“惑”“忧”“惧”“悔”“怒”“愠”“怨”“恐”“尤”“哀”“伤”“忿懥”“忧患”“恶”“羞耻”“爱”“好乐”“悦”“安”“乐”等。

“喜怒哀乐”都是情绪，而“中”与“和”是评价情志状态的标准，是很高的修身境界。对于“喜怒哀乐之未发”，不同的人有不同的解释，有人认为心中的喜怒哀乐没有表达出来是“中”，有人认为没有产生喜怒哀乐的情绪是

① 孟子，等. 四书五经［M］. 北京：中华书局，2009：15.
② 孟子，等. 四书五经［M］. 北京：中华书局，2009：13.
③ 孟子，等. 四书五经［M］. 北京：中华书局，2009：53.
④ 孟子，等. 四书五经［M］. 北京：中华书局，2009：47.
⑤ 孟子，等. 四书五经［M］. 北京：中华书局，2009：53.
⑥ 孟子，等. 四书五经［M］. 北京：中华书局，2009：5.

“中”。我个人不同意前一种看法，比如，产生了对别人的不满情绪，却装作没有产生，恐怕是不满足儒家“诚”的标准的。以我个人的体验，我倾向于后一种说法，认为“喜怒哀乐之未发”是一种“不以物喜，不以己悲”的情绪状态，不受外界纷扰的影响。“和”是产生了喜怒哀乐的情绪以后，能够用正确的方式调节。古代琴棋书画、诗词歌赋等修身养性的方法，其作用之一就是稳定和调节情绪。

这里总结了一些儒家传统经典中与情志相关的内容，可以感受一下儒家对情志修养的重视。

○ 仁者不忧，智者不惑，勇者无惧。①

○ 君子不忧不惧。②

○ 饭蔬食饮水，乐亦在其中。③

○ 人不堪其忧，回也不改其乐。④

○ 言寡尤，行寡悔，禄在其中矣。⑤

○ 四十而不惑。⑥

○ 不念旧恶，怨是用稀。⑦

○ 求仁而得仁，又何怨。⑧

○ 关雎，乐而不淫，哀而不伤。⑨

《中庸》中说“君子素其位而行，不愿乎其外。素富贵，行乎富贵；素贫贱，行乎贫贱；素夷狄，行乎夷狄；素患难，行乎患难；君子无入而不自得焉。在上位不陵下，在下位不援上，正己而不求于人则无怨。上不怨天，下不尤人。故君子居易以俟命，小人行险以侥幸”。⑩

① 孟子，等. 四书五经［M］. 北京：中华书局，2009：32.
② 孟子，等. 四书五经［M］. 北京：中华书局，2009：27.
③ 孟子，等. 四书五经［M］. 北京：中华书局，2009：17.
④ 孟子，等. 四书五经［M］. 北京：中华书局，2009：15.
⑤ 孟子，等. 四书五经［M］. 北京：中华书局，2009：7.
⑥ 孟子，等. 四书五经［M］. 北京：中华书局，2009：7.
⑦ 孟子，等. 四书五经［M］. 北京：中华书局，2009：14.
⑧ 孟子，等. 四书五经［M］. 北京：中华书局，2009：17.
⑨ 孟子，等. 四书五经［M］. 北京：中华书局，2009：10.
⑩ 孟子，等. 四书五经［M］. 北京：中华书局，2009：54.

第二节　情志的价值

一、情志对道德的影响

儒家经典《礼记·乐记》中说“夫民有血气心知之性，而无哀乐喜怒之常，应感起物而动，然后心术形焉”。[①]“心中斯须不和不乐，而鄙诈之心入之矣”[②]，可见，情志能够影响道德修养，甚至情志状态就是道德修养的一部分。在现实生活中，我们也能感受到，一个心情好的人更容易善意地对待他人，一个心情不好的人往往容易怨天尤人，甚至故意伤害他人。

二、情志是“知”“行”实现合一的桥梁

在管理领域中，管理者希望员工能做到“知行合一”，但现实中，我们经常能观察到这样的现象：员工知道上级希望自己如何去做，但就是不按上级的要求去做。发生这种“知行不一”情况的原因，可以从中国传统管理思想中得到一定的启示。“格物、致知、诚意、正心、修身、齐家、治国、平天下”可以看作管理的一个过程，“格物、致知”可以理解为在理性上知道应该怎么做，指向“知”；“修身、齐家、治国、平天下”可以理解为实际行为，指向“行”；“诚意，正心”可以理解为情感上的共鸣，指向“情”与“意”。只有“知道应该怎么做”，并在情感上“乐于去做”，才能“按照好的标准去做”，否则就可能产生“知行不一”“言行不一”等情况。因此，想让下属做到“知行合一”，就应该在“知”与“行”之间架设起“情”与“意”的桥梁，让其在行动过程中产生情感共鸣，产生积极的情志体验，只有这样，才能具有行动的自觉性和持续性。

---

① 孟子，等．四书五经［M］．北京：中华书局，2009：383.

② 孟子，等．四书五经［M］．北京：中华书局，2009：387.

三、情志管理能力是幸福的基础

人时刻处于某种情志中，情志也时刻对人产生着影响。对很多人来说，“幸福”“快乐”都是值得向往的情绪体验。在部分人的思维方式里，习惯通过“间接”的方式获得幸福，比如，取得了好成绩，工资上涨，职位提升，被别人认可，等等，这些都可以认为是幸福的“外在条件”，而所有的外在条件，都需要通过内在的自我转化为情志体验。如果只是努力改变“外在条件”，而不去完善和转化这些“外在条件”的“内在自我”，其效果终究是有限的。可以说，善于调节情绪是获得幸福快乐最直接的方式。甚至可以说，幸福与快乐是可以没有任何外在条件的，对于有强大自我情绪管理能力的人，即使外在条件很差，也不会让其情志受到不良影响。《论语》中说“饭蔬食饮水，乐亦在其中，不义而富且贵，于我如浮云”[①]，“贤哉回也！一箪食，一瓢饮，在陋巷，人不堪其忧，回也不改其乐，贤哉回也”[②]，说明了良好的人格修养及情志管理能力能超越外在条件，帮助个体获得积极的情志体验。反之，如果缺乏必要的情志管理能力，外在条件再好，也很难体验到幸福。对个人来说，因为情志是天生所具有的，时时刻刻对人产生影响，而外在条件是随时可能发生变化的，所谓“天有不测风云”，因此，从外在条件上追求幸福有很多不确定性，从情志管理能力方面追求幸福相对可控。另外，通过改进外在条件获得幸福，可能使幸福发生异化，因为人的欲望是可以无限增长的，所谓欲壑难填。当然，我们并不排斥靠自己的努力创造美好生活，并为社会作出贡献，但是如果欲望过度膨胀，则可能产生焦虑、烦躁等不良情绪，不但不能为自己创造美好生活，也可能降低学习、工作的效率，甚至可能危害他人和社会。

从中医的角度来看，情绪也是影响健康的重要因素。致病因素从大的方向上看，有内伤，有外感。外感六淫，是指风、寒、暑、湿、燥、火，是六种使人致病的外感病邪的统称。内伤七情，是指喜、怒、忧、思、悲、恐、惊七种情志变化。七情会影响人的健康，比如，怒伤肝，恐伤肾，忧伤肺，思伤脾，喜伤心[③]，现代医学也发现一些疾病与负面情绪密切相关。情绪影响

---

① 孟子，等．四书五经［M］．北京：中华书局，2009：17.

② 孟子，等．四书五经［M］．北京：中华书局，2009：15.

③ 黄帝内经素问［M］．任廷革，点校．北京：人民军医出版社，2005：14–15.

健康，健康是影响幸福感的重要因素，可见，情绪还可以通过健康这个变量影响人的幸福感。

从社会层面来说，“心中斯须不和不乐，而鄙诈之心入之矣”[①]，情绪调节不好，可能成为罪恶的来源。比如，愤怒调节不好小则引起人与人的矛盾，大则引起群体与群体的矛盾，甚至国家与国家的矛盾；忌妒的情绪调节不好，可能成为偷盗、陷害等行为的来源。行为的产生都是伴随着一定情志的，良好的情志可能产生良好的行为，反之亦然。和谐社会的建设，归根结底需要社会中生活的人内心的和谐，而内心和谐的重要方面就是情志的和谐。

中国社会发展取得了举世瞩目的成绩，但对于很多人来说，并不是生活富裕了，心情就快乐了。无论是从个人幸福角度，还是从社会治理角度、组织管理角度来看，情志的培养与管理都是非常关键的。

四、情志是一种生产要素

情志状态与生产效率之间存在着极为密切的联系。当一个人情志状态良好时，往往能展现出更高的创造力和工作效率。相反，情绪不佳的人不仅难以高效完成自己的工作，还可能对周围的同事产生负面的影响。例如，那些爱发脾气、爱生闷气或习惯性悲观的人，都可能在无形中拉低团队的整体工作绩效。一个人在开心的状态下所迸发出的创造力，是处于悲戚或愤恨情绪时所无法比拟的。创造性并非单纯通过量变就能积累出质变，创造者的内在状态同样至关重要。

我自己就经历过从情绪一般到情绪平稳且快乐的转变。在这个过程中，我深刻体会到两种不同情绪状态下工作效率的巨大差异。当情绪状态良好时，我能心无旁骛地投入工作，其效率可能是情绪一般时的数倍甚至数十倍。对于一些需要创造力的工作，再多的情绪一般状态下的努力，也难以累积出情绪良好状态下所能取得的成果。而且，情绪状态好时，工作往往不会让人感到疲惫，尤其是从事自己感兴趣的工作时，甚至会让人沉浸其中，不舍得停下，直到该睡觉时还意犹未尽，满心期待第二天一早继续投入其中。第二天早晨醒来，也毫无赖床之意，反而迫不及待地想要起身投入到工作中。

情绪作为生产力的一个维度，与脑力、体力具有同样重要的作用。《孙子兵法》中提到“主不可以怒而兴师，将不可以愠而致战；合于利而动，不

① 孟子，等. 四书五经［M］. 北京：中华书局，2009：387.

合于利而止。怒可以复喜，愠可以复悦，亡国不可以复存，死者不可以复生。故明君慎之，良将警之，此安国全军之道也”[①]，强调了作为管理者保持良好情绪的重要性，“故三军可夺气，将军可夺心。是故朝气锐，昼气惰，暮气归。故善用兵者，避其锐气，击其惰归，此治气者也。以治待乱，以静待哗，此治心者也。以近待远，以佚待劳，以饱待饥，此治力者也。无邀正正之旗，无击堂堂之阵，此治变者也”[②]也可以反映情志对战争胜利的影响。在管理领域里，情志具有同样重要的作用。同样的人，情志状态不同，所能发挥出的能力就不同。

我刚开始学篆书时，由于控笔能力比较差，笔画比较多的字就难写进格子里，在写一首诗时，有一个字笔画特别多，所以每次快写到这个字时，我都会有点儿紧张，怕自己写不好。第一次写完整首诗后，我发现自己漏写了这个复杂字的前一个字，并以为这是一次偶然。后面再写，结果连续三次漏写了同一个字，连续三次就不是偶然了。每次快要写到那个复杂字时，我就紧张，一紧张就会出错。我刚开始学书法时，临摹一篇字帖花了整整一周时间，终于完成了第一遍。到了落款时，我发现没有现成的字帖可以参考。于是，我小心翼翼地决定用繁体字落款，生怕写成简体字。然而，我在落款中却把“帖”字写成了“貼”。事后我反思，这种错误可能源于我内心的过度担心。因为害怕把繁体字写成简体字，而“帖”和“貼”又恰好有繁简之别，我在潜意识里过于关注“繁体”这一要求，反而适得其反，最终还是犯了错。如果我没有这种担心，或许根本不会犯这么明显的错误。

这件事让我联想到管理领域。管理者不能简单地把员工当作劳动工具，假设他们能够完全按照任务要求完成工作。相反，管理者应该深刻洞察人性，了解员工的情感、心理、思想，以及那些不由自主的倾向，并帮助他们克服自身的弱点。然而，现实中很多管理者却恰恰相反，他们习惯用恐吓的方式进行管理，一旦员工无法达到要求，就会受到惩罚。这种被惩罚的恐惧感，往往会极大地限制员工的能力发挥，阻碍他们的成长和创造力。

从自我修养的角度来看，个体应该掌握管理自身情绪的方法。从管理的角度来看，管理者应该多考虑员工的情绪反应，不能仅看事务的完成情况，也要看其对人员情绪的影响，对人心的影响。

---

① 孙武．十一家注孙子校理［M］．曹操，等注；杨丙安，校理．中华书局，2016：354-356．

② 孙武．十一家注孙子校理［M］．曹操，等注；杨丙安，校理．中华书局，2016：86-191．

第三节　情感激励

感动是基于一种外在刺激，在内心形成的一种积极感受。当被感动的体验多了，就会形成一种持续的情感，即使在不存在刺激时，情感也依然会发挥作用。比如，滴水之恩当涌泉相报，其实就可以理解为因一次感动所产生的持续情感效果。恩动于心，情涌如泉。

情感关怀可以影响人的情感、思想、行动等，因此可以成为激励方法。作为激励方法的情感关怀具有以下特点。

一、情感激励的特点

1. 情感激励的有效性

有作用力就一定会有反作用力，一个人内心一旦产生某种情感就像产生了一个作用力，就一定会有一个反作用力来回应。积极的情感必然有积极的回应，消极的情感必然有消极的回应。这种回应的必然性，使得情感激励成为可能。人性的特点是，几乎所有情感都要以一定的方式来表达。对于员工来说，如果有不满的情绪，很可能会以某种方式发泄自己的不满。如果产生了感激等积极情感，也基本上会以努力工作等方式来表达。这种表达，并不只是为了回报他人，也是自身的情感需要。《孟子》中说“君子视臣如手足，则臣视君如腹心；君子视臣如犬马，则臣视君如国人；君子视臣如土芥，则臣视君如寇仇”。[①]

情感关怀没有固定的模式，而是以被关怀对象的需要为准。如果一个人需要安慰，那么安慰就是关怀；如果一个人想独自静一静，那么创造一个独处的空间就是关怀。情感关怀通过满足人的情感需要达到激励目的。每个人都会有一定的情感需要，当组织能够满足这种情感需要时，就相当于为员工提供了有价值的回报，自然会有其激励效果。

---

① 孟子，等．四书五经［M］．北京：中华书局，2009：91.

2. 情感激励的外溢性

当组织关怀一位员工时，不仅会影响这个被关怀的员工，也可能影响到其他人，其他人会相信自己在相似的情境下也会得到同样的关怀。将物质奖励给了一个人，其他人就无法获得了。但情感关怀却可以通过移情的作用，使其他人也获得感动，这就是外溢性。比如，一个员工生病了，组织关心员工，也会让其他健康的员工感觉温暖，激发他们的工作积极性。反之，当一个组织对不起一个员工，其损失也不只发生在这一个员工身上。裁员往往会给一个组织的士气带来很大打击，因为那些留下的员工，难免会感到兔死狐悲。

1981 年，Lazear 和 Rosen 观察发现一些职务晋升伴随着工资的跳跃性增长，用人力资本理论等难以解释，于是提出了锦标赛理论，该理论认为职务晋升所带来的工资跳跃性增长具有激励作用。比如，有 10 个副总经理都在为获得一个总经理的职务而努力工作，总经理与副总经理之间的工资差距越大，这种激励作用就越强。从锦标赛理论来看，发给某个人的工资，也可能通过一定的制度安排对其他人起到激励作用。

3. 情感激励的多元主体性

在组织文化较好的情况下，同事之间也会相互关心。这种同事之间的相互关心，可能也会增加对组织的好感与心理归属感。如果是物质激励，则只能由公司来提供。但情感激励，组织中的每一个人都可能是激励主体。

4. 情感激励的持续性

对于物质激励来说，激励消失后，其激励作用也会很快消失。情感激励却可能以回忆的方式，重新被唤起，发挥持续激励的作用。

5. 情感激励的双向性

对于付出者来说，付出情感可能并没有“损失”，在付出的过程中，也可能获得情感的回报。物质激励一般是“零和博弈”，有人得到就有人失去，而情感激励可能是“双赢”，没有人受损失，大家都是获得者。比如，一般都是父母关心自己的孩子，但在这个过程中，得到情感满足的不仅是孩子，父母可能比孩子获得了更多的幸福感。

6. 情感激励的经济性

情感激励是付出爱心，从经济角度来看，这种付出可以是“无偿”的。当然，有时候为了表达关怀，也要付出一定的经济成本，但也有很多情感的付出是不需要经济成本的，所以，情感关怀作为激励方法，具有低成本的经济性。

7. 情感激励的主动性

情感激励作为一种“软”激励，不能给人提出明确的硬性要求，而要靠接受情感关怀的人自己体验。情感激励发挥作用至少需要两个环节，一是情感关怀使员工产生积极情感体验，二是员工的积极情感体验转化为工作动力，这个过程靠员工自己完成，具有自我激励性、主动性的特点。

二、情感激励的效果

在《海底捞你学不会》这本书中，有这样一个案例。

“我是来自云南的一位阿姨，40 多岁的我经历了婚变、背叛和诸多人间沧桑。半年前，单身的我经亲戚介绍来到海底捞，女儿则留在老家读初中，在亲戚家寄宿（因为我没家了）。我在海底捞北京四店工作，我是做保洁的。我在这里感到了久违的温暖，同事之间很客气，都管我叫‘阿姨’或‘大姐’……我特别感激大堂经理谢张华，我曾在她担任领班的那组担任保洁，她就像对待自己母亲那样对待我。她知道我舍不得电话费，就经常给我女儿打电话，叮嘱她努力学习，争取考大学。女儿每次来电话也都提起她。……最难忘的是那天早上，我正在 3 楼拖地，同事们突然唱起了生日歌，接着谢张华端着果盘出现了，我当时就哭了。谢张华抱着我，祝我生日快乐，还管我叫‘妈妈’……我现在快 50 岁了，我总在想怎么报答海底捞。在我有生之年，我要每天拼命端锅、扫地、拖地……只要我能干动的我都干，我没有半点怨言，因为这是我的第二个家。”①

在这个案例里，我们可以感受到情感激励的作用，员工说“在我有生之年，我要每天拼命”工作，这是自我激励，“有生之年”反映了其持续性，同

① 黄铁鹰．海底捞你学不会［M］．北京：中信出版社，2015：24–25.

事的关怀反映了其多元主体性，同事间的相互关怀产生双向性，对参与其中及了解情况的其他同事可能具有外溢性，不需要额外付出物质激励成本体现了其经济性，激励作用的产生体现了其有效性。

多元主体的情感激励，也可以把员工的本有情感与组织连接起来，起到激励效果。比如，海底捞给优秀员工的父母发补助，奖励优秀员工父母旅游，有很多员工，为了能给自己的父母争取一次旅游机会，而加倍努力工作。

管理是一门对人性与人心有着极细微把握的艺术。管理者往往需要在瞬间捕捉到员工的期待、恐惧等情绪，并给予恰当的回应。这种回应有时能起到关键的激励作用。毕竟，管理的核心对象是人，而人是有情感的。情志状态对工作状态有着深远的影响。因此，管理者不能仅仅关注事务性的工作，而忽略了对人的基本关怀。

在写作这本书的过程中，我曾经历过一段特殊的时期。如果当天时间充裕，我会安排三个时段来写作：早起至上午、下午和晚上，每个时段都安排一些写作任务。然而，写作并非想写就能写，它需要一种特定的状态，只有状态良好时，文字才能顺畅流淌。而这种状态往往是随机的，难以提前预测。

起初，我会让电脑一直处于待机状态，以便随时开始写作。但当状态不佳、不知从何写起时，我就会陷入焦虑。电脑处于待机状态，仿佛在等待我去工作，而我却毫无头绪，这种焦虑感让我越发难以进入状态。后来，我改变了策略。上午写作结束后，我会郑重地关掉电脑并收起来。下午如果想写，就再开机；如果不想写，就不勉强自己。这样一来，我心里不再有“电脑等着我去工作”的压力，反而能保持良好的状态。下午的写作也因此变得更加顺畅。完成下午的写作后，我再次郑重地关机收起电脑，这样到了晚上，我又能保持良好的状态继续写作。

连自己给自己安排工作都如此微妙，更不用说管理他人了。

三、情感激励的要点

1. 成为自己人

有一个组织在对员工进行绩效考核结果反馈时，领导首先情感饱满而真挚地对员工说“你做得太好了！你得了 95 分，你能说说你是怎么做到的吗？”，员工的情绪也马上高涨起来，动情地讲述自己是如何努力认真完成工作的。然后，领导又问“对于没有得到的那 5 分，你有什么想法？”，员工也会真诚地对自己的工作进行反省。最后，这位领导说“管理首先是管人，而管人首先是赢得人的情感，你要让人觉得你是自己人”。

2. 出于真诚

要如何看待作为管理工具的情感关怀与发自内心的情感关怀？我们认为，情感关怀虽然可以作为激励工具，但只有真诚能发挥作用。也就是说，管理者不要觉得自己是在进行管理，而是在发自内心地关心员工，这还是需要从修为自身的德行开始。虚伪可能在某些时候骗过所有人，可能在某些时候骗过某些人，但虚伪不能在所有时候骗过所有人。唯有真诚才能打动人心。正所谓人无完人，每个人都对别人能力上的不完美有容忍的能力，但对一个人的品格缺陷往往缺乏容忍力。对一个组织也是一样，如果组织不能真诚地对待员工，也不会得到员工的真诚。如果感情不是真的，其激励的效果也不会是真的。

3. 与物质激励相辅相成

情感激励与物质激励之间是相辅相成的，如果在物质上亏欠了员工，员工自然会产生不满心理，这种不满心理一旦产生，多少情感关怀可能也难以弥补。组织如果在物质上没有亏欠员工，又能给予适当的情感关怀，就能如虎添翼。

四、情感激励与道德激励的关系

“格物、致知、诚意、正心、修身、齐家、治国、平天下”八条目，是修身过程，是道德成长过程，蕴含了道德激励需要遵循的规律。其中的“诚意正心”与情绪密切相关，可以认为情感激励是道德激励的组成部分，也可以独立发挥激励作用。在进行情感激励的同时，如果还能进行道德引领，就可以发挥更好的激励效果。以共同崇尚的“道义”凝聚起来的情感，才具有稳定性。

第四节　情志培养与情志管理

在管理学领域，与本书所提到的“情志”密切相关的一个概念是“情绪智力”。情绪智力是指察觉并管理情绪线索和信息的能力，一般包含五个维度：自我意识，指认识自身情绪的能力；自我管理，指管理自身情绪和冲动的能力；自我激励，指直面挫折和失败并坚持不懈的能力；感同身受，指察觉他人情绪的能力；社会技能，指处理他人情绪的能力。研究表明，情绪智力与工作绩效存在相关关系，对于组织的基层、中层、高层岗位都是如此。[①]“情绪智力”涉及的范畴小于我们所说的“情志”，但可以肯定的是，无论是个体进行的自我情志管理，还是组织对其员工进行的情志管理，都关乎组织绩效，关乎组织目标的达成。情志培养与情志管理对组织具有积极意义。

一、中华传统文化中情志培养方法

在中国传统思想中，道德与情志之间具有密切联系，《论语》中说“知者不惑，仁者不忧，勇者不惧”[②]，“知者乐，仁者寿”[③]，“君子不忧不惧”[④]，“不仁者不可以久处约，不可以长处乐”[⑤]，可见，在儒家的理念中，良好的道德可以形成良好的情志，用我们现代语言来说，道德水平高更容易获得快乐的情绪体验。“在儒家看来，人天生具有一种向上生长发展的力量，如果听从良心本心的指挥，按照良心本心的要求去做，内心就会感到巨大的愉悦。”（杨泽波，2003）[⑥]通过前文的分析，我们可以看到，情志培养实际上是道德培养的重要环节，而道德培养也是情志培养的重要方法，情志培养不应该孤立完成，而应该放置道德培养的过程中，使两者相辅相成、相互促进。儒家的情志教育与道德教育是相辅相成的，在道德教育过程中，通过完善人格修养，形成一套思维模式与行为模式，这种思维模式和行为模式具有对情志的积极调节作用。甚至可以认为，人格修养是“内核”，情志状态是“表现”，其最终目标是培养仁爱的君子，通过“仁者不忧”的逻辑，实现良好的情志状态。

《中庸》中说“喜怒哀乐之未发谓之中，发而皆中节谓之和”[⑦]，这里其实提到了两个情绪管理方法，一个是“未发”，另一个是“发而皆中节”。“未发”

---

① 罗宾斯，库尔特．管理学：第11版［M］．李原，孙健敏，黄小勇，译；孙健敏，校．北京：中国人民大学出版社，2012：382.

② 孟子，等．四书五经［M］．北京：中华书局，2009：22.

③ 孟子，等．四书五经［M］．北京：中华书局，2009：16.

④ 孟子，等．四书五经［M］．北京：中华书局，2009：27.

⑤ 孟子，等．四书五经［M］．北京：中华书局，2009：11.

⑥ 杨泽波．牟宗三道德自律学说的困难及其出路［J］．中国社会科学，2003（4）.

⑦ 孟子，等．四书五经［M］．北京：中华书局，2009：53.

大约是一种“不以物喜，不以己悲”的状态，如果一个人能够达到《大学》中所说的“定”“静”“安”的状态，情绪就可能不受外界因素影响，这就是一种“预防”状态。“发而皆中节”是产生了情绪，而这种情绪的宣发是恰当的，不会对人造成伤害。

二、情志管理的方法及其差异比较

在心理学等领域，虽然存在许多针对情绪调节的方法，但大部分技巧都集中在如何平复不良情绪上，往往是不良情绪已经出现后才采取措施，这无法从根本上解决问题。即便有些方法涉及个体认识水平的提升，也多是针对某一方面的问题，缺乏全面性。

相比之下，中国传统教育方法则侧重于通过道德人格的培养来预防负面情绪的产生。这种方法不仅全面，而且具有事前预防性。技能技巧固然能在短时间内快速解决眼前问题，但道德人格的提升更具根本性，能够从源头上遏制负面情绪的发生。

《礼记·学记》中有言“禁于未发之谓豫……发然后禁，则捍格而不胜”①，对于情志培养，应该注重预防负面情绪的产生而不能寄希望于负面情绪产生以后应用某些技巧去调节。从难度上看，人格培养是一个长期的过程，其对情绪感受的影响具有迂回性，但人格修养一旦形成，就可以长期发挥作用，具有稳定性。情绪干预可以直接指向不良情绪，具有直接性的特点，容易在短期内发挥作用，但其长期效果比较有限。

现代管理学里有一个概念叫“情绪劳动”或“情感劳动”，与本书所讲的“情志”是不同的视角。情绪劳动是完成一项工作所要付出的情感，如微笑、关怀等，是从他人角度来认识劳动者的付出。本书所指的情志更多的是从劳动者自我感受的角度来认识，是自我情感的舒适性，而不是为他人的舒适性付出情感。即便把情感关怀作为激励方法，也是帮助被激励者达到情感的舒适性，而不是要求被激励者付出情感。这种差异背后的深层原因在于西方管理学看待人的方式是“工具化”的，人是追求效率的工具，人的情感也是工具的一部分。在中国传统管理思想里，人本身才是管理的目标，人的道德成长与情感舒适是核心追求，效率是其自然结果。

① 孟子，等. 四书五经［M］. 北京：中华书局，2009：379.

三、组织进行情绪管理的扩展方法

在组织中，可以有意识地安排一些旨在调节员工情绪的活动。这些活动或许看似与组织的生产任务关联不大，但它们却能通过帮助员工维持良好的情绪状态，为组织带来积极的影响。

在中国的许多组织里，人们常常通过举办富有娱乐性的活动来活跃氛围，增强成员之间的凝聚力。比如，有的单位会举办书画展览或诗歌比赛，邀请员工们展示自己的才华；还有的单位会组织篮球、排球、乒乓球等体育活动，让员工在运动中释放压力、享受快乐。这些活动不仅丰富了员工的业余生活，也在潜移默化中调节了他们的情绪。

当员工自身的兴趣爱好在组织活动中得到认可时，这种情感上的激励会进一步激发他们的积极性。他们甚至会将对兴趣爱好的热爱，转化为对组织的深厚情感。这种情感的“嫁接”，不仅能增强员工的归属感，还能让组织在无形中凝聚起更强大的向心力。

第六章　管理目标与管理评价标准

效率是西方管理学的管理目标，所有的管理都围绕着提高效率和收益展开。西方的管理方式也很少考虑员工的其他需求，以考虑经济需求和经济激励为主。本章我们将讨论效率目标的局限性，并讨论中国传统管理思想中的管理目标，以及在该目标下，管理的评价标准。在中国传统管理思想中，管理的终极目标是使人成为圣贤，但圣贤的标准难以达到，在现实中往往要用过程性目标来取代，我们以“人才的获得与培养”指代，这里的培养包含了至少两个方面的内容，即“德”与“才”，而其中“德”是根本。中国传统管理思想以人才的获得与发展作为目标，以人才“心悦诚服，人尽其才”为管理的评价标准，每个人自愿自觉地尽自己最大努力工作。

第一节　效率目标的局限性及整体思维下的管理目标

一、效率目标的局限性

1. 个体目标、社会目标与组织目标

个体目标是从个体角度来刻画人生的终极目标。社会目标是从群体角度来刻画社会的终极目标。在西方管理学中，一般来说，效率最大化是一个基本的组织管理目标。那么，我们需要思考的一个问题是，社会目标与人生目标是效率最大化吗？效率最大化与社会终极目标、人生终极目标的关系是什么？人生的终极目标与社会的终极目标是什么，不同的人会有不同的认识，我们也很难给出标准答案。我们可以从两个角度来思考这个问题。一是评估

现有管理理论中关于管理目标的认识，是否具有终极意义；二是在管理领域里可以追求哪些目标，在这些目标中哪些更具有终极意义。

当被问及人生的目标是积累财富还是幸福快乐时，很多人会认为幸福快乐是比财富更终极的目标。也就是说，效率并非人生的终极目标。追求效率，创造社会财富，是实现社会发展的一个基础，但并不是社会发展的最终目标。以提高效率作为管理的目标，实际上割裂了管理目标与社会目标，其背后有这样一种内涵，即在管理领域追求效率最大化，创造了最大的效益以后，再以这些效益为基础去实现社会目标的最大化。从统筹管理的角度来看，先追求局部最优，再谋求整体最优的方法，所得的优化结果，不如直接追求整体最优。因为在前一种情况下，局部最优会成为全局最优的限制条件，缩小了可供选择的范围。在第二种情况下，保持了更多种选择，其结果至少不比第一种情况差，可以说，如果社会的最终目标不是追求效率，那么在管理过程中单纯以追求效率为目标，就可能存在社会效率损失。在经济领域对效率的过度追求可能产生负面影响，甚至破坏社会整体效率。以上分析建立在目标一致的假设基础上，如果目标不一致，就要另当别论。比如，资本与劳动的目标不一致，资本以财富积累为目标，那么追求效率对资本来说可能是一个最优目标，因为效率越高，获利越多，但这个目标并没有考虑劳动者的需要，对劳动者可能并非最优的，对整个社会也不是最优的。

2. 整体思维与分析思维

按照西方经济学理论，经济组织以追求利润最大化为目标。这样的管理目标割裂了经济目标与社会整体目标，割裂了个体的财富目标与幸福目标。在经济领域的效率最大化目标，可以认为是一种分析思维下的目标，没有看到社会这一整体，而只是割裂地看经济领域这个局部。对于个体来说，应该看人生这个整体；对于人类来说，应该看社会这个整体。

二、整体思维下的管理目标

在整体思维下来认识管理的目标，首先我们需要知道社会和人生的终极目标是什么。管理目标能否直接指向终极目标，哪些终极目标可以被管理目标直接指向，哪些不能，如果不能直接指向，哪些管理目标可能作为中介目标，间接指向终极目标。

成中英从中国的管理思想角度，提出了管理的四维目标：安、和、乐、利。

安：就是安稳；使企业和团体员工安定平稳，持续发展，达到“安无倾”的境界。

和：就是在变动中求得和谐，使大家沟通融合，内外协调，上下一致，和气才能生财。

乐：使大家喜气洋洋、精神焕发，智慧才干得到充分的发挥。

利：通过理性的观念去追求效益，包括经济效益和社会效益，“君子爱财，取之有道”。①

“安”“和”“乐”“利”的管理目标，融合了对中国管理哲学的洞见，既指向了组织的状态，也指向了人的状态；既考虑了利益需求，也考虑了人的精神需求。从这个意义上看，也可以说，中国传统思想中的管理目标以人为核心，并不仅仅是事务的达成和效率的实现。在中国传统管理思想里，以人才的获得与发展作为管理的目标，效率是人才获得与发展的自然结果。所有的效率产出归根结底都离不开人的力量，努力获得人才，发展人才，虽然不以效率为目标，但同样可以实现效率最大化。

在经济学里，有一种思想认为如果组织不追求成本最低化的效率目标，就会因价格竞争而被淘汰。在互联网经济下，我们再来看这个假设，可以有更深刻的认识。并不是最低的价格能够获得市场，因为大多数产品都不是完全同质的，能否获得市场销量，除了价格因素，还有很多其他因素也在发挥着重要的作用，如流量。整体观思维下的管理目标，应该超越经济领域，在更广阔的背景下思考管理目标。员工的目标是多元化的，组织如果不考虑员工的其他需求，仅考虑经济需求和经济激励，组织目标与员工目标必然是不一致的，如果能考虑员工的其他需求，使组织与员工的个人目标一致，则有可能发挥更好的激励效果。当然，组织也要为此付出成本，只要收益大于成本，从效率角度看也是值得的。

第二节　以“人”为目标的人心管理

中国有句古话叫“用兵之道，存乎一心”，对于赢得人心来说，真诚可能

① 成中英. C理论：中国管理哲学［M］. 北京：中国人民大学出版社，2017：116，174-175.

是最好的智慧。

一、以“人”为目标的管理

儒家经典《大学》中说“是故君子先慎乎德。有德此有人，有人此有土，有土此有财，有财此有用。德者本也，财者末也。外本内末，争民施夺。是故财聚则民散，财散则民聚”。[①] 这里提到了“德”“人”“土”“财”“用”，西方的效率目标主要体现在物质财富上，对应这里的“财”，从这段论述可以看出，在中国传统思想里“土”的重要性大于“财”，“人”的重要性大于“土”，“德”虽然是根本，但“德”主要是针对自身的，从外在来看，最根本的就是“人”。《尚书·大禹谟》讲：“德惟善政，政在养民。”[②] 所以，儒家管理思想，从内在来看是修为自身的德行，在外在上是以人才获得与发展为目标，并不以“财”为目标，不但不以“财”为目标，即使获得“财”，也是为了“用”，如果不能正确使用“财”，其本身就失去了价值。“财”是“用”的前提，“土”是“财”的前提，而“人”是“土”的前提，有了“人”自然也就有了“土”“财”与“用”。四者之间的关系，并不是简单的并列关系，而是因果关系，“人”是其中的根本。我们把这种以“人”本身为目标的管理，称作“人文管理”。

在管理学领域，常常提到“人本管理”这一概念。虽然它强调重视人，但其核心目标依然是实现效率最大化，而“以人为本”的管理方法，也仅仅是达成效率目标的一种手段。然而，在“人文管理”中，管理的目标并非“通过尊重人来促进其为组织做出最大贡献”，而是“帮助人实现其潜能，以体现对人的尊重”。如果管理仍然将人视为实现组织目标的工具，如果管理的本质是发挥人的工具性价值，那么这种管理就并非以“人”为核心。在“人文管理”中，人本身是目的，管理的使命是帮助人按照自己的意愿，充分发挥自身的最大价值，而效率则是人在充分发展过程中自然产生的结果。

“人文管理”思想以“人”为目标，坚信人的善性和潜能，认为只有人的充分发展，才能带来组织的充分发展，效率则是人和组织充分发展的自然结果。

西方管理学通常侧重于对事务的管理，即使关注人的心理，其目的也是

---

① 孟子，等. 四书五经［M］. 北京：中华书局，2009：48.

② 孟子，等. 四书五经［M］. 北京：中华书局，2009：220.

为了更好地完成事务。相比之下，中国传统管理思想则深入到人心的层面。如果管理做得好，就不需要过多监督，因为每个人都会“有耻且格”，主动进行道德反思并不断改进自己的行为；每个人都会为组织利益和他人利益着想，因为“礼之用，和为贵”；也不需要事无巨细地告诉员工如何工作，他们会自己探索出最佳方法，因为“道明法自生”。

既然在中华传统文化思想中，不是以效率为目标，而是以人才的获得与发展为目标，那么该目标是否与效率目标相矛盾呢？一旦以效率为目标，人就成了实现效率的工具，可能产生忽略人的情感、态度等问题，人得不到充分的发展，也就难以实现最优效率。

所有的价值，归根结底都是由人创造的，没有最优的人，就不会有最优的效率。一旦人得到了充分发展，就可能创造出更高的价值，所以，以人为目标与以效率为目标之间，可能存在一定的不一致性，但两者并不是相互矛盾的。效率是人充分发展的自然结果。

二、从新中国控制通货膨胀看“人”与“财”

拓展阅读：新中国控制通货膨胀的“两白一黑”金融之战[①]

1949年5月27日，解放军解放上海，开始推行人民币。6月23日，国民党还出动军舰在长江口外布雷，对上海实行封锁，截断原料和粮食的供应。投机商们乘机囤积粮食、棉纱、棉布和煤炭，在上海口岸遭到封锁后，一些投机商乘上海存粮不足和外国棉纱进口困难之际，掀起了以粮、纱、煤为主的涨价风潮。他们的具体做法是，以米价为龙头，纱布跟进，从而拉动物价全面上扬。从6月23日到7月30日，上海物价上涨了一倍多，并影响到整个华东、华北和华南等地。为了保障人民生活，并稳定上海乃至全国的经济发展，必须控制通货膨胀。

中央派陈云同志前往上海应对危机。为了研究解决财政经济困难的具体措施，7月27日至8月15日，陈云在上海主持召开财经会议，寻求解决对策。会议分析了当时的经济形势，认为粮食、棉布、煤炭，即

① 匡家在．新中国成立前后党中央遏制恶性通胀的斗争［N］．学习时报，2020-12-18（5）．

"两白一黑"，是百姓生活中最重要的三种物资，也是导致通货膨胀的关键。认为只要控制好这三类物资的价格，就可以较好地控制通货膨胀。这三种物资中，大米和棉纱最为关键。资本家手中的主要物资除黄金白银外，也就是大米和纱布。因此，打好"米棉之仗"，就成了稳定物价的关键。陈云测算了货币投放数量和物价上涨的指数，需要调进多少物资？物价会上涨到什么程度？什么时候可能稳定住？然后他决定先从打击投机，稳定物价，抵制恶性通货膨胀入手。

在这场金融之战中，人民政府之所以能够取得胜利，最关键还是"人"这一核心要素。具体来说，可以归结为三个方面：一是人才所具备的能力；二是人才所具有的动机；三是人民的广泛支持。

新中国的经济人才不仅有能力提出取得胜利的策略，而且这些策略的出发点始终是"为人民服务"，而非领导者的个人利益或政府的私利。如果人民政府像之前的政府那样与投机商存在利益瓜葛，恐怕难以制定出如此彻底打击投机商的策略。而在这场斗争中，大量物资的筹集依靠的是全国各地方人民的全力支持。投机商曾以为凭借手中的货币就能掌控经济命脉，国民政府也曾以为凭借掌握的黄金与美元就能控制通货膨胀，但最终，人民政府依靠人民的拥护和所掌握的实物资源赢得了胜利。货币的最可靠背书，是其能够购买到关系国计民生的物资。历史上曾出现过以黄金为背书的货币体系，但黄金虽有价值，在饥荒等关键时刻却无法当饭吃。货币的价值，最终取决于它所能购买的东西。在国际货币体系中，人民币的最终背书，是中国举国之力所能提供的丰富物资。

曾经有人怀疑新中国的经济建设能力，扬言"解放军进得了上海，人民币进不了上海"。然而，从这场金融之战来看，新中国早已储备好了人才。当战役需要这些人才时，他们便挺身而出，发挥了关键作用。人才并非是在这场战役发生时才出现的，而是在战役之前就已经储备好的。即使这场战役不发生，这些人才依然存在。对于一个国家而言，重要的不是积累了多少物质财富，而是积累了多少人才。

在人力资源管理理论中，有一种观点认为，只有将人力转化为实际产出才具有价值，否则就是人力资源的浪费。这种理论基于一种二元对立的世界观，也基于资本主义下资本与劳动的二元对立关系。在这种关系中，资本并不直接拥有劳动者的人力资源，而是需要通过金钱雇佣才能获得使用权。只有当劳动者的人力资源转化为物质产出后，资本才能占有。因此，从资本的角度看，如果人没有参与生产，资本就无利可图，这被视为人力资源的浪费。

然而，在人文管理理论中，储存在人身上的能力与精神都具有社会价值，并不一定非要转化为物质财富。在没有资本与劳动二元对立的情况下，当组织的所有成员利益一致、目标一致时，储备在人身上的能力本身就是一种储备形式，并不一定非要转化为具体可见的成果。一旦某种东西形成，它就失去了其他可能的存在形式。根据具体情况随时决定如何应用，才是更灵活、更有效的储备方式。储备大量人才，可以根据具体需要随时“变化”出想要的东西。而提前储备某种具体的东西，不仅可能不被需要，还会失去成为其他东西的可能。这其实是一个机会成本问题。一种东西一旦被用于某种用途，就无法再用于其他用途。在不知道做什么才有意义的情况下，保持一种多样化的可能性，往往比盲目地做没有意义的事更有价值。盲目地做没有意义的事，不仅浪费了资源，还占用了做有意义事情的机会。很多时候，保持一种多样化的可能性，比变成某种具体现实更具意义。管理者甚至需要针对“可能性”进行管理。如果一味地追求某种具体现实，而牺牲了可能性，可能是得不偿失的。管理者有时可能会有一种控制欲，想让所有人做自己期待的事，想让人产出自己期待的东西，甚至把所有人变成自己的延伸。然而，这需要极高的成本，即使人都变成了自己想象的样子，也不一定就是最好的结果，因为人的想象力终究是有限的。

在同心同德的前提下，让每个人成为他们自己，发挥他们的最大的才智，才是最好的管理方式。

总之，人才比具体的财富更重要。不仅财富可以储备，人才也可以储备。以储备人才的方式保持一种多样化的可能性，可能比储备具体财富更具灵活性。

三、人心管理

1. 人心管理是管理的最高境界——管而未管

中国有句古话“得民心者得天下”，“人心”一直在中国管理思想中占有重要地位。人心管理是让人能站在组织的角度考虑问题，把组织的最优选择变成个体的自愿选择。《孙子兵法》中说“令民与上同意也，故可以与之死，可以与之生，而不畏危”。[①] 一旦个人把组织的目标当成自己的目标，把组织的利益当成自己的利益，就会自愿自觉地为组织考虑，并尽自己的能力为组织付出。甚至认为自己并非在为组织工作，而是组织给了自己一个实现自我的机会。这就是一种“管而未管”的管理境界，一旦通过管理赢得了人心，每个人都会自愿自觉、自我激励地去行动，就不再需要更多的管理。

西方的科学管理影响人的方式，一般是使用制度约定好利益回报规则，用利益引导人的行为。不管员工心里怎么想，只要能够按照组织的要求发生特定行为，并实现预期绩效，就达到了管理目的。往往抽象掉人的具体性，把人看成是同质的，不考虑具体个体的情感态度等，把人变成组织的“螺丝钉”。中国传统管理思想影响人的方式，是使用德政、教化、修己安人等，赢得人心，影响人的认知与情感，使其自发产生组织期待的行为。一方面看到人的整体性，不仅看到人的物质需求、也看到其情感需求、道德成长需求等；另一方面看到人的具体性，看到个体不同的理想、情感、态度、思想等。只有看到了人的整体性与具体性，才能把管理深入人心。科学管理往往是在利益驱动下的行为管理。人心管理是在道德驱动下的自我管理，是影响人的认知情感行为的整体性管理。[②] 这也是东西方思维差异在具体事务上的体现：西方思维倾向于分析思维，只雇佣员工的“双手”，至于双手长在谁身上并不在意；东方思维倾向于整体思维，认为只要人选对了，自然会有期待的“双手”。如果管理上只看“双手”不看人，获得人才相对容易，使用人才时就需要监督、不间断地物质激励等；如果是人心管理，获得人才与培养人才都是相对有难度的，但是一旦拥有了人才，使用人才时就可以更放心并大胆授权。

人心管理是有条件的：组织的目标符合个体利益。组织是为人服务的，人才能自愿为组织服务。这种“服务”并不是狭隘的利益满足，也包括精神的满足，道德的成全等。如果组织目标与个体目标是不一致的，甚至是对立的，人就不可能自愿为组织的利益着想，就不可能实现人心管理。在这种情况下，就只能采取监督、物质激励等方式来进行管理。因此，采取什么样的管理方式更好，并没有标准的答案，要根据具体情况来决定。

---

① 孙武．十一家注孙子校理［M］．曹操［M］．等注；杨丙安，校理．中华书局，2016：4．

② 这里的“驱动”与“激励”实际是同一个概念的两种视角，从管理者角度来看，这一过程被称为“激励”，而从下属角度来看，则体现为“驱动”。为了更符合语言习惯，我们在某些表述中使用了“驱动”一词。

2. 以道义凝聚人心

我们说人心管理是在道德驱动下的自我管理，为什么是道德驱动？为什么不能是利益驱动？这里我们从道德激励与利益激励的差异角度回答这个问题。道德是内化于人的，而利益是外化的。内化于人的道德就成了人自身的一部分，维护这样的道德就是在维护自己。一个人背叛自己所尊崇的道德，要产生非常大的心理成本，背叛自己往往比背叛别人难。人心管理的重要特点是自愿自觉地自我管理，其驱动力也必然要内化。而外在的利益总是处在权衡比较之中，利益可能收买人心一时，但很难收买人心一世，所以，通过外在利益收买到的人心，不具有稳定性。此外，在利益驱动下，人难免瞻前顾后，很难有一往无前、无怨无悔的气概。

在管理实践中，人心管理与利益管理是两种常见的手段。人心管理的特点在于能够更容易地使组织成员的目标达成一致，而利益管理则往往面临挑战。尽管有理论认为，只要组织制定的回报规则足够有效，个人追求利益最大化的行为也能推动组织利益最大化，但在现实中，这种"足够有效"的规则往往难以找到。管理实践者很难将理论中的最优规则转化为实际操作，而且外部环境的不断变化也使得理想的最优规则难以保持稳定。相比之下，人心管理在现实中更具可行性且行之有效。

《大学》中提到："国不以利为利，以义为利也。"《孟子》中也指出："为人臣者怀利以事其君，为人子者怀利以事其父，为人弟者怀利以事其兄。如此，君臣、父子、兄弟终将远离仁义，以利相争，最终难以避免衰败。反之，若为人臣者怀仁义以事其君，为人子者怀仁义以事其父，为人弟者怀仁义以事其兄，君臣、父子、兄弟之间以仁义相待，远离利益之争，那么国家和社会的繁荣昌盛将指日可待。"利益是有限的，一个人的所得往往意味着他人的所失。如果人人都只争利益，难免会陷入内斗，难以实现团结。然而，道义是无限的，一个人讲道义并不会阻碍他人讲道义，反而能够相互促进，实现同心同德。讲道义的核心在于利他奉献，当一个团队中的每个人都秉持利他奉献的精神时，团队的绩效自然不会差。共同的理想、价值观和情感能够凝聚人心，激发成员们团结一心、努力工作。每个人的努力与成就都能成为他人的榜样和激励，从而推动整个团队的发展。相反，如果陷入零和博弈的利益争夺，团队内部将充满勾心斗角和相互挤压，难以形成真正的团结。当然，道德驱动与利益驱动在现实中并非完全对立，而是可以联合发挥作用。道义本身就是一种强大的力量，具有感染力和凝聚力。正如《孟子》所说："得道者多助，失道者寡助。”

在组织管理中，越是关键的岗位，道德驱动的作用就越显得重要。例如，假设一个组织的核心机密被 10 个人掌握，如果仅依靠利益来确保这个秘密的安全，就需要用利益去“绑定”这 10 个人。然而，这种做法存在巨大的风险——一旦有竞争者试图获取这个秘密，他们只需收买其中一人，整个秘密防线就会被轻易突破。从组织的角度来看，单纯依靠利益驱动来维护机密的成本极高，且难以持久。相比之下，结合道德驱动则更为有效。当员工的内心被道德和责任感所驱动时，他们不仅会更加忠诚于组织，还会自觉抵制外部的诱惑，从而从根本上筑牢保密防线。

3. 人心管理的效果——人心齐，泰山移

人心管理的核心在于，在关系和谐、利益一致的基础上，激发员工内心的认同感和归属感，使其“心悦诚服”地为组织和集体贡献力量。它倡导员工进行自我监督和自我激励，依靠自身的判断自主做出最有利于组织的选择。在理想状态下，员工会全力以赴地为组织利益奋斗。毕竟，再详尽的制度也无法涵盖一个积极主动、努力寻找工作机会的员工所能创造的价值；再高的制度要求也无法强制员工“拼命”工作，而员工给自己设定的标准，往往是最高、最严的。

如果领导对员工提出过高要求，可能会招致员工的反感和抵触。然而，当员工主动为自己设定目标时，情况则截然不同。他们不仅不会怨恨，反而会心怀感激，感谢领导给予他们一个无怨无悔、全心投入的机会。事实上，大多数人并非害怕付出，而是害怕付出得不到应有的回报或价值。一旦员工认为自己的付出是值得的，他们就可能不计得失地投入工作。

成功的人心管理能够使每个成员的目标与组织的目标高度一致，从而营造出团结协作、同心协力的良好氛围。当团队中的每个人都愿意毫无保留地贡献自己的智慧与能力，为共同的目标而努力时，团队将爆发出超乎寻常的力量。正如俗语所说，“人心齐，泰山移”“三个臭皮匠，顶个诸葛亮”“众人拾柴火焰高”“同心同德，众志成城”。这些谚语都深刻地揭示了团结协作的巨大能量。

相比之下，破坏往往比建设更容易。一个环节或局部出现问题，就可能导致整个系统功亏一篑。然而，要取得成功，就需要每一个环节、每一个局部都完美无缺。这就像一个木桶，如果要成为一个能装水的好桶，就需要每一处都不漏水。哪怕只有一处漏水，即使其他部分再完美，它仍然是一个漏

水的桶。因此，成功往往需要每一个人都尽心尽力、尽职尽责，相互支持、团结协作。

第三节 动机管理

人心管理是人文管理的核心与精髓，动机管理是人心管理的重要组成部分。科学管理的目标常常针对产出结果或人的行为，而忽视了动机。动机是人做事的目的，在很多情况下，动机也是非常重要的，甚至关系到事业的成败。将动机管理进行单独强调，主要针对管理实践中，过分使用利益动机的情况。一方面，利益的动员力是有限的；另一方面，利益驱动可能引起偏差，甚至起到反作用。“机”在中国文化里，往往有一种微妙关键的意味；动机在人心管理中，似乎也具有这样的意味，可能会差之毫厘，谬以千里。

一、提供的动机不同 效果也不同

绩效工资是管理领域里普遍存在的激励方式，高绩效可以获得高工资，实际上也是在把人的工作动机引领到外在利益上来，员工是为了获得更高的工资而工作。绩效工资是具有积极意义的，对于有些人来说，如果完全没有做一件事情的动机，绩效工资就相当于提供了一个利益动机。但是，有些人做一件事可能是有更丰富动机的，比如，奉献社会，人生理想，等等，这时候如果不能很好地提供利益动机，就可能会挫伤人的工作积极性。比如，你在路上散步，偶遇一个提着重物的老人，老人实在提不动了，求助顺路的你能不能帮帮忙，而提供这个帮助对你来说是轻而易举的事，你愿不愿意帮忙？但是，如果老人这样说，我给你 5 元钱，你能不能帮我提一会儿东西？你愿不愿意？很多在第一种情境下愿意帮忙的人，在第二种情境下可能就不会再愿意了，因为在两种情境下，求助者为你提供了不同的动机。在第一种情境下，你是一个想要帮助别人的人，反正自己顺路也不费太多力气，成人之美何乐而不为；在第二种情境下，你是一个想赚 5 元钱的人，需要考虑的是回报与付出值不值得，要不要为 5 元钱而受役于人。同一个人，面临相同的工作，提供不同的动机可能会有完全不同的结果。

二、同一个人在不同的动机下差异迥然

同一个人，在不同的动机下，会有不同的行为。这里我给大家举一个中医老师的例子。这位中医老师自己开设了经络穴位的收费培训班，也在大学学生社团讲公益的经络穴位课。而有些培训班的学员，也是这个大学学生社团的成员。在培训班授课过程中，学员明显感觉老师"藏着掖着"，好多东西讲到嘴边又给吞回去了，尤其是一讲到拉筋动作时就不讲了。后来，大学学生社团请这位老师来给做经络穴位的系列讲座，培训班的学员以为这个免费讲座不可能比培训班讲得更深入。结果却惊讶地发现，老师不仅在课堂上讲得非常卖力，而且讲的内容非常丰富，把培训班上"藏着掖着"不讲的东西，都认真地讲了。他还充满活力地在几百人的大教室满场跑，一副全力以赴让大家都学会的气势，与培训班上那副懒散的样子大不同。为什么老师在免费讲座上比在收费班上讲得更多更卖力？在培训班与免费讲座上，他其实是两位不同的老师，一个是赚钱的人，另一个是奉献的人。在收费班上，老师总是保留一部分内容，比如，他不讲如何导引拉伸经络的知识，是希望学生后面还能再交费参加一个经络导引班，他的目标是如何从学生身上收取更多学费；而在免费讲座上，他是一位弘扬中医文化助人为乐的老师，完全没有赚钱的目的，他唯一想的就是教给大家更多东西，帮助更多人。对人的激励，并不是给钱就可以的，有时候甚至给钱会起反作用。

在管理中，管理者要给员工提供什么样的动机，这一点是非常重要的。《论语》中说"君子喻于义，小人喻于利"①，从字面来看，其含义是"君子看重道义，小人看重利益"。但是，从动机的作用来看，如果组织提供道义作为动机，则可能获得一个君子；如果组织提供利益作为动机，则可能获得一个小人。

三、自然动机与激励

1. 个体的自然动机是自然激励

每个人都有人格特征与自然偏好，这可以认为是自然动机。在自然动机

① 孟子，等. 四书五经［M］. 北京：中华书局，2009：11.

的前提下，会有其自发行为，这就是自然激励。比如，对于一个乐于助人的人，能够在力所能及的范围内帮助别人，就是其快乐，不需要额外的奖励。对于很多人来说，其职业选择就是基于人格特征与自然偏好，有一种自然动机在其中。比如，对于很多选择做医生的人来说，可能本身就有一种治病救人的愿望与利他奉献的精神。对于这样的人来说，即使没有任何外在的激励，他们也会有种自发的利他行为，这就是自然激励。

组织与管理者如果能够顺应员工的自然动机，对其动机给予鼓励与提升，就可以起到事半功倍的激励效果；如果完全破坏掉其自然动机，重新提供一个新的动机，就可能是事倍功半。应用自然动机进行激励，不是要利用人，而是要成就人。该给予员工的物质回报不应该打折扣，否则会让员工产生被利用的感觉，自然动机也是可以改变的。

2. 激励偏差可能导致良好自然动机被替代

有时候人的动机不容易观察，在这种情况下，切忌用不适宜的激励方法造成动机替代。医生的自然动机是治病救人，在管理上，也最好把医生的动机保持在治病救人上，使其愿意根据患者情况选择最适合他们的治疗方案。治疗方案本身都是比较专业化的，不同方案之间的优劣比较更是专业化，在与患者交流时，医生提供的信息也可以有所选择，医生是否根据患者的病情及经济条件为患者选择最优的治疗方案建议，是难以观察的。在这种情况下，如果针对医生收取的医疗费进行绩效考核，试想一个面临考核压力的医生，在为患者选择治疗方案时，一种是更适合患者的，但是医疗费用较低，自己这个月的绩效考核指标就完不成；另一种是疗效稍差些，但是医疗费用较高，能帮助自己完成这个月的绩效考核指标。你觉得医生要怎么选？我们不排除道德高尚的医生会选择第一种方案，但是，这种考核制度也会影响医生去选择第二种方案。在医疗领域里，并不是越贵越好，适合才最好。但是，一旦用盈利考核医生，或者医生的收入与其收来的医疗费挂钩，患者的最佳治疗方案就可能被最贵治疗方案代替。医生的动机就应该是治病救人，而绝不可以是赚更多钱，一旦医生以营利为目标，对患者来说就是灾难。只有医生的收入与治疗费用没有直接关系，才更可能为患者提供更适合的治疗方案。

很多人做工作，不是直接指向社会需要，而是选择以绩效考核指标为指向的利益。一旦绩效考核指标与社会需要脱钩，大部分人也只能选择以绩效考核指标为指向。管理者一定要注意保持人的自然动机，不要使用过度“有为”的激励，使人偏离自己本有的对组织和社会有益的动机。

四、引领人的动机

动机与行为一样重要，甚至比行为更重要。因为行为可见、可监督、可培养，动机却具有隐蔽性，不容易观察。在人才选拔及使用过程中，不能只看行为，而不看动机。尤其是一些难以从外部监督的工作，动机就更重要了。

靠物质激励的方式激励员工，如果员工本身也是为了利益而工作，只要有其他单位提供更好的待遇，员工就很可能跳槽。很多单位可能有这样的经历，用高待遇引进来的人才，没过多久又被其他单位用更高的待遇给引进走了。因为“物质”本身是缺乏差异性的，其他单位给发的工资与本单位给发的工资是同质的。如果单位想要留住优秀员工，物质激励只是一个基本条件，单位还必须采取具有差异化的战略来吸引员工。单位的文化氛围、人际关系、精神气质等这些因素都是组织可以使用差异化战略的方面。这些方面可以深入员工的精神层面，使得激励具有“立体性”。比如，中国的管理很注重统一思想，一旦统一了思想，不仅可以促进组织内部的和谐，还可以把激励深入精神层面，发挥物质层面无法发挥的作用。也就是说，管理是可以引领人的动机的。

在管理实践中，很多管理者都把激励方法局限到了物质激励，而没有考虑到员工多方面的工作动机。管理者应该意识到：首先，即使没有物质激励，员工也可能产生努力工作的自然动机；其次，如果能根据人本身的特点及自然动机进行激励，则可以收到更好的效果；最后，组织可以根据人性的特点通过教化引领员工的动机。在年功序列制里，个体的工资完全取决于其工作年限，随着工作年限而稳定上升，与当期的工作绩效没有直接关系，一些工作绩效好的员工，可以获得更多的尊重与授权。[①]重要的不是每个人都取得了相似的工作业绩，而是每个人都尽了自己最大的努力。从自然规律来看，人与人就是有所不同的，工作业绩不可能完全一样。即使没有绩效工资激励，也能够产生努力工作的动机。业绩好的员工，得到了更多的认可，获得了更大的影响力；而业绩差的员工，想到自己与同事拿着相似的工资，也可能会“知耻而后勇”，努力向业绩好的员工看齐。在个人主义的文化中，人们倾向于只考虑自身的利益，在这种情况下，物质激励的效果会比较好。对于集体

① 拉齐尔. 人事管理经济学［M］. 刘昕，译. 北京：生活·读书·新知三联书店，2000：284–287.

主义的文化，很多人都是有一定奉献精神的，有使用非物质激励方式的文化基础，可以在物质激励的基础上结合使用，以发挥更好的激励效果。对于一些有理想有道德并非为了获得名利工作的人，没有必要先把他们矮化成名利之徒，再用名利去激励他们。不妨直接帮助他们去实现理想，去做内心里自己想做的人，名利不过是这个过程的附属品。

领导者既要管理下属的动机，也要鼓励下属形成自己的积极动机。在做同样一项工作时，既可以想着自己能赚多少钱，也可以想着能帮多少人；既可以想着这是烦人的任务，也可以想着这是自己应尽的职责。做着同样的事，赚取着同样的回报，一个想法稍有不同，就可能成为不同的人。当人盘算自己的收入时，往往会不嫌多，贪心起来后欲壑难填，容易产生不满；当人盘算自己对别人的帮助时，就可能会不嫌少，自己也会变得更快乐。

第四节　管理的评价标准——心悦诚服 人尽其才

西方管理思想以效率为目标，效率的实现程度自然就成了评价管理水平的标准。中国传统管理思想，以人才的获得与发展为管理目标，对于管理水平也有自己的评价标准。

一、心悦诚服　人尽其才

《论语》中说“叶公问政，子曰：‘近者说，远者来。’”[①]，《孟子》中说“以力服人者，非心服也，力不赡也；以德服人者，中心悦而诚服也，如七十子之服孔子也”。[②]总结起来，获得人才，发展人才，并让人才“心悦诚服”是评价管理水平的标准。一个心悦诚服的人有两个特点：一是心情愉快，具有更高的工作效率；二是认同组织，愿意为组织发展尽自己最大的努力。这样的人不需要组织给予过多的监督，会自觉自愿地为组织利益考虑，为集体利益考虑，为他人利益考虑。“心悦诚服”与效率之间也不是矛盾的，心悦诚服的人可以有更高的工作效率，更多地从组织利益考虑问题，可能创造更高的社会价值。那种满足员工不合理的诉求，使员工高兴而损害组织利

① 孟子，等. 四书五经［M］. 北京：中华书局，2009：30.
② 孟子，等. 四书五经［M］. 北京：中华书局，2009：73.

益的情况，不属于“心悦诚服”。“心悦诚服”必须以符合组织和集体利益为前提。“心悦诚服”是“人尽其才”的保障，只有一个情绪良好的人，才有充分发挥自身能力的可能，一个情绪不好的人，能力的发挥肯定是受到抑制的。

工作任务达成与成功的管理之间是有区别的，工作任务达成往往只看到了任务的进展与人的行为，忽略了人的情志与感受。成功的管理不仅需要达成工作任务，还需要激发员工的工作热情、工作积极性、对组织的认可度，能以饱满的热情和精力完成后续工作。不能像杀鸡取卵似的，工作任务虽然完成了，但是人心散了，人人心里有怨气，这就不是成功的管理。心悦诚服也不是为了让人高兴而损害组织利益少做工作，而是在保障组织利益的前提下，大家能够自愿自觉为组织和集体尽最大努力。人尽其才，是指组织中的每个人不仅愿意为组织做出自己最大的贡献，而且付出行动尽自己努力为组织做贡献。在人尽其才的过程中，不仅实现了组织的发展，也使个体因实现了其人生价值、人生理想等而获得积极体验。比如，在一所学校里，常规工作老师完成得都很好，有一位有爱心的老师，发现学生对性别的认识有一些误区，主动提出想对学生进行性教育，得到了学校的支持，她的工作反响特别好，后来其他老师也自发参与，有些家长及社区里的医生也参与进来了。在这个过程中，参与者都是出于帮助学生的爱心，他们付出了爱心，收获了学生的成长。对于这位老师来说，能做这件有价值、有意义的事情，本身就是奖励，何况后来还得到了很多人的认可。重要的是组织为员工营造了一种氛围，让员工有这个热情做有意义的事，如果一个员工满腹怨言觉得自己没有得到尊重，就很难有心情去做额外的奉献。

在西方管理学中，管理的目标以效率为主，人是实现效率的工具；但是，在中国文化思维下，效率并非管理的终极目标，人的幸福与发展才是管理的目标。人的幸福与发展，在某些情况下，看似与效率矛盾，但是二者之间具有较大的一致性。如果员工能够充分发展，并且情绪良好，那么就会有更高的工作效率，有利于效率目标的实现。相反，一味地追求效率目标而损害了员工的身心健康，不一定能实现高的工作效率。“心悦诚服”，其中的“悦”就是一种情志。管理不仅要达成事务上的目标，还要让实现这些目标的工作人员感觉“心悦”。我们可以从两个方面来看待这个问题：一方面，从整体观和社会终极目标的角度来看，“幸福快乐”相对于“效率利益”是更终极的社会目标，使人“心悦”本身就具有社会价值；另一方面，只有达到“心悦”的程度，管理才能算得上到位了，否则只是用权力或规定要求人去做，可能达不到最优的效果。良好的情志本身就具有生产性，同一个人在心情良好时的工作效率比在心情不好时会高。所有的不良情绪都需要花费时间与精力去处理。人一旦有不良情绪，自然就会降低工作效率。

人才的获得与发展是管理的目标。每个组织可能有不同的文化，对人才也有不同的偏好；而每个个体可能有自己的诉求，对组织也有自己的偏好。这样组织与个体之间需要进行一定的匹配，就像找人生伴侣那样，选择彼此合适的人。组织是自由人的联合体，个人并不是为了获得一份工资而屈服于组织的安排，而是基于自身兴趣、理想、爱好等为组织自愿奉献。承担那些艰难的工作，并不是出于屈服，而是自愿做出的牺牲。虽然看起来可能还是同样的人做着同样的事，但是，成员的内心感受不同了，组织与个人的关系也不同了。

二、自我激励效应与马群效应

好的管理方式，应该具有自我激励效应与马群效应。

1. 自我激励效应

前文我们提到过，海底捞的一名保洁员说“我现在快 50 岁了，我总在想怎么报答海底捞。在我有生之年，我要每天拼命端锅、扫地、拖地……只要我能干动的我都干，我没有半点怨言，因为这是我的第二个家”。[①] 作为组织和管理者，对员工的支配权是有限的，你只能要求员工尽职尽责工作，不能要求员工“拼命”工作。但是，这名保洁员对自己提出了拼命工作的要求，这是一种自我激励。自我激励的特点是，个体超越了组织与管理者的要求，对自己提出了更高的要求。

自我激励效应的产生，需要综合应用多种激励方法，单纯依靠物质激励是很难实现的。如果一个员工，没有实现自我激励，完全按照组织与管理者的指示被动地工作，就可能是“疲于应付”的，可能会让人感觉厌倦而疲惫；而一旦一个员工实现了自我激励，自己给自己提出的要求高于了组织与管理者的要求，就具有了主动性，就会充满激情地去克服困难，管理者就成了他们的支持者，而不是监督者或鞭挞者。

只有使员工实现了自我激励的管理者，才能称为“领导者”。不能使员工

---

① 黄铁鹰．海底捞你学不会［M］．北京：中信出版社，2015：24–25.

实现自我激励的管理者，只是一个按部就班的操作者，他的工作岗位如果由其他人来替代，一般不会对组织有什么太大影响；而能使员工实现自我激励的领导者，往往是难以替代的。

2. 马群效应

马群效应，是指受组织其他成员的感染或激发而做更好的自己的情况。有这样一个故事，一匹马陷入了沼泽地，它自己无法挣扎出来，想救它的人也无能为力。当几十匹马围绕着沼泽地欢悦奔腾时，这匹马受到了感染，一次次努力尝试从沼泽中起跳，最后它终于成功了，一跃跳出了沼泽。因为这个故事比较形象，受其启发，我就把这种在组织中人与人相互正向影响的情况称为“马群效应”。在一个组织中，如果一个成员取得的成绩会给其他成员带来利益与情感上的积极作用，就是马群效应，如果是消极作用，就违反了马群效应。以利己与竞争思维进行管理，其他人的成功往往就是自己成功的障碍，就产生不了马群效应。

我们单位与中小学老师接触比较多，通过与一些中小学老师交流，也通过自己的亲身观察，我发现一个现象，在很多组织中，同事之间很难形成有效的合作。有些同事他们是非常亲密的朋友，可以一起说领导的是非，可以一起旅行游玩，老人的健康，子女的培养，爱人的短长，他们都可以交流，但他们就是不在工作上进行合作，不交流最重要的工作经验。我们不禁要问，为什么有如此亲密关系的人，却不能在工作中进行合作？究其原因，我认为是很多组织中，其激励原则违反了“马群效应”，其他人的成功是对自己的惩罚和威胁。一旦形成这样的激励模式，同事之间就不可能全力以赴地相互支持，不相互拆台就已经很好了。在有些单位里，同辈之中几乎找不出两个没有矛盾的人，因为评职称，评绩效，评一个又一个奖项，他们都要相互竞争，终有一次让彼此心怀芥蒂，甚至反目成仇。在一个组织中，如果大家能够精诚合作来实现一个共同的目标，那会是什么样子？在一个组织中，如果没有一个共同的目标能够把所有人都凝聚起来，每个人想的都是个人的利益，也就很难形成合作。在一些公共组织中，大家的最终目标都是促进社会事业的发展，就有形成合作的基础。但是，即使在这样的组织中，有些也很难形成合作。

在组织中，尤其是特别需要合作来获得成功的组织中，在管理上尤其要注重马群效应，让大家的成功相互激励，而不是相互伤害。即使不能实现马群效应，也不要形成反马群效应。当然，如何看待别人的成功，不仅与组织的管理制度有关，也与个体的人格特征有关。管理制度的改进可以迅速影响马群效应的实现与否，个体的人格特征也会在这个过程中产生影响。在很多情况下，采取一定的竞争性管理策略是有必要的，但是，我们要有一个意识，从中国文化与西方文化的差异来看，从社会制度的差异来看，在我们的管理实践中，有更多的合作基础，竞争性应该是低于西方才可能是更合适的，相对来说，更多的合作是更有利的。

三、实践是检验真理的唯一标准

管理理论都是为实践服务的，在实践中是否行之有效是检验管理理论的最高标准。管理实践往往是复杂的，适宜的管理方法往往也是多样的。行之有效的方法，即使没有理论可以解释，也是好的方法。就像中国取得的发展成绩，虽然还没有理论能够解释，但是成绩本身说明了其发展方式的有效性。就像中国传统上有很多行之有效的医疗方法，是所谓的现代科学难以解释的，所谓的现代科学难以解释，是因为科学本身有待发展，而不能认为是这些医疗方法本身有问题。如果把所谓的科学解释凌驾于实践之上，就是本末倒置了。中国的很多行之有效的管理实践，如果用西方管理学的理论来看，是难以解释的。比如，海底捞的管理案例，在现有的西方管理理论视角下就是“异常点”。问题在于管理理论的局限性，而不能说是管理实践有问题。管理理论的生命力，在于其能否指导实践，我们必须有这样的意识“实践是检验真理的唯一标准”。

第五节　人心管理的效率讨论

西方管理思想主要是用制度进行管理，而制度难以针对“人心”进行规定，只能规定外显的一些因素，如行为、绩效、知识水平等。一般来说，在一个组织中，制度要具有统一性，不能针对每个人设计不同的制度。比如，对基本业绩的要求，一般来说在工作条件相似的情况下，应该是一致的，不能因为谁特别能干就为他设计一个更高的要求。也就是说，制度的设计有两个特点：一是要在一定程度上忽略人与人之间的差异，二是只能就外显可观察的因素进行制度设计。

有效的管理应该是让每个员工，都在自己能力的基础上，做出最优决策，为组织做出最大贡献。西方经济学的制度理论中，也有相关信息甄别的方法，也是在讨论如何让能力不同的员工，都能根据自己的实际情况自愿做出选择，达到组织利益最大化。下面我们来看，在制度经济学里，如何通过信息甄别实现行为均衡，并与人心管理进行一定的比较。

一、制度、行为均衡与效率最大化

张曙光（1992）的研究指出，均衡概念的基本含义包括两个方面的内容：一是指对立变量相等的均等状态，即“变量均衡”；二是指对立势力中的任何一方不具有改变现状的动机和能力的均势状态，即“行为均衡”。在经济领域里，当参与方不具有改变现状的“动机”和“能力”时，就达到了行为均衡状态。

信息甄别（screening），是指在市场交易中缺乏信息的一方通过一定的制度安排，使拥有私人信息的另一方汇报自己的真实信息，以克服信息不对称对自身的不利影响。Rothschild 和 Stiglitz（1976）、Wilson（1977）最早以保险市场为例，讨论了信息甄别问题。为了使没有相关知识背景的读者也能理解，我们将以一个简单的数学模型来说明这个机制。比如，一个单位想让自己所有员工都根据自己的能力做出最适宜的产出决策，实现组织效率最大化及社会效率最大化。但是，单位并不清楚每个员工的能力，只有员工自己知道，这是一个隐蔽信息。单位想通过设计一定的待遇与产出的组合，通过员工的行为均衡进行信息甄别以实现管理目标。

理想结果是相应能力的人完成相应产出得到相应报酬。但是，员工的能力是私人信息，单位并不知道。如何通过制度安排，让能力不同的员工主动选择与自己能力相当的组合，是单位要解决的重要问题。单位可以采取的一个制度安排是提供不同的（待遇，要求）组合，“待遇”对应从事工作的收益，取决于薪酬福利等；“要求”对应从事工作的成本，取决于任职资格要求、工作成果要求、工作难度等。经济学里有比较严格的数学证明，在满足一定的条件下，存在着一种制度安排，使得每个应聘者都是从事与自己能力类型相符、能力大小相当的工作收益最大，能使每个应聘者都汇报自己的真实信息。（Mas-Collel et al.，1995）这里我们举一个简单例子来说明信息甄别的内涵。假设员工有两种类型，一种是高能力者，另一种是低能力者，单位的目标是区分这两种员工并给予其适宜的待遇与产出要求，这种配置能够实现单位利益的最大化。如果高能力者接受（高待遇，高成果要求）的收益更高，而低能力者接受（低待遇，低成果要求）的收益更高，那么两类应聘者会自动选择与自己相适应的待遇和工作，两类员工各得其所。如果一种制度安排，使应聘者自动选择适合自己的组合，就是实现了有效的信息甄别。高能力者没有动机去冒充低能力者，因为冒充低能力者带来的工作努力成本的减少小于其工资等收益的减少，自己会得不偿失；低能力者没有动机去冒充高能力者，因为冒充高能力者带来的工资等收益的增加小于其工作努力成本的上升，自己也会得不偿失。下面我们以具体的数字说明，合理的待遇和工作成果要求组合如何能够实现人才的甄别。

假设单位已知对于高能力者来说创造每单位工作成果的成本为 1 单位努力，而对于低能力者来说创造每单位工作成果的成本为 2 单位努力，如果单位提供的（待遇，工作成果要求）组合为（10，5）和（7，3），那么将会自动实现两类应聘者的分离。

对于高能力应聘者来说，选择（10，5）的净收益为 $10-1\times5=5$，选择（7，3）的净收益为 $7-1\times3=4$，$5>4$，因此，可以判断高能力应聘者会自动选择（高待遇，高成果要求）的选项。

对于低能力应聘者来说，选择（10，5）的净收益为 $10-2\times5=0$，选择（7，3）的净收益为 $7-2\times3=1$，$0<1$，因此，可以判断低能力应聘者会自动选择（低待遇，低成果要求）的选项。

制度理论认为，通过合理的制度设计，可以实现行为均衡，实现有效的信息甄别，并实现效率最大化。但是，我们可以看到，这个设计过程是比较复杂的，也需要一定的信息支持，如员工的能力分布情况等。

二、人心管理与效率最大化

我们举一个具体的例子，来看人心管理与制度管理的区别，并分析人心管理与效率的关系。假设一个组织有 N 个员工（$N>30$），生产一种产品，在自然状态下，N 个员工的产出水平呈正态分布，如图 6–5–1 所示，其产出均值为 $X=a$。现在这个组织想提高产量，把人均产量提高到 $X=b$ 处。我们来看不同管理方法的政策效果。

方法一，人为规定每个人的产量必须在 b 以上。在这种情况下，组织的员工可以划分为三部分。第一部分员工是本来产出就大于 b 的，这部分群体看到 b 的信号后，可能还会按照原来的产量产出，也可能产生少付出努力的情况，因为自己的产出超出了要求，即使少付出一些也仍然能达到 b 的要求。

第二部分员工是原来的产量低于 b 比较少的员工，这部分员工经过努力可以达到 b 的要求。第三部分员工是原来的产量低于 b 非常多的员工，就是使出全部努力也无法达到 b 的要求。

方法二是通过教化激励大家的工作热情，鼓励每个人根据自己的能力提高产量。实现产量目标的方式如图 6-5-1 中的虚线所示。每个人在自己原有基础上多付出一些，每个人的产量都提高一点儿，整体的水平达到了均值为 $X=b$。

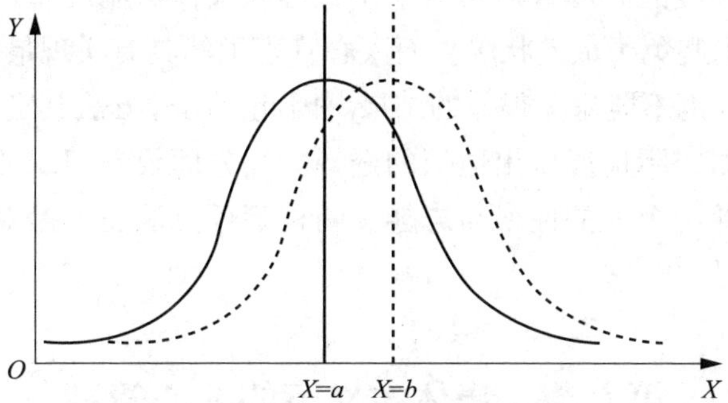

图 6-5-1 人心管理与效率最大化关系示意

方法一是比较常见的制度管理方法，设计一个统一的标准，在人力资源管理理论里，这个标准一般叫作基本标准。为了激励生产水平大于 b 的员工不“偷懒”，也可以再设计一个优秀标准，达到这个标准有格外的奖励。但是，不管如何设计，标准都是要对所有人统一的，否则就会造成公平问题。在一个组织中，人与人之间是有差异的，如果按照每个人的特征来计算，最优的标准应该也是有差异的，按照新制度理论的说法，可以提供无数个工资与产出要求的组合，让员工自由选择，员工就会根据自己的实际能力自由选择最适合自己的最大化整体收益的那个选择。虽然理论上存在这样的可能，但这毕竟是经过高度抽象的理论结果，如果要在现实中执行仍然存在一定的问题：一是要了解员工的能力分布情况，这个分布不一定可知；二是根据能力分布情况计算无数个工资与产出组合，组合能否合理计算是未知的；三是即使能计算出来，其计算成本有多高，成本是否有效也不确定。

相对来说，方法二更简单可行。如果使用“人心”管理的方式，不需要了解每个人的能力特征，也不需要计算契约组合，只要能够保证每个人都愿意并且实际付出努力为组织做贡献就够了。应该做多少贡献也是由员工自己决定的。“心悦诚服”的员工，会按照自己的理解做出对组织的最优决策。

如果能够做到有效的“人心”管理，其效率可能才是最大化的。靠制度追求效率最大化，由于制度本身的局限性，难免造成绩效损失，而有效的人心管理效率损失可能才是最小的。再精细化的制度管理也很难为每个人制定一个最优制度，而良好的人心管理相当于为每个人量身定做了一个适合的制度，只不过这个制度的制定者是劳动者自己。人心管理对管理水平的要求比较高，并不是所有领导和所有组织都能做到的。理论上那个最优的制度管理难以实现，但一般的制度管理相对来说就容易操作。制度管理可能屏蔽了最优状况，但是也避免了最差状况。而人心管理虽然具有实现最优效率的可能，但是如果做不好也不能避免很差的结果。因此，两种方法其实是各有利弊的，决策者应该根据实际情况做出适当的选择。一方面要看组织的现实条件，另一方面要看领导者个人的性格与志趣。两种管理方法也不是对立的，可以根据情况结合使用。

第六节　集体主义下的人心管理

人心管理与集体主义关系密切，人有时候是心向领导，但很多时候是心向组织、心向集体，如何对组织与集体进行建设进而赢得人心是非常重要的。集体主义下的人心管理既有优势，也有潜在弊端，需要有所警惕。

一、个人激励与集体激励

针对个人的激励与针对集体的激励，也有类似私有制与公有制的效果。如果激励是针对个人的，同事之间就没有动力相互帮助，让很多需要大家合作完成的事业也就无法做到，甚至进入不了大家的视野。针对个人的激励，使得人们都在考虑那些能够记到自己名下的产出，但是还有很多潜在的产出成果是无法记到个人名下的，这样的事情可能不是大家不想去做，而是根本想不到去做。以我个人为例，我一直认为真实的管理案例是发展中国管理理论的重要途径，一直很期待能找到一所凝聚了中国传统教育与管理理念的学校，写一个能反映中国传统管理思想的学校管理案例。由于自己的社会关系与能力有限，一直也没有成功。有一次，我进入一所学校，发现这所学校的教育和管理理念与我理解的中国传统思想特别契合，可能是我理想中的写作学校管理案例的对象。这个案例要怎么写，就有不同的途径了。一种途径是我自己努力建立与学校的关系，取得学校的信任，通过与学校的协商完成案例写作，案例写出来以后是我的成果。另一种途径是把自己的想法讲给学校，由学校组织师生共同来完成这件事，案例可能写得很精彩，但是成果与我无关。可以坦白地说，后一种途径是我在之前想都不会想到的。我自然而然就只能考虑到那些可以记到自己名下的成果，根本不会考虑由学校组织大家集体完成的成果。从弘扬中华优秀传统文化，利益国家、民族、社会的角度来说，成果归属于谁并不重要，重要的是成果本身的价值。但是，一旦仅针对个人进行激励，不能归属于个人的成果就难以被考虑、被重视。是我不想利益国家社会吗？不是的，但是，针对个人的考核，限制了我的思维，让我只能想起那些对我个人有利并利益国家社会的事，而那些对国家社会有利，但是对我个人没什么好处的事情，有时候不是我不去想，是很难想到。人们总是首先想到去解决那些逼迫自己的紧要问题，这是人的本能。在“完成逼迫自己的考核任务”与“利益国家社会”之间，很多人都会本能地先想到前者。在写作这本书的过程中，随着对中华优秀传统文化中利他奉献精神的认识，我个人也在成长，能更多地放下个人得失，更多地从大局着眼来考虑问题，才产生了只要利益国家社会，“功成何必在我”的想法，才能想到通过学校来做这件事情。但这也只是我个人思维中的理想，我期待学校能做，但学校还是由考虑个人成果的个人组成的。

我们需要有这样一个意识，针对个人的激励与针对集体的激励各有利弊，针对个人进行激励时，因责任明确而更能给个体带来压力与动力；但是，针对个人的激励也导致很多需要合作完成的事难以完成，甚至难以被想到。更有甚者，针对个人的激励，可能由于同事之间存在一定的竞争关系，产生相互拆台的事，有些人自己做不到的事情，还可能刻意甚至极力阻止别人做到。

事务分成两类：一类是需要个人完成的，能标署为个人成果；另一类是需要合作完成的，不能标署为个人成果。在针对个人的激励制度下，后一类事情就很难在基层自发完成。上一级管理者或管理部门可以牵头做一部分，但那只是部分管理者或管理部门能想到的一部分。相对于集体的智慧来说，毕竟是有限的。尤其是当管理者不在事业一线，对一线工作了解有限的情况下，损失可能更大。中国是人民根本利益一致的国家，在很多情况下，尤其是在公共事业单位，组织成员的最终目标和最高目标都是一致的，这是我们促进合作最重要的基础。如何发挥集体合作的优势，是我们在管理过程中需要重点考虑的问题。

二、适宜的集体范围的重要性

中国有句俗话叫“人多力量大”，如果很多人能够团结一心当然是最好的，但是，人越多就越不容易实现团结。比如，只有三四个人的小团体能够团结一心，扩大到 10 个人就可能有不同意见了，扩大到几百几千人就更复杂了。最理想的情况是每个人都自愿自觉最大化大集体的利益，但这样的目标是不太容易实现的。在现实应用中，如果不能使所有人都团结一心，则可以通过适当的方式把大集体划分为多个小集体，而实现在小集体内部的团结一心。大集体由多个小集体组成，在每个小集体内部，成员都是能够自愿自觉为小集体的利益最大化努力的，这可能也是一个次优选择。

中国农村从之前的农业合作社到家庭联产承包责任制的转变，就相当于从一个较大的集体变成了多个小集体的联合，而这个小集体就是家庭。中国人对家庭往往具有深厚的感情，大多愿意为自己的家庭尽自己最大的努力，这项改革也极大地促进了中国农业增产。在商业领域的阿米巴经营[①]、项目制等，也具有这样的意味。

在管理实践中，一些难以解决的问题甚至可能因集体范围的重新划分而迎刃而解。一个研究生班级有 50 多人，由 3 个专业构成，学生入学时班主任给大家开了班会，选举了班委，大家的热情都非常高，很多同学都主动竞选，通过大家投票选举，班委顺利诞生了。一年以后，班长准备辞职了，需要重新选班长，可以选一个班长，也可以选正、副两个班长。班会一开始，班主任先问有没有同学愿意自荐，结果问了很多遍也没有人愿意；然后请同学们口头推荐一下候选人，被推荐的同学也都不愿意当；后来无奈只能投票选举，经过唱票后选出来的班长也都拒绝担任。班主任没有想到这次班长选举会遇到这种情况，还以为会像一年前那样大家都争先恐后呢；然后就挨个同学，连问再劝，希望能有人站出来当班长；结果说得口干舌燥，三个小时过去了一个班长也没选出来。学生都齐刷刷地低着头不出声，怕被班主任关注到问愿不愿意当班长。班主任想起自己读研究生时，也是多个专业合并成一个班级，不同专业的同学之间交集少很生疏，但是同一个专业的同学一起上课、一起活动，关系很紧密。于是，班主任改变了“盲目出击”的策略，心想大家现在这样抗拒当班长，是对大集体有不满啊，那缩小集体范围会不会好一

① 道盛和夫. 阿米巴经营［M］. 北京：中国大百科全书出版社，2009.

些。就对同学们说，要不每个专业选一个班长，咱们选三个班长吧。办法说完了，原来一个个深埋的头都面带微笑抬起来了，原来冷场的教室突然间就热闹起来了，同学们按专业聚集在了一起，有说有笑，还没等班主任反应过来，五分钟左右三个班长就已经选完了。之前三个小时没解决的问题，现在五分钟就解决了，被选出来做班长的同学很开心，他们各自专业的其他同学也很开心。从个体到大集体之间，可以由多种多样的小集体形式来连接，如果能够找到合适的划分形式，就可以同时实现有效的合作与自觉的努力。

三、警惕集体非理性与实事求是

集体主义的组织有自身的优势，但是，也可能有一些潜在问题。比如，借集体利益之名损害个人利益，借集体利益之名满足个人意愿等，但是，这些问题都比较容易被发现，进而容易被纠正。不容易被发现、被纠正的是集体非理性。集体主义的组织比较讲究团结，可能会对提出不同意见有所顾虑。历史经验告诉我们，人类社会是可能产生集体非理性的。防范集体非理性，是集体主义的组织需要注意的问题。而多倾听不同的声音，是防范集体非理性的有效方法。中国有句古话叫“兼听则明，偏信则暗”，真正的团结是包容不同声音，而不是消灭不同声音。

“实事求是”是克服集体非理性的“法宝”。读书的时候，有些学术论文，我就看不出其中的价值，我一直认为是自己水平有限，虽然自己不懂其中的价值，但并不代表不能给其他人带来价值。在学术领域沉潜多年之后，我开始学会了欣赏一些自己之前不懂欣赏的东西，但是，还有一些东西，我仍然看不出其中的价值。有一天我突然想，一件没有价值的东西，如果每个人都觉得虽然对自己没有价值，但可能对别人有价值，而给予肯定，那岂不是“皇帝的新装”，人人都没看见，却人人都说很好看。每个人都穿着皇帝的新装，自我赞美又相互赞美，这“皇帝的新装”岂不是就难以脱下来了。年轻时学习毛主席讲的“实事求是”，我没有太用意，觉得本来就该实事求是，实事求是不难。随着年龄的增长，我越来越发现要做到实事求是非常不容易。尤其是在集体非理性的情况下，一旦一件事情得到一群人的认可，并可以给这群人带来名利，名利本身就成为价值，这群人内部如果再形成了利益生态圈，而支付成本的是不明就里的圈外人，就可能长期无限复制下去。我想每个人都应该“实事求是”地从自我做起，无论是自己做事，还是评价别人，都要从客观实际出发，而不是从假想的标准出发。尤其是像学术研究这样的事，一方面与实际有距离，另一方面有学术规范与脉络，既容易盲从，又容易脱离实际。在某些研究领域，学术成果不能服务社会，而社会需要的研究又没有人做，就算有人做了也得不到社会的认可。我们应该拿出文化自信，走自己的学术道路，实事求是的学术道路，服务社会、服务人民、服务实践的学术道路。

社会是一个大系统，尤其是对我们这样一个人口大国来说，运转起来更是不容易。对于不合理的怪现象，如果我们不能本着实事求是的精神，勇敢地质疑，每个人都一味妥协，在任何一个环节被别有用心的人钻了空子，就可能固化其对社会的伤害。我们要用“实事求是”的传家宝去对决“定式思维”。这种定式思维可能来自我们自己不成熟的管理实践，然后就成了惯例；也可能来自对其他国家经验的学习，其他国家是这样做的，所以我们也要这样做。但是，其他国家有自己的文化起源或者政治目的，与我们国家的文化传统和发展目标都不一定一致，没有必要盲目学习别人。

第七章　管理范畴

尼斯贝特提到了一个调查：

特纳和卓皮纳斯在调查中层管理人员的价值观时，询问他们的调查对象是把公司作为一个组织人物的体制，还是协调人们协同工作的有机体。

（1）公司是一个旨在有效地发挥功能，完成任务的体制。在机器和其他设备的帮助下，人们被雇佣来发挥这些功能，并为他们所完成的任务而得到报酬。

（2）公司是一群一起工作的人。这些人与其他人和组织有社会联系。公司的运作就靠这些关系。

有 75% 的美国人选择了第一个定义，有 1/3 的日本人和新加坡人选择了第二个定义。①

调查的结果说明，东西方人对组织的认识与期待是有所差别的。对于西方人来说，公司是独立个人的组合，是个体发挥自身才智的地方；对于东方人来说，公司是一个有机体。

在西方管理学的情境下，个体与组织之间主要是经济关系，个体以自身的劳动为组织创造价值，组织给予员工应有的回报，经济关系以外的事务，不在组织的管理范围之内。比如，员工的兴趣爱好、家庭关系等，都与组织无关。在西方，讲究个体的独立性，个体与组织之间的关系也是“疏离”的，经济关系以外的关系，都不在组织的管理范畴之内，个体也不希望被组织“干涉”。在中国，人们具有集体主义观念，一个人往往不只想从单位中获得一份收入，还希望得到情感支持等，甚至成为终生归宿。因此，在中国文化中的管理范畴，应该是区别于西方的。

---

① 尼斯贝特．思维的版图［M］．李秀霞，译．北京：中信出版社，2006：51-52．

管理范畴包括管理应该涉及哪些方面，不应该牵涉哪些方面。比如，员工的个人情感问题是其私事，组织不应该对其进行干涉，但是，在员工因个人情感问题而情绪不佳，需要帮助时，组织也可以在力所能及的范围内发挥调节作用。当然，这要以员工个人需要为前提，如果员工需要帮助，而组织恰好可以提供这种帮助，那么既帮助了个体，也有助于工作状态的改进。组织可以根据员工需要及意愿提供帮助，但是，组织不能以硬性要求影响员工的个人生活。

中国讲究整体思维，组织的管理范畴自然也应该从整体观出发。凡是符合法律与道德规范，能够促进员工个人幸福与组织发展的管理内容，都可以成为管理的范畴。员工个人幸福与组织发展之间可能存在矛盾，但是整体来说，二者是具有一致性的。二者不是零和关系，而是一加一大于二的关系。个体与组织实现更优的配合，创造更大的价值，使双方都能从增长部分中获得回报。

本章的结构如下：第一节，分析中国哲学整体观视野下的管理范畴；第二节，分析影响管理范畴的组织行为因素；第三节，从管理实践来看中国单位与政府的管理范畴。

第一节　中国哲学整体观视野下的管理范畴

西方的管理，主要是以效率为目标，从中国哲学的整体观视角出发，我们可以认为，西方管理学的管理目标有以下几个特点：一是主要以经济效率为目标，很少考虑其他非效率目标或者非经济目标；二是以个人或者单个组织的效率为目标，很少考虑其他主体的目标，或者说很少考虑社会的整体目标；三是只考虑劳动者在经济领域的收益最大化目标，不考虑劳动者的其他人生目标。对于社会发展来说，虽然社会的整体发展需要一定的经济条件，但经济发展并不是社会发展的最终目标，而是社会发展的特定基础；对于社会各部分之间利益的合理均衡来说，局部最优并不一定能实现整体最优；对于个人来说，工作本身或者工作收益本身也只是人生的一部分，并不是人生的终极目标。所以，我们可以认为，西方管理学或者西方管理实践中的管理目标是“割裂性”的目标，割裂了社会的经济与其他事业，割裂了社会的局部与整体，割裂了个人的工作与人生，割裂了个人的现在与未来。

成中英（2017）指出，中国管理是从管理知识演变成管理智慧，比如，

“大学之道在明明德，在亲民，在止于至善”，“格物、致知、诚意、正心、修身、齐家、治国、平天下”[①]；西方管理是从管理知识演变成管理工具，比如，科学管理，人际关系管理。成中英根据《易经》的管理智慧，将管理目标设定为“安”“和”“利”“乐”等。[②]因为中西方的管理目标不同，所以围绕管理目标展开的管理范畴就会有所不同。

中国的整体观对于我们认识管理的目标设置可以有几点启发：组织目标与社会目标的整体考虑，效率目标与非效率目标的整体考虑，个体工作目标与人生目标的整体考虑。这种整体观下的管理目标也会影响组织的管理范围。整体观有多种认识角度，这里我们只简单列举其中几个。

一、组织与社会

任何一个组织往往都有其目标，比如，企业组织以追求效率与利益为目标，学校组织以培养社会需要的人才为目标，政府组织以促进社会发展为目标，不同政府部门都有其各自相对明确的目标。这些目标往往与部门的职责密切相关。比如，环保部门，以环境保护为目标。

社会目标不能完全考虑在组织之外去实现。假设社会目标是让全社会人民都过上美好生活，组织目标就应该考虑这样的社会目标，尤其是在公共组织中，更应该如此。如果在组织里不考虑人的幸福感，只考虑如何完成工作任务，以损害人身心健康的方式去完成工作任务，这可能就忽略了社会的整体性。对于公共组织来说，不应该仅考虑组织承担的社会职责，也应该考虑组织成员作为社会的一员，如何在组织内部员工身上实现社会目标。

科学管理理论把人看成了完成组织生产工作，实现组织目标的工具，社会关系理论虽然以更开阔的视野来看待员工，但其最终还是为了实现组织目标，员工仍然只是工具，而不是目的。在中国整体观的视野下，应该注重社会目标在组织内部的实现。

二、知行与情意

员工知道要做什么，怎么做，这是知的层面；员工能够按照组织的要求

---

① 孟子，等. 四书五经［M］. 北京：中华书局，2009：47.

② 成中英. C 理论：中国管理哲学［M］. 北京：中国人民大学出版社，2017：116，174–175.

去做，这是行的层面。通常的管理，往往把员工的“知”与“行”作为主要管理对象，员工具有完成工作所需的知识、能力，通过一定的规章制度或者激励制度，规范引导个体的行为。个人的情感与意愿很多时候并不在管理的范畴之内。

实际上，情意是“知”与“行”的桥梁，一个有知识、有能力的员工，不一定自愿为组织利益工作，只有在情意上使员工愿意为组织工作，愿意从组织利益角度思考问题，组织期待的行为才可能发生。

“情意”也是组织实施差异化战略的重要维度。“知”与“行”往往具有客观性，同样的工作任务，对于执行者来说，在不同的组织做相同的工作，拿相似的工资，差异性是不大的。但是，情感上的差异在不同组织之间可以有很大区别。一旦一个人对组织有情感，就会减少流动，并愿意包容组织的不足。

管理的范畴不仅关系到与工作任务完成密切相关的“知”与“行”，还应该包含“情”与“意”。一方面情意能够影响知行，另一方面情意是人本身的需要。组织不仅应满足员工的物质需要，还应满足员工的精神需要与情感需要。

三、工作与人生

从事一份工作、获得一份工资涉及生存问题，而作为个体来讲，不仅存在生存问题，更重要的是整体的生活。生存只是生活的一部分。工作作为生活的一部分，应该被放入员工的整个生活与人生中去实现管理。如果脱离员工的生活与人生来考虑管理，则可能无法发挥最优的激励作用。好的管理，应该让工作单位成为员工个人价值与人生理想实践的地方，而不仅仅是一个赚钱生存的地方。

从管理目的来说，西方管理实践主要看中效率，实现组织利润最大化是经济组织的最高目标，在这样的目标设置里，往往不考虑社会目标与人生目标，组织目标与社会目标是割裂的，个人的工作目标与人生目标也往往是割裂的。根据中国的整体思维，我们应该探讨工作目标与人生目标的有机结合，很多员工都是带着人生理想在工作的，如果在管理上不能有机整合员工的人生目标，而只是把工作作为满足员工经济需要的手段，仅通过经济手段激励员工就不会有本该达到的激励效果。儒家的管理实际上是追求道德伦理与经济管理的统一。用我们今天的话来说，管理既注重效率，也注重道德伦理，二者是在同一个过程中实现的，而不是割裂开的。这对于管理实践具有重要的借鉴意义。

有的单位，很关注员工的身体健康情况，如果从分析思维来看，员工身心健康是个人的事；如果从整体思维来看，员工的健康与工作状态息息相关。也就是说，即使从效率角度来看，关心员工健康也是有益的；如果以“人才的获得与培养”为目标，就更应该给予员工需要的帮助与关怀。

第二节　影响管理范畴的组织行为因素

西方管理学，对组织行为的定义是从自身的理论体系出发的。比如，组织行为是指在组织特定的个体、群体与结构中，相关人员采取的影响组织绩效的态度与行为。[①]组织行为的特点主要是关注“影响组织绩效”的因素。从中国的管理理论出发，一些影响人员与组织关系的态度和行为，都是组织行为。管理总是存在于特定的文化中，不同文化中的群体，在相似的管理情境中可能会有不同的态度与行为。在中西方不同的文化情境中，组织中个体的态度和行为自然也是有差异的。

一、员工对组织的看法

中西方文化整体思维与分析思维、集体主义与个人主义的差异，会使组织成员对组织本质的理解也有差异。特纳和卓皮纳斯在一项调查研究中，调查来自不同文化的中层管理人员如何看待组织，是一个组织任务的体制，还是协调人们协同工作的有机体。大部分欧美人选择了前者，认为组织是一个完成任务的体制；而大部分东方人选择了后者，认为组织是一群在一起工作的具有各种社会联系的人。[②]西方人对组织的需求更倾向于功利性，能为自己提供展示能力的平台，能为自己提供适宜的劳动报偿，这是西方人对组织的期待。包括中国人在内的东方人对组织的需求相对偏向安全感，偏向和谐的人际关系，等等。可见，在东西方文化中，对组织的看法是有差异的。这种差异决定了不同文化背景的人对组织的需求是有差异的，进而决定了管理的范畴也是有差异的。

---

① 罗宾斯，贾奇．组织行为学：第14版［M］．孙健敏，李原，黄小勇，译．北京：中国人民大学出版社，2012：9.

② 尼斯贝特．思维的版图［M］．李秀霞，译．北京：中信出版社，2006：51-52.

二、个人与组织关系

整体思维与集体主义的中国人，相对于分析思维与个人主义的西方人来说，对个人与组织关系的期待可能会更多样一些。威廉·大内指出，西方的组织机构大多实行一种“局部关系”，员工与组织之间的关系仅局限在完成特定任务直接相关的活动中，可以理解为员工与组织之间仅存在经济关系；而在很多日本机构中，员工与组织之间是一种“整体关系”，员工的情感需求也会在组织中得到满足，经济关系与其他社会关系融为整体。[①]日本企业追求的“整体关系”，使其在管理上取得了瞩目的成就。从文化来说，中国与日本同属东方文化，日本文化吸收了很多中华优秀传统文化，相对于西方组织流行的“局部关系”来说，“整体关系”可能更适合中国的管理情境；从中国的管理实践来说，员工不仅期待从组织中获得专业的成长和劳动报酬，还期待能够获得生活上的关心，同事间的友谊，等等。欧洲管理学者总结中西方组织文化的差异时指出，中国员工期待上级对他的私人及家庭事务同样给予关照，而西方员工期待组织不干涉他的私人事务。（李琪，1999）这也决定了中西方的管理范畴是有差异的。

三、对同事关系的期待

西方的分析思维、个人主义反映到同事关系上，表现为排斥同事间的亲密关系。一般来说，美国的组织反对在工作场所建立亲密关系。他们认为，应该在组织中排斥亲密关系以限制非理性力量，使员工更加注重技能和效率，而不是重视政治立场和私人关系。[②]这种对亲密关系的排斥，又进一步表现为同事间的竞争取向。中国人的整体思维和集体主义反映到同事关系上，表现为乐于建立同事间的亲密关系，避免直接的冲突，表现出和谐取向。西方人对同事关系的这种态度反映在一些管理制度上，比如，西方组织一般是不允许情侣等亲密关系在同一个单位工作的，同事之间如果谈了恋爱，其中一方必须离开现在的单位。但是，中国有句俗话叫“打虎亲兄弟，上阵父子兵”，

① 大内．Z理论：美国企业界如何迎接日本的挑战［M］．朱雁宾，译．北京：机械工业出版社，2007：38-41.

② 大内．Z理论：美国企业界如何迎接日本的挑战［M］．朱雁宾，译．北京：机械工业出版社，2007：47.

中国文化肯定亲密关系共同工作的价值。虽然现在也有一些中国组织规定情侣不能共同工作，但是整体来说，中国人不像西方人那样排斥同事间的亲密关系。从文化差异及组织实践来看，中国人可能比西方人更注重工作场所中人与人之间良好的人际关系。整体思维与和谐取向的中国人，可能倾向于关注工作中友好的人际关系，表现出关系取向；分析思维与竞争取向的西方人，可能倾向于关注任务的有效完成，表现出任务取向。和谐取向的中国人更在意在工作中保持一种良好的人际关系，竞争取向的西方人更在意展现自己的能力以超越他人的表现完成工作。中国人的关注点侧重在人上，能与关系亲密的人一起工作，有助于更好地完成工作；而西方人的关注点侧重在任务上，只要能一起完成任务，可能不那么重视与一起完成任务的人之间有多么亲密的关系。关于欧洲的研究也发现，在组织中，中国人更侧重人，西方人更侧重事。（李琪，1999）中国文化对人的侧重，并不是说对事置之不顾，而是说要办好“事”，就要重视理顺“人”，“人”是完成“事”的重要前提，人际关系处理好了，工作任务的完成就有了保障。由此看来，促进同事间的亲密关系，在中国就可能包含在管理范畴之内。

影响管理范畴的组织行为因素还有很多，不同组织也可能有不同特点，这里我们只简单列举了几个方面，旨在说明组织的管理范畴应该是灵活的，可以根据组织成员的特点进行一定的调整。

第三节 从管理实践看中国单位与政府的管理范畴

在中国的管理实践中，管理范畴是比较广泛的，超越了效率目标的要求。

一、中国单位的管理范畴

1. 扩展的单位管理范畴

在中国历史上有过一个时期，有些单位是“五脏俱全”的，一个人的所有需要都可能在单位内部获得满足。在一些大的国企内部，有食堂、学校、医院、美发店等。这样的组织容易让员工产生“托付终身”的归属感，但是，由于机构庞大，可能影响效率，后来进行了后勤社会化改革，利用市场机制来满足一部分需要。

有一些事情看起来是员工个人的事，与组织关系不大，尤其是与提高组织绩效关系不大。这样的事，组织要不要做，要不要管？这要看如何看待这些事情。组织的所有绩效归根结底都要由人来完成，只要是对人有影响的事，都可能对组织绩效有直接或间接的影响，如果单位能处理得好，则可能会有意外的激励效果。

比如，有些单位举办一些书画比赛、诗歌比赛、球类联赛等，这些看起来像是娱乐活动，与组织生产没有直接关系，但是，如果能办得好，对组织的文化建设可能起到很好的效果。每个人其实都愿意展现自己的才华，如果单位能给予一定的展示平台，员工会非常开心。看起来好像是单位为员工提供了与生产无关的服务，实际上员工的愉悦心情会转化为对单位的认可与好感，相当于用员工自己的爱好激励了他们。

餐饮企业海底捞会直接给员工父母发工资，给员工子女办寄宿制学校，去员工家里“家访”，为优秀员工的父母安排旅游。[①] 这些看起来“离谱”的事，已经超越了员工，延伸到了员工的家庭。但是，通过这种方式，可以无形中在员工心里强化一种感觉，对海底捞好就是对家人好，努力工作就是对家人好。

2. 工会——非生产性管理范畴的承担组织

有些单位没有认识到“生产”以外的活动对组织的价值，只想着要成果、要产值，而忘记了人不是机器，人有情感，有多方面的需求，要想让人发挥出积极性与创造性，不能只盯着人的工具性价值，而要把人当作一个完整的人来看待，综合考虑人的多方面需求。中国传统管理思想下的管理范畴，只要是员工需要的，都可以在组织的管理范畴之内。在这个“庞大”的管理范畴里，很多工作是由工会来承担完成的。《中华人民共和国工会法》正式规定了工会的权利与义务，在现实中，工会除了履行自身的使命外，还对所在组织的管理发挥着独特作用。

在中国，工会发挥着与资本主义国家不同的作用，工会成为给予员工特别关怀与帮助的组织。比如，单位员工家庭遇到了某种困难，这在单位的正式制度里是缺乏相应规定的，诸如此类事件，多是由工会出面帮助解决。在很多组织中，工会成为承担情感关怀的组织，在常规管理职责难以到达的地方，发挥着管理作用。在中国，婚丧嫁娶都是老百姓的大事，这样的事务在单位中，往往是由工会出面与员工沟通，工会是一种“非正式的正式组织”

① 黄铁鹰．海底捞你学不会［M］．北京：中信出版社，2015：22-23．

的身份。如果由组织的其他职能部门来做，一方面加重了职能部门的工作负担；另一方面由职能部门来做可能需要有正式规则，而婚丧嫁娶等与组织正式工作又没有明显联系，由职能部门来做就显得名不正言不顺。但是，如果组织不闻不问又不符合中国人的集体主义观念及情感需要。很多不适合组织职能部门去做，又有必要做的事，一般都是由工会来完成的。

总结起来，在中国组织中，很多生产范畴以外的管理事务，是由工会在承担的，为中国文化情境下“庞大”的管理范畴找到了正式承担者，可以不为生产部门增加过多的工作负担。在中国，其实有必要对工会在组织中发挥的管理作用进行更深入的研究。

二、中国政府的管理范畴

拓展阅读：延安苹果产业①

延安市地处陕西省西北部，曾是深度贫困地区，一直是国家扶贫的重点对象。进入脱贫攻坚阶段以后，为了提高其持续发展能力，国家根据地方特点确定其优势产业，扶持产业发展。其中，苹果产业就是农民增收最大的特色产业，在延安全市覆盖面广，持续效益好。延安苹果种植面积由1985年的15.2万亩发展到1992年的100万亩左右，再到2021年的331.7万亩，约占陕西苹果种植面积的1/3、全国苹果种植面积的1/9、世界苹果种植面积的1/20，全市农民经营性收入超过60%来自苹果。2012—2021年，延安苹果产值年均增长14.3亿元，全市农民人均纯收入从5250元增加到9688元。2019年5月，延安摆脱绝对贫困；2021年，延安鲜果产值达219.1亿元。2021年，延安综合产值达387.8亿元，比2017年增长159.4%。

陕北的气候、光照、纬度、海拔等非常适宜苹果种植，黄土通透性强，土壤里有多种微量元素。延安虽然有种苹果的优势，但是也有冻害、

① 资料来源于延安苹果为什么这么红［EB/OL］.（2022-11-21）. http://cpc.people.com.cn/n1/2022/1121/c64387-32570752.html；小苹果，让老乡们生活越来越红火：延安苹果产业发展观察［EB/OL］.（2022-11-07）. http://www.news.cn/fortune/2022-11/07/c_1129108376.htm；“苹果巡回法庭”来了　护航总书记关心的富民产业［EB/OL］.（2022-11-24）. http://www.news.cn/politics/2022-11/24/c_1129157284.htm 有删减。

冰雹、缺水、销售等不利条件。

苹果树在开花期如果遭遇冻害，就会大面积减产。国家一代代农业技术人员，因地制宜探索出了挖熏烟坑、配移动桶、喷防冻液等防冻方法。2022 年春天，寒流来袭。1500 多名党员干部和果农一起，开挖防冻坑，喷防冻液，深夜测温度，“每个山头，干部带头”。

夏天果树挂果以后，最怕遭遇冰雹。县政府每亩补贴 1000 元物资，为果园安装防雹网。在洛川县，近 8 万亩果园搭建起防雹网，覆盖县域内各个冰雹带。此外，延安市将 64 个乡镇的苹果种植区域定为重点保护区，苹果保费由每亩 80 元提高到每亩 120 元，每亩地最高可赔付 3000 元。

延安降水偏少，时空分布不均。90% 的山地果园，属于旱作雨养农业。国家大力推广节水保水灌溉技术，派遣技术人员帮助农民安装设备。2021 年底，全市建成水肥一体化系统 19.51 万亩、滴灌 11.30 万亩、渗灌 6.39 万亩，雨水利用率大大提高。村里打了机井，使上滴灌设备，水肥精准润根系，一亩苹果每年 3~5 立方米水就够了。

苹果存在品种退化问题，某个品种的果树随着种植年限增加，产量会逐渐下降。国家依托“院校 + 试验站 + 基层服务机构”的模式，开发适生优生品种，仅延安市洛川县就储备了 600 多个新品种。有些果农不舍得砍掉多年的老果树种植新品种，技术推广服务中心的工作人员就多次上门讲解新品种的优势，很多果农因改种新品种而增产增收。2022 年，延安已建成新品种的矮化密植果园 72 万多亩。

农民因为技术水平及人手不够等原因，在果园的管理上存在困难。镇政府提供一条龙“保姆式”服务，从苹果开花到采摘下树，要经过疏花、疏果、套袋、脱袋、转果等 30 多道工序，全部标准化管理。

农民在苹果存储及选择适宜的销售时间上存在着困难。国家组织合作社建冷库错峰销售，选择市场行情好的时候销售。7 亩苹果这样分批卖，果农一年能增收 4 万多元。截至 2021 年底，延安苹果冷气库贮存量达到总产量的 39.6%。到 2022 年底，冷气库有效使用率达 70% 以上。

果农的苹果收成后，还要通过市场转化为收入。单个果农开拓市场的能力有限，可能导致增产不增收。国家又采取农业专业合作社的形式，把果农联合起来一起解决困难。“企业 + 基地 + 农户”“订单生产 + 定价收购 + 全网销售”20 种联农带农模式，102 个利益联结体，牵起 1.3

万余户果农，带动10.5万亩生产基地。

为了帮助苹果卖上好价钱，延安建了选果生产线。截至2021年底，延安建成智能选果线105条，选果能力达每小时355吨。

网上销售已成为一种重要的销售渠道，为了帮助果农更好开拓网销市场，国家推动建设了产业园，入驻苹果现代产业园区，订购包装箱，打包、装车、发货，都有专业公司上门打理。苹果早晨在树上，中午在路上，晚上可能就在客户的餐桌上。目前，延安电商企业549家，各类网店、微店2.25万个。

目前，延安有苹果出口企业27家，将苹果卖到了欧洲、东南亚的30多个国家。2021年，延安出口苹果1326吨，货值达1292万元。

从2017年起，延安全市着力在苹果产后环节下功夫，多元化开发，多层次利用，多环节增值。越来越多深加工企业在延安扎根，苹果变身成果汁、苹果醋、苹果酒、苹果脆片，苹果长出更多“增值芽”。一斤苹果加工成果汁饮料，能增值1.6元，果农增收0.7元。延安全市28家果品加工企业，苹果精深加工转化能力56.4万吨。到2025年，精深加工将占苹果总产值的10%。

延安全市建成苹果旅游观光园区46个，年吸引游客170万人次，开展果树认养26.97万株。从品尝到欣赏、体验，苹果功能被开发、价值实现跃升，农村集体经济和农民收入也随之打开新天地。

在苹果销售环节，果农与收购企业之间容易发生纠纷，比如，就苹果的等级与价格可能难以形成一致意见，如果不能妥善解决，则可能给双方造成损失。为了尽快解决相关问题，当地政府设置了“移动”的法院，把法院设在田间地头，工作人员到现场直接调解纠纷，尽快解决农民的问题，帮助销售顺利完成。

延安这种“移动”的法院，在中国并不少见，一些游牧地区，也有“马背上的法院”，法院工作人员根据牧民的移动情况，到牧民生活的地区帮助其解决问题。

中国的扶贫工作，变“输血”为“造血”，既授人以鱼又授人以渔，使贫困地区具备了长期自我发展的能力。在国家建议延安发展苹果产业初期，很多当地群众热情并不高，但在广大扶贫工作者的积极带动下，在成功榜样的示范下，大家看到了机遇，变被动为主动。

第八章　管理取向

管理取向是在管理实践中考虑问题的倾向，与管理目标关系比较密切，但又不同于管理目标。管理目标是具体明确的，而管理取向涉及的范围会相对宽泛。比如，某天早晨的上班时间，突然天降大暴雨，严重影响了交通，有些地铁站也被水淹了，无法正常进站乘车，导致很多人上班都迟到了。在这种情况下，组织是严格执行迟到惩罚性规定，还是考虑情况特殊而宽容处理，这就体现了两种不同的管理取向。

中国传统管理思想对管理哲学基本问题的认识，都与西方管理学有系统性区别。这种差异有其文化根源，在管理取向上，中西管理思想也是有差异的。推究起来，西方管理学在经济管理领域中产生，以经济为取向，其目标是追求效率最大化。但是，中国管理思想，并不是以经济为取向，也不是以效率作为唯一目标、终极目标。中国管理思想在社会管理领域中产生，以伦理为取向。成中英、吕力（2012）的研究指出，“中国管理哲学是从行政管理开始的，所以现在企业管理都是走行政路子，西方现代刚好是从经济出来，是以经济学为基础，当代中国的管理学是以领导学为基础，也是以中国的政治哲学为基础”，“自从亚当·斯密之后，西方的管理哲学是以经济为基础的，中国的管理哲学是以伦理为基础的，这两者是有差别的”。以伦理为基础的管理与以经济为基础的管理，两者之间不应该进行笼统的直接比较，对于管理实践者来说，应该尝试看到两者之间的差异，并根据具体情况考虑两者之间是否存在互补性。

在西方的管理实践中，不太注重对个体的道德影响，个体道德是在管理实践之外实现的，在管理实践之内，只注重效率。但在中国的传统管理思想里，本身就包含道德促进的伦理价值，管理是中国传统社会塑造伦理道德的途径。如果我们一味学习西方的管理实践，就可能弱化了社会的伦理道德形成途径。在有神论社会中，伦理道德的建设可以在信仰里完成；而在无神论社会中，伦理道德的建设是在管理机制风俗文化中形成的。所以，我们不能在管理实践中片面追求效率，而忽略了人的道德形成，忽略了管理的伦理价值。中国的传统管理思想，以“人”为目标，凡是“人”所需要的，都可能在管理范畴内，而伦理与道德是人的重要需求。在儒家的社会管理中，是把经济管理与伦理道德统一起来的，一个人能享受的社会财富与其道德品质密切相关。“这是孔子的重要原则。除非你能提高道德标准，否则你不可能提高生活标准”①,“中国管理哲学实际上是一套宇宙论，一套本体论，一套伦理学，一套政治哲学”。(成中英、吕力，2012)

第一节　中国历史上管理思想的伦理取向及其实践

一、中国历史上管理思想的伦理取向

中国传统经典《大学》中有“格物、致知、诚意、正心、修身、齐家、治国、平天下”八个条目，这八个条目既是管理者成长的次第，也是修身为学的次第，两者之间具有统一性。可以认为，管理过程也是管理者自我人格成长的过程。在中国传统管理思想里，管理过程、修身过程、教育过程是统一的，都是遵循八个条目的路径。

管理过程首先是管理者的自我修养，“格物、致知、诚意、正心、修身”是一个“明德”的过程，“齐家、治国、平天下”是一个“亲民”的过程。其中，具有明显管理特征的过程是“齐家、治国、平天下”，从“齐家”来看，家的管理以规范长幼尊卑的伦理关系为主，家里也会涉及经济生产与物质分配，但这种经济关系一般是从属于伦理关系的。《论语》中说“有国有家者，不患寡而患不均”②,“寡”更多地指向经济特征，而“均”更多地指向伦理特征。这也反映了在家庭关系中，伦理关系比经济关系更重要。因此，在家庭中，对伦理的管理比对经济的管理更基础，只有伦理关系处理好了，才能有效处理经济关系。在家庭中，经济关系从属于伦理关系，伦理地位决定了经

① 陈焕章. 孔门理财学［M］. 宋明礼，译. 北京：中国发展出版社，2009：112.

② 孟子，等. 四书五经［M］. 北京：中华书局，2009：36.

济地位。从齐家到治国也自然顺承了这种伦理取向。伦理取向的管理，是以“教”去影响人，而不是依靠硬性规定。而“教”的过程，包含了修己安人等，“其家不可教而能教国人者无之，故君子不出家而成教于国”“宜其家人，而后可以教国人”“古之王者建国君民，教学为先”[①]“能为师然后能为长，能为长然后能为君。故师也者，所以学为君也。是故择师不可不慎也”[②]“道之以德，齐之以礼，有耻且格”。[③]《孙子兵法》中说“令素行以教其民，则民服；令不素行以教其民，则民不服。令素行者，与众相得也”。[④]《孟子》中说“仁言，不如仁声之入人深也。善政，不如善教之得民也。善政民畏之，善教民爱之；善政得民财，善教得民心”[⑤]明确提出了管理的两重内涵：“政”与“教”，并且认为“教”胜于“政”。这些论述都把管理与教化等同起来，而教化的内容主要是“德”与“礼”等伦理内容，这些都充分体现了中国传统管理思想的道德伦理取向。

可以认为，中国的管理思想源自自我管理与家庭管理，推而广之到国家管理与社会管理，个体的人生目标与生活目标，也成了国家与社会追求的目标，进而成了中国传统管理学的取向。西方管理学经济组织，经济组织的目标是获得经济利益，经济利益也自然成了西方管理学的取向。不同的管理取向产生了不同的管理方法，反过来，不同的管理方法背后蕴含了不同的管理取向。

中国的管理目标是人才的获得与发展，而伦理性是人的重要特征，可以认为，中国管理的伦理取向与“以人为核心”的管理目标是一脉相承的。个体要实现发展，需要具备一定的道德伦理品质；集体或群体要实现和谐共处，需要具备一定的伦理规范；社会要实现稳定发展，也需要具备一定的伦理基础。管理哲学家成中英先生也曾指出，“管理并不只是一种追求效率的行为，还具有一种伦理的重要性”。（成中英、吕力，2012）

二、中国历史上伦理取向的管理实践

中国传统管理思想起源于社会管理领域，具有明显的伦理取向。管理制

① 孟子，等. 四书五经［M］. 北京：中华书局，2009：379.
② 孟子，等. 四书五经［M］. 北京：中华书局，2009：380.
③ 孟子，等. 四书五经［M］. 北京：中华书局，2009：7.
④ 孙武. 十一家注孙子校理［M］. 曹操，等注；杨丙安，校理. 北京：中华书局，2016：258.
⑤ 孟子，等. 四书五经［M］. 北京：中华书局，2009：112.

度的设立有一个很重要的目标，就是引导社会道德风气的形成。这里我们列举一个陈焕章在其著作《孔门理财学》中关于礼的论述，看古代如何以管理方式引导社会道德风尚。[①]

《荀子·礼论》中说“礼起于何也？曰：人生而有欲；欲而不得，则不能无求；求而无度量分界，则不能不争；争则乱，乱则穷。先王恶其乱也，故制礼义以分之，以养人之欲、给人之求，使欲必不穷乎物，物必不屈于欲，两者相持而长。是礼之所起也”。[②]人天生就有欲求，有了欲求就想获得满足，为了满足欲求就要去获取，在获取的过程中就难免会有争斗，争斗多了社会就会乱，社会乱了以后正常的生产难以进行就会穷，所以先王就制定了礼，以礼来限制人的欲望，满足人的欲求，使人的欲望不超过社会的资源，使欲望与社会能提供的资源之间达到一定的平衡。《礼记·乐记》中说“好恶无节于内，知诱于外，不能反躬，天理灭矣。夫物之感人无穷，而人之好恶无节，则是物至而人化物也。人化物也者，灭天理而穷人欲者也。于是有悖逆诈伪之心，有淫泆作乱之事。是故强者胁弱，众者暴寡，知者诈愚，勇者苦怯，疾病不养，老幼孤独不得其所。此大乱之道也”。[③]如果人不能合理地节制欲求，被外物所诱惑，欲望无限增长，就会失去本有的良知，而被物欲操控，做出很多不道德的行为，社会就混乱了。这样看来，“礼”其实是社会管理制度，是进行社会资源分配的方法，也是保证社会和谐稳定的方法，引导人限制自己无穷的欲望，使人对物质的需求限制在社会能提供的资源之内，使社会中的弱势群体也能有适宜的生存空间。

采用什么方法来引导人遵“礼”向善呢？儒家进行了一系列的制度安排，消费的“阶级制度”是其中一种方法。人只有具有一定的身份爵位，才能享受一定的消费，如果没有爵位即使有钱买得起奢华物品，也没有权利享用。“虽有贤才美体，无其爵不敢服其服；虽有富家多赀，无其禄不敢用其财。天子服有文章，不得以燕公以朝；将军大夫不得以燕，将军大夫以朝官吏；命士止于带缘。散民不敢服杂采，百工商贾不敢服狐貉，刑余戮民不敢服丝玄纁乘马，谓之服制。”[④]那么，爵位又取决于什么呢？爵位的获得取决于一个人的道德，只有道德水平高的人才能获得高的爵位。“古者必有命民，民有能敬长怜孤，取舍好让居事力者，命于其君，命然后得乘饰车骈马。未得命者

① 陈焕章．孔门理财学［M］．宋明礼，译．北京：中国发展出版社，2009：107-112.
② 王先谦．荀子集解［M］．沈啸寰，王星贤，整理．北京：中华书局，2012：337.
③ 孟子，等．四书五经［M］．北京：中华书局，2009：381-382.
④ 苏舆．春秋繁露义证［M］．钟哲，点校．北京：中华书局，1992：223-225.

不得乘，乘皆有罚。故其民虽有余财侈物，而无礼义功德，则无所用。故其民皆兴仁义而贱财利。贱财利则不争，则强不陵弱，众不暴寡。”①只有道德高尚取得了相应爵位，才有资格享受一定的消费，否则即使有钱买得起也不能享用；如果没有相应爵位而享受这样的消费，就是有罪的，是要受到处罚的。如果一个人为了追求财富而损害了道德，财富对他来说也是没有价值的，即使有了财富也无法享受物质消费。为了享受一定的消费，既要有经济条件，也要有道德水平。

陈焕章评述说“将道德标准提高到生活标准之上，这是孔子的重要原则。除非你能提高道德标准，否则你不可能提高生活标准。道德家可以获得所有的物质享受，而金融家则什么也不能获得。因此，人们将为美德而不是财富而奋斗，两种标准将合而为一”。②也就是说，只有道德水平高才能获得爵位，只有获得爵位才能享受相应消费，否则即使有钱买得起也不允许使用。举例来说，龙袍只有帝王才能穿，老百姓即使再有钱，也没有权利穿龙袍。中国传统思想讲究“德必配位”，社会分配也以道德为准绳。这就促使人把道德作为追求的目标，而不是不择手段地获取钱财。

上面的例子是阶级社会的一种管理方式，在现代社会，不可能再应用相同的方式来进行社会管理，但是，其引领人道德成长的思想，仍然是值得借鉴的。在当今社会，以管理促进道德伦理建设，可以结合时代特征，在社会、组织、学校等不同领域进行一定的分工。各层政府组织及国家媒体等，也可以发挥一定的道德引领作用。比如，各种榜样的评选，在百姓中树立一些典型人物，既是对个体的激励，也是对社会风尚的引领。

第二节　伦理取向与效率

一、伦理取向与效率目标

中国传统管理思想，在社会管理中产生，以伦理为取向，注重人的道德引领与培养；西方管理思想，在经济管理中产生，以经济为取向，注重组织

① 韩婴．韩诗外传集释［M］．许维遹，校释．北京：中华书局，1980：206-207．
② 陈焕章．孔门理财学［M］．宋明礼，译．北京：中国发展出版社，2009：112．

利益的实现。两者的取向有所不同，不能进行简单的比较。在现代中国社会的管理实践中，不同组织应该考虑自身的特点，决定采取伦理取向，还是经济取向，或者两者之间的一个有机结合点。如果不进行这种区别，直接采取西方经济取向的管理模式，就可能会与自身的管理目标不匹配。比如，在一些公共管理领域，其终极目标不是实现效率最大化，而是推动整个社会的发展与进步，其管理即使不是完全伦理取向的，也应该包含很大的伦理成分。

人的才能可以划分为通用才能和专用才能，通用才能在任何组织中都可以应用，专用才能只有在特定的组织中才有应用价值。在人员流动性比较大的情况下，组织就没有动力去培养人的通用才能，因为自己承担了培养成本，却无法获得其收益。道德相对来说更接近通用才能，在人员流动性比较大的情况下，培养员工的道德就不符合组织利益；但是，在人员流动性比较小的情况下，培养员工的道德，组织就可以长期获得回报。在当前的中国社会，虽然一些经济组织的人员流动性相对较大，但是，还有一些组织或职业群体，其流动性相对比较小。比如，公务员、公立学校教师等职业群体，其人员流动性是比较小的，很多人都是一辈子从事这个职业，再加上政府和学校又都属于公共事业部门，在这样的组织中，适当的以伦理为取向，可能会实现更好的管理效果。

管理中的伦理取向与中国的整体观是一脉相承的，直接指向人生的终极目标，也指向人才获得与发展的管理目标。我们虽然分析了伦理取向与经济取向的差异，但还需要澄清一个问题，就是伦理取向不以效率最大化为目标，是否就无法实现效率目标？其实并不是这样的，以效率为目标不一定就能达到高效率，以伦理为目标不等于就无法实现高效率，效率的实现归根结底是由人的积极性决定的。哪种方式更能激发人的积极性和创造性，就可能有更高的效率，也就是说，伦理取向与效率目标之间并不是矛盾的。

根据青木昌彦（2001）的制度理论，在一定的社会环境中，不同制度之间往往具有互补性，只有实现有机协调，才能较好地发挥作用。所以，哪一种取向能够获得更高的效率，其实并不取决于取向本身，而是要看其与其他管理要素之间的匹配性。在管理实践中，管理的取向只有与其他管理要素之间相协调，相辅相成，才能更好地发挥作用。因此，如果对管理取向进行有意识的选择，则需要考虑其与其他要素之间的互补性，其他要素是更符合西方管理思想的特征，还是更符合中国传统管理思想的特征，抑或是两者之间的融合。在此基础上，再考虑管理取向的选择。此外，不同的组织具有不同的目标，其管理取向的选择也会有所差异，比如，经济组织可能更倾向于经济取向，而公益组织、教育组织、政府组织可能会有相对较高的伦理取向。

二、伦理取向与经济取向的比较

西方管理学或者说西方社会是经济取向的，以效率为目标。之前，由于我国在多个方面落后于西方，一直受西方的压迫，形成了“落后就要挨打”的思维方式，如果要改变被压迫的命运，自然就要在经济上不输于对方，所以，我们学习西方的经济发展方式，学习西方的管理思想，同时，我们学习来了一些社会矛盾。效率目标是封闭的，具有竞争性，具有零和博弈的特征，有人得到的多就必然有人得到的少，在追求利益的过程中，必然有人要成为失败者。道德伦理目标是开放的，不具有竞争性，有人道德高尚并不妨碍他人道德高尚，在追求道德的过程中，每个人都可以是成功者。

经济取向倾向于用效率来衡量人的价值，把人工具化。人的才能其实是多方面的，如果能用更开放的标准来评价人，那么每个人都可以有自己的优点与特长，但是，一旦只用效率标准来评价人，不符合这一标准的人就变成了失败者。如果以整体观来看待人，不仅要看到人的生产价值，也要看到其能否扮演好自身的各个角色。比如，孝顺的子女，慈爱的父母，忠诚体贴的伴侣，讲信义的朋友，等等，哪一方面做得好都可以认为是一个成功者。以整体观来看待人，就可以全面塑造人的价值。这种价值并不是功利的或者有形的，一个人能把自己的生活过得好，也是一种社会价值。一个能把自己生活过得好的人，就不大可能去伤害别人，危害社会。在这个意义上培养人的自我调节能力与道德修养，具有重要的社会价值。如果能够以开放的伦理取向来看待人，就可以“以人观人”，而不是以“工具性价值”来看人。

在中国传统管理思想中，以人的发展为目标，而道德伦理性是人的重要特征，组织的成长发展与人的道德成长之间具有紧密联系，因此，在中国传统管理思想中，管理是具有伦理取向的。道德伦理标准是开放式的，没有竞争性，在追求道德的过程中，每个人都可以是成功者。每个人在道德上的成长都不会妨碍其他人的道德成长，甚至可能产生正向的外溢作用。有优秀的道德榜样，可能激励其他人向其学习。每个人在功名利禄方面的发展空间终是有限的，但是，每个人人格修养的路是无限的；财富的差距不是都能有追赶的可能，但是，人格的距离永远存在着追赶的机会。如果人们能以道德修养为人生追求，也可以缓解财富差距产生的矛盾冲突。在以道德修养为人生追求的人眼里，“为富不仁”的人生根本不值一提。一个人一旦把人格修养作为自己的人生目标，这个人就永远是充实而丰盈的。一个社会如果大部分人都把人格修养作为人生追求的目标，这个社会就是充满生机与力量的。

第三节　当今中国社会管理中的伦理取向

在中国社会管理实践中，有很多伦理取向的表现。

一、人才选拔的伦理取向

1. 不同选拔方式背后的价值取向

我们先看两种领导者的选拔方式。

第一种选拔方式有两个要点：一是在一定范围内进行投票选举，票数高者获得胜利；二是候选人不得以任何方式投入资金影响投票结果。

第二种选拔方式有两个要点：一是在一定范围内进行投票选举，票数高者获得胜利；二是候选人为了赢得选举，可以以一定的方式投入资金。

我们来思考一下在这两种选拔方式中，决定一个人能否被选拔出来的因素是什么。在第一种情况下，投票者的决定不受候选人的资金实力影响，投票者可能根据自己对候选人的实际评价等因素进行投票。在第二种情况下，如果一个人有足够的资金实力，能够投入足够的资金，那么其资金实力可能成为是否获胜的决定因素。这种资金投入的方式可以是多样的，如加大媒体等方面的宣传力度，直接“贿赂”投票者，等等。

中国农村实行村主任选举制度，村主任通过全体村民选举产生，这种产生方式帮助很多村庄选拔出了村民拥护的村主任，但是，也出现了一定的问题。有的村，不学无术的人，甚至地痞流氓成了村主任。这些人在选举过程中不择手段，投入很多资金挨家挨户送礼，都是乡亲，送到谁家谁家都不好意思拒绝，拒绝就意味着表明不支持，得罪了候选人。朴实的村民既然收了人家的礼，在投票时就又不好意思不选人家。这些靠给村民送礼当上村主任的人，当上村主任之后往往会通过贪污等方式，把自己投入的资金加倍赚回来。正人君子不想在当上村主任之后贪污，对于他们来说在竞选阶段投入的资金是有去无回的，也就没有动力参选。当然，这是一种违规行为，但是，这种违规行为可以帮助我们更清晰地看到，这种有资金干预的选举最后的决定因素是什么，选举胜利后续的可能是什么。在西方某些国家的总统选举过程中，是可以公开接受赞助资金的，表面上看起来是由大家自愿选举产生的，但是，竞选者的资金实力在其中发挥了重要作用。赞助者如果不是慈善家，则可能也会期待在总统获胜之后，自己能够通过某种方式收回成本。这样的选举结果，表面上看是由选举产生的，实际上可能是由资本实力决定的。表面上是某个人取得了胜利，实际上可能是他们背后的资本取得了胜利。如果资本的实力足够强，则可以同时资助所有竞选者，不管谁胜谁负，资本都是稳定的赢家。可见，在评价某种选拔制度时，不能只看选举形式，还要深入看其背后的决定因素。允许投入资金的选拔，其深层的决定因素是资金实力，选拔结果可能被资本控制；不允许投入资金的选拔，才可能不受资本的干扰。

2. 中国人才选拔的伦理取向

在中国政府机构，人才选拔的标准，一般来说是“德才兼备”，一方面看道德水平，另一方面看能力水平，有明显的伦理取向。无论是公务员选拔，还是官员提升，都严格禁止使用资金进行运作，这样做是违法的。在其他很多组织机构中，德才兼备是重要的人才选拔标准，也具有伦理取向。不排除会有违规操作，但这种违规操作是要受法律制裁的，是不被制度允许的。对于这种人才选拔标准，中国人可能都是习以为常的。如果把视野放得更开阔些，进行一下对比，就可以有更深入的认识。一般来说，中国的人才选拔是不受资金影响的，但是，有些其他国家的人才选拔是取决于候选人的资金实力的。

中国的人才选拔，从正统上说都是伦理取向的，但是，在实践过程中，不排除可能产生任人唯亲的“关系取向”，这种取向可能让人不专心做好本职工作，而一心想要拉帮结派。这种情况应该尽量避免。

二、重大决策的伦理取向

中国的很多重要决策都是具有伦理取向的，比如，战争决策。很多其他国家是从实力与利益的角度来做战争决策的，觉得自己有实力打赢，打赢之后有利可图就可能发动战争。中国的战争决策从来都是基于“正义”的考量，中国的军队从来都是“正义之师”，是为维护自己国家的主权及合法权益而战，绝不是为掠夺利益而战。中国即使再强大，也不会去侵略其他国家，而是以“合作共赢”“利益共同体”的方式，谋求与其他国家一起发展。这不仅是中国政府的决策，也是中国人民的心声，中国人民是不能想象自己的国家去发动侵略战争的。中国作为世界和平与正义的力量，具有极大的稳定性，因为这来自全国人民长期的文化共识。

2020年初，武汉发生疫情，传染性强、致死率高，当时正值春节期间，人口流动性大，全国人民的生命都面临着威胁。这种情况要如何处理，新中国历史上没有先例，国际上其他国家也没有先例，在紧急情况下，国家以非凡的勇气毅然做出“生命至上”的决定，武汉封城全国停摆，春节假期延长，在疫情控制了之后，才逐渐恢复正常。2020年，第十三届全国人民代表大会第三次会议上的政府工作报告中说“我们也付出巨大代价，一季度经济出现负增长，生产生活秩序受到冲击，但生命至上，这是必须承受也是值得付出的代价”。这是一个以牺牲经济保障人民生命安全的决定，一个“生命至上”的决定，是一个具有伦理取向的决定，而不是经济取向的决定。

从事后来看，这种决策是非常正确的，也得到人民群众的认可和称赞。尤其是当其他国家管控不力，造成非常大的人员伤亡的情况下，人民群众更是为祖国的有力做法感到赞叹与骄傲。但是，如果仔细分析就会发现，政府为了人民的生命健康安全承担着的决策风险。在社会学研究中，为了确定一种政策是否有效，一种分析方法是采取实验组与对照组的研究设计。根据实验组与对照组在政策实施前后变化的差异确定政策效果。如果缺乏对照组，我们只知道采取一种政策的效果，而无法知道不采取这种政策的后果。其他国家暴发大规模疫情，相当于给我们做了一个对照组，让我们充分认识到国家决策的正确性。试想如果没有其他国家作为对照，我们是否还能充分认识；在经济困难面前，是否会有人难以理解，甚至有不满情绪。

而在国家做决策时，其他国家还没有暴发大规模疫情，也就是说，国家为了保障人民的生命安全是承担了决策风险的。作为一个从贫穷落后逐渐发展起来的国家，我们对经济发展的重视不言而喻，而这次疫情国家的迅速决策，也让我们看到了，为了保障人民的生命安全，国家的决策是果断的，体现了决策者为人民生命安全甘担风险的勇气。一些其他国家，在有中国做先例的情况下，决策也没有中国迅速。中国之所以不观望、不犹豫，是因为对人民生命安全的重视，这背后有一种重视每个人的人性观，有一种伦理的价值取向。

三、伦理取向的社会制度

中国在社会管理中，也表现出伦理取向，积极促进良好的社会风尚。中国社会有一系列表彰制度，表彰在不同领域对社会做出突出贡献的人，表现出高尚精神的人等，这些表彰活动，一方面激励了获奖者本人，另一方面起到了弘扬良好社会风尚的作用。除了一系列表彰活动外，也在人民群众中树立起了一些典型人物，成为全民熟知的道德精神榜样，如雷锋、焦裕禄等。中华儿女经过艰苦卓绝的斗争才取得了国家独立、民族解放，有很多可歌可泣的故事，也都成了中国社会道德建设的宝贵财富。英雄烈士、烈士陵园、军事博物馆、国家公祭日等人物、场所、活动、节日等，都是引导社会精神建设的途径。

四、执法取向的讨论

根据中国的文化特点，政策法规的制定与执行都应该以弘扬优秀传统文化及社会主义核心价值观为中心，鼓励利他奉献精神，鼓励个体的道德成长。法律虽然是明确的，但在执法过程中也是可以有一定取向的，这个取向应该符合中国的文化特点及社会发展需要，以教化人为目标，而不能以惩罚人为目标。助人为乐者、见义勇为者等，都要受到法律的公正对待，使其发挥正向的社会风尚引导作用，在社会上形成利他奉献的风气。如果助人为乐者、见义勇为者却要被法律惩罚，一方面就事件本身来说不公平，另一方面会产生很坏的社会影响，鼓励人自私利己，打击人的利他奉献意愿。一名中医把自己治疗的一个医案总结出来分享给社会，被某执法部门罚款了，罪名是有做广告之嫌。医案是中医传承的重要途径，中国历史上有很多著名的中医，都是以总结医案的方式分享自己的治疗经验，以期利益群生。一个详细的医案公布出来，意味着所有医生都可以参考该医案给具有相似病症的患者治疗，相当于把个人经验变成了公共经验。这些医案是医生利他奉献精神的集中体现，从古至今都在福泽中华民族，福泽世界人民。如果中医分享医案也要被惩罚，真是要弃中华传统精神于不顾了，这样的执法方式，要打击多少医生分享医案的意愿！退一步讲，即使分享医案在客观上起到了“广告”作用，当一件事情既有利国利民的作用，又有广告作用的时候，执法者要秉持什么样的执法倾向？是把人当成坏人罚款，还是把人当成好人默许。执法者应该提高中华优秀传统文化修养，使其执法能力符合弘扬中华优秀传统文化的要求。弘扬中华优秀传统文化应该落实到社会日常生活的方方面面，在社会日常生活中尊重优秀传统文化和传统习俗，把弘扬中华优秀传统文化作为额外的工作去做，就是“头上安头”了。

子曰：“听讼，吾犹人也。必也使无讼乎！无情者不得尽其辞，大畏民志，此谓知本。”执法的目标不是“惩罚”，而是教育，能够让百姓知道什么是对，什么是错，能自愿自觉地按照正确的行为标准去做。执法者并不只是评判者，也是教育者。如果执法者只是评判者与惩罚者，就会造成执法者与百姓之间的对立，甚至造成仇恨情绪，产生冲突。如果执法者是教育者，执法者与百姓之间就是站在一条战线上，都是为了把事情做得更好、更有利于社会，这样两者之间即使有意见不一致的地方，也能相互理解。有的执法者结合“惩罚”与“默许”来执法，如果有人做了不合法的事就罚款，交了罚款以后可以继续做违法的事，这就损害了法律的尊严，也让百姓觉得制定这样的法律就是为了罚钱。执法机构与执法者的目标，应该着眼于整个社会风尚，着眼于教育人，而不是“罚款创收”。

第九章　中西方管理哲学比较及人文管理理论学科体系展望

通过前面的分析可以看到，中华优秀传统文化中的管理思想在管理哲学的基本问题上，与西方管理思想有所不同。本章我们将专门对中西管理哲学进行比较分析。

本章的结构如下：第一节，分析与管理密切相关的中西方文化差异；第二节，讨论西方社会科学及其研究方法的文化属性；第三节，对中西方管理哲学在各方面的差异进行全面比较，并阐释管理实践应该如何借鉴其他文化的管理经验；第四节，中西方管理思想各自的的内在体系性；第五节，人文管理理论与科学管理理论的比较；第六节，展望人文管理理论的学科体系。

第一节　与管理密切相关的中西方文化差异

关于中西方文化的差异，哲学、社会学、文化心理学、管理学等不同领域的学者，都从不同角度进行了总结。这里我们侧重从管理学视角来看中西方文化的差异，在此基础上进一步分析中西方管理哲学的差异。

一、整体思维与分析思维

整体思维，是从整体的角度出发，着眼于事物之间的相互联系和相互作用，进而理解和规定对象的一种思维方式；分析思维，是把对象首先分解为部分要素或某种基质，其次说明和规定整体的一种思维方式。（高晨阳，1987）中国人的思维方式倾向于整体思维，而西方人的思维方式倾向于分析思维，这种思维方式的差异不同领域的研究学者多有论述，且得到了一些实证研究的证实。中西方这种思维方式的差异，体现在了很多方面，如医学、物理学、艺术等。这种思维方式的差异自然也会反映到组织行为中，并进一步体现在管理模式中。

二、集体主义与个人主义

集体主义是一种群体取向或他人取向的价值观，侧重强调个体对社会、对他人的责任，主要从集体利益角度考虑问题；个人主义是一种自我取向的价值观，侧重强调自我依靠、个体独立，主要从个人利益角度考虑问题。整体思维倾向于把组织成员看成一个整体，表现出集体主义倾向；分析思维倾向于把组织成员看成独立个体的集合，表现出个人主义倾向。中国文化具有集体主义的特点，而西方文化具有个人主义的特点。这种价值观差异会成为组织行为差异的来源。

三、和谐取向与竞争取向

和谐取向，是指追求人与人之间友好和谐而尽量避免冲突的倾向；竞争取向，是指施展个人能力以超越他人的倾向。整体思维倾向于追求人与人之间的协调平衡，表现出和谐取向；分析思维倾向于追求个人利益的最大化，表现出竞争取向。相较而言，中国文化具有和谐取向，而西方文化具有竞争取向。“从中国哲学传统来说，中国是以本体宇宙论作为基础……本体宇宙是从太和这一理念发展出来的，人因而应该追求和谐、实现和谐。西方哲学从神学走向理性主义，……人人都是自私的，都为了自己，而必须面临相互的竞争……相较而言，中国的和谐论，不太强调竞争，所以在文化上基本维持着一种伦理的导向。”（成中英、吕力，2012）具有不同取向的人，对组织的期待会有所不同，在组织中的行为表现也会有所不同。

四、情境理性与制度理性

中国人是具有情境理性的，要根据具体情境做出最优选择，而不是顽守既定的制度；西方人是具有制度理性的，不管具体情境如何，都要按照制度去执行。情境理性倾向于给人更大的决策空间和行动空间，授权个体在具体情境下，根据情况做出最优的选择，而不是不顾具体情境，一味按照制度刻板执行。制度理性，就是不管实际情况如何，都按照事先约定的制度来执行。情境理性者相信人是管理的核心，看到人的具体性，人才选拔相对严格。制度理性者认为情境理性者不按制度行事是不可理喻的，情境理性者认为制度理性者不按具体情况行事是不可理喻的。

需要特别说明的是，这里所指的中西方文化差异是相对而言的，而并不是一种极端的价值取向。按照中华优秀传统文化来说，比较讲究“中道”，讲究在具体情境中的适宜，任何极端的取向都可能有其弊端。对于中国文化来说，理想的集体主义是符合“中道”的集体主义，是不压抑个体创造性与能动性的集体主义；理想的和谐取向是符合“中道”的和谐取向，而不是不顾是非标准抹杀个体差异的和谐主义。

第二节　西方社会科学及其研究方法的文化属性

从我个人的教育经历来看，从本科到博士研究生都是在学习管理学和经济学，之前我一直深信不疑地认为自己学习的是具有普适性的科学；我主要使用量化研究方法做研究，也深信不疑地认为量化研究是科学。在对中华优秀传统文化有了一定的认识以后，我才开始意识到西方社会科学及其研究方法的文化属性。

一、西方社会科学理论的文化属性

西方社会科学，产生在其社会实践中，而社会实践都是在其文化背景中的。西方管理学作为一门具有实践性的学科，体现了西方的分析思维、个人主义、竞争取向、制度取向等文化特点，这些特点之间也是有关联性的。经济人假设是西方管理学与经济学的基础，假设人追求自身收益最大化，体现了西方个人主义、竞争取向的文化特点，是分析思维的体现，充满了西方文化意味。在中国传统文化思想里，绝不会提出这样的假设，也确实没有提出过。比如，基于经济人假设的科学管理，通过实验寻找到工人动作的最佳方案，把人的动作规定得极其精细，再用物质激励来控制人。从逻辑上讲，这并不难想到，但是，在中国几千年的漫长历史上都没有产生科学管理，因为它不符合我们对人性的认识。我们的人性观是“人皆可以为圣贤”，对人的管理要“道明法自生”，要给人充分发挥自身聪明才智的空间。中国历史上遗留下来的很多艺术品都是广大普通工匠创造的，从这些艺术品的精美与气息上看，制造者一定是内心沉静、安宁自由的，绝不是用科学管理的方式可以实现的。

很多人对经济人假设深信不疑，觉得这是对现实的合理抽象，内心深处甚至认为那是谦称为“假设”的事实。在这样的假设基础上，有一个基本原理是“每个人都努力最大化自己的效用，就会最大化社会效用”，并有严格的数学证明。这样的原理虽然表面上看是在追求“社会效用最大化”，却鼓励每个人做自私利己的人，难免产生欺诈等行为，“社会效用最大化”最终很难实现。在中华优秀传统文化思想下，不可能提出这样的论断，如果有相关论断，也应该是“如果每个人都努力最大化社会的效用，就会最大化个人的效用”。从数学证明上看，两者其实是等价的。在西方文化思想下，选择了前者作为定理；在中华优秀传统文化思想下，绝不会提出这样的论述，如果有，只会是后者。虽然从数学证明上看两者是等价的，但是后者会鼓励大家做利他奉献的人，这也正是中华传统价值观的突出特点。从这个意义上看，理性人假设其实有很重的文化意味。但是，一旦穿上了科学的外衣，就容易掩盖其文化性。

产生自西方文化情境中的所谓社会科学理论，虽然披着科学的外衣，但是里面蕴含了很多文化的东西，文化披着科学的外衣兜售给我们，我们就照单全收了。近年来，国家提出弘扬中华优秀传统文化，在学术界也听到了嘹亮的响应之音。虽然大家意识到了优秀传统文化的重要性，但有一部分人在具体思维上还是被西方社会科学规训的思维方式，评价标准还是西化的那一套标准。有些不明就里的人甚至认为，“科学”在人类中是具有普适性的，不需要对社会科学区分西方与东方。这也许是本土学术在发展过程中的必经之路吧，希望以后学术界能够发掘中华传统智慧，秉持实事求是的精神，让学术可以更好地为认识真实服务，为人类的幸福美好生活服务。

二、西方社会科学研究方法的文化属性

西方社会科学使用的研究方法，其实也是西方文化和思维方式的体现。比如，西方社会学研究中常用的实证研究方法，包括量化方法、质性方法等，归根结底都是在分析一部分因素的变化如何影响另一部分因素，或者一部分因素的差异如何造成另一部分因素的差异。这种思维方式归根结底是西方二元分析思维及世界观在研究方法上的体现，世界可以被分解为它的组成部分，

所以可以分析一部分因素对另一部分因素的影响。在中华传统的一元整体思维及其世界观下，世界是普遍联系的，是不能被简单划分为其组成部分的。

有些学者一提起西方顶级期刊发表的论文及其作者，就佩服得五体投地，觉得这是世界一流；一提起中国的东西就嗤之以鼻，觉得不入流。《庄子》中说“以差观之，因其所大而大之，则万物莫不大；因其所小而小之，则万物莫不小。……以功观之，因其所有而有之，则万物莫不有；因其所无而无之，则万物莫不无……以趣观之，因其所然而然之，则万物莫不然；因其所非而非之，则万物莫不非”[①]，这些论文于作者是不是世界一流呢？如果按照他们的思维方式来看，确实是世界一流的。但是，如果能跳出这个思维，或许会发现不同的世界。做一个不一定恰当的比喻，世界上的顶级自行车毕竟还是自行车，不能说就一定比普通汽车、普通火车、普通飞机好。我们在实践领域取得了让世界瞩目的成就，也让所有中华儿女充满了自信心和自豪感。但是在学术领域，部分人一直处于自我矮化的位置，提起西方的就觉得“世界一流”，提起中国的就觉得“不值一提”。当然，并不是说产生自西方的研究方法有其局限性就可以完全否定其价值，更不能说不使用这些研究方法的中国研究就是好研究，而是说我们要打破西方学术的束缚，以更开放的心态建立自己的学术标准，而不是把西方的标准作为唯一标准。我们应该让二元分析思维和一元整体思维优势互补，不能仅仅抱住别人“二元分析思维”的“大腿”，而丢了自家“一元整体思维”的宝贝。

第三节　中西方管理哲学差异比较

当今的中国社会取得了举世瞩目的发展成就，证明了中国社会的管理能力。中国当代社会的管理能力，一方面是向西方发达国家学习，另一方面是继承中国自己的文化传统。西方管理思想以西方管理学的形式展示出来，但是，中国传统管理思想学术领域尚缺乏系统的梳理。本书尝试从管理哲学的基本问题出发，对中国传统管理思想与西方管理思想进行比较分析，可以帮助我们更好地认识中国传统管理思想，有助于我们根据管理情境做出更适宜的管理决策。

管理哲学是一门新兴学科，尚处于发展阶段，西方对于管理哲学的发展，

---

① 陈鼓应. 庄子今注今译［M］. 北京：中华书局，2009：452.

也主要在学习中国的管理思想。（成中英、吕力，2012）管理哲学的基本问题包括人性假设、管理目标、管理方法、激励方式、管理取向、管理范畴、管理评价标准等，这里拟从这些管理哲学的基本问题出发，比较中国传统管理思想与西方管理学的差异，一方面有助于我们系统思考中国本土的管理理论，另一方面有助于为管理实践提供参考。

一、人性假设

人性假设是西方管理学的基本出发点，西方管理学主要是从“善恶”角度来认识人性，虽然其人性观有一定的变化与发展，但都是从人的欲求角度来认识，通过满足人的欲求“诱惑”人努力工作。在中华优秀传统文化思想里认为“人皆可以为圣贤”，既肯定了人的善性，也肯定了每个人都有无限的潜能，拥有无限的可能。中国人对人性潜能的这种认识，集中体现在中国人耳熟能详的寓言故事《愚公移山》中。这种人性观在中国社会有各种体现，比如，中国政府为人民服务的宗旨与群众路线，中国人相对来说更相信自身努力的作用，等等。

通过总结分析，我们认为在中国传统管理思想中，人性观的两个方面与管理关系比较密切，一是人性的善恶，二是人的潜能。中国文化从更广阔的视角来认识人性，超越了西方管理学仅从善恶角度来认识人性。善恶角度更多地指向管理中的监督与激励问题，而潜力角度则可以指向管理的授权、培训等问题，为管理奠定了更坚实的基础。

二、管理目标

一般认为，西方管理学以效率最大化为目标。一旦以效率为目标，就把人工具化了，人成了实现效率的工具，可能忽视人的真正价值与需求。在中华优秀传统文化思想中，不以效率为目标，而以人才的获得与培养为目标，“是故君子先慎乎德。有德此有人，有人此有土，有土此有财，有财此有用。德者，本也；财者，末也。外本内末，争民施夺。是故财聚则民散，财散则民聚”。[①] 这里提到了“德”“人”“土”“财”“用”，西方的效率目标，主要体现在物质财富上，对应到这里，主要对应着“财”，从这段论述中可以看出，

① 孟子，等．四书五经［M］．北京：中华书局，2009：48．

在中国传统思想里，“土”的重要性大于“财”，“人”的重要性大于“土”，“德”虽然是根本，但“德”主要是针对自身的，从外在来看，最根本的就是“人”。所以，儒家管理思想，内在上是修为自身的德行，外在上是以人才获得与发展为目标，并不以“财”为目标，即使获得“财”，也是为了“用”，如果不能正确使用“财”，其本身就失去了价值。

以“人”为目标是否与效率目标相矛盾呢？所有的价值，归根结底都是由人创造的。当以“人”为目标时，重视人的多方面的需要，一旦人得到了充分发展，就可能创造出更高的价值。所以，以“人”为目标与效率目标之间，可能存在一定的不一致性，但两者之间并不是矛盾的。

三、管理方法

西方管理学以效率最大化为目标，以制度作为实现目标的管理方法，比如，绩效工资制度、科层制度，制度做出详细的规定，强制或者激励被管理者按照管理者或者组织的意图去完成工作，制度的制定主要是出于利益或效率的考量。在中国传统管理思想中，以人才获得与发展为目标，也要有相配套的管理方法。在《论语》里有这样的论述“道之以政，齐之以刑，民免而无耻；道之以德，齐之以礼，有耻且格”。[①] 其中的“政”与“刑”与现代管理学的“制度”内涵比较接近，以规定与奖惩的方式进行管理。但是，这里说，以这样的方式来管理“民免而无耻”，只有以“德”和“礼”来管理，才能“有耻且格”。我们先来看看“民免而无耻”与“有耻且格”两者的区别。一个是他人监督，另一个是自我监督；一个是监督外在行为，另一个是监督内在心理。靠他人来监督行为，可以说会防不胜防；而靠自己来监督自己的内心，内心里不产生恶念，自然就不会产生外在的恶行。德政其实具有两个方面的含义：一方面是管理者以修己安人的方式来管理下属；另一方面是给下属足够的德行成长空间，而不是用惩罚性制度来压缩其道德空间。在有惩罚措施的条件下，一旦一个人犯了错误，往往首先想到如何逃避惩罚，只有在没有惩罚威胁的情况下，才更可能进行道德的反思。

要实现被管理者的“德”与“礼”，就要辅之以教化。如何教化？首先，管理者要修己安人，以身作则。在儒家经典《大学》中，提出了“格物、致知、诚意、正心、修身、齐家、治国、平天下”八个条目，这八个条目，既

① 孟子，等．四书五经［M］．北京：中华书局，2009：7．

是教育的过程，也是管理的过程。可见，在中国传统思想里，教育过程与管理过程是具有高度重合性的。德政与教化是管理的重要方法。

当西方管理学传入中国时，很多人都惊叹于制度的精细化。在中国传统管理方法里，一般不靠精细的制度管理，那如何保障员工能按照组织的利益行事呢？中国文化讲究“礼之用和为贵”，通过“和”使大家的利益具有高度一致性，即使在无人监督的情况下，个体也会自愿做出对组织有利的选择。在西方的组织中，人与人之间是工作关系，个体与组织之间也主要是工作关系。但是，在中国的组织中，倾向于追求人与人之间的和谐关系，个体与组织之间多方面的依赖，也会应用一些制度安排保障集体利益一致。在这种以“和”维系的人际关系及人与组织利益关系下，个体在不同的情境中，都更可能做出对组织、对集体最优的选择，而不是只做对自身最有利的选择。以制度来进行管理，制度很难是完备的，不可能在任何情况下都是最优决策，中国管理思想通过简约的制度与“和”互补，可以给具体执行者以更大的授权，使其在具体情境下根据实际情况做出对组织最有利的选择。这样的管理方法，也是与“人皆可以为圣贤”的人性观相匹配的，只有相信人的善性与能力，才可能给予更大的授权，才更愿意相信教化的作用。

四、激励方法

西方的激励理论有内容型激励、过程型激励、目标激励等，归根结底都是以某种利益诱惑被管理者按照管理者的目标去工作。西方管理学虽然在不断发展，但基本上都是在探索人的需要，通过满足其需要，诱惑其努力工作。西方管理理论，以经济人假设为基础，以效率最大化为目标，以制度为主要管理方法，以物质激励为主要激励方法。中国传统管理思想的人性观是“人皆可以为圣贤”，这样的人性观意味着把人当成“好人”来管理，意味着“道德激励”。中国传统管理思想以“人”为目标，在管理方法上应用德政与教化，同时配合以相应的激励方式。西方的激励方式，对应到中国文化里，主要对应着“利”，而在中华优秀传统文化里，有对于利的认识，以及“利”与“义”关系的认识，如《论语》中说“放于利而行，多怨”①，《孟子》中有这样的论述“为人臣者怀利以事其君，为人子者怀利以事其父，为人弟者怀利以事其兄。是君臣、父子、兄弟终去仁义，怀利以相接；然而不亡者，未之

① 孟子，等．四书五经［M］．北京：中华书局，2009：11．

有也。……为人臣者怀仁义以事其君，为人子者怀仁义以事其父，为人弟者怀仁义以事其兄，是君臣、父子、兄弟去利，怀仁义以相接也。然而不王者，未之有也”。①可见，在中国传统管理思想里，认为纯粹的利益激励是存在弊端的，因此，并不主张纯粹的利益激励，而是强调“义”在其中的作用，用君子的德行来激励人，“君子喻于义，小人喻于利”。②从外在利益来说，最大莫过于生命，如果生命没有了，一切外在利益也就都失去了作用。在《孟子》中有这样的论述：“生，亦我所欲也；义，亦我所欲也。二者不可得兼，舍生而取义者也。生亦我所欲，所欲有甚于生者，故不为苟得也；死亦我所恶，所恶有甚于死者，故患有所不辟也。”③可见，中国传统思想对于“义”的重视。那么，如何使人重视“义”呢？这又恰好是与中国管理方式相配合的，就是德政与教化。《论语》中说“志士仁人，无求生以害仁，有杀身以成仁”。④

西方采用利益激励的方式，而利益是人期待获得的，能给人带来满足和愉悦，所以其可以发挥激励作用。“义”“德”“教”的激励作用是如何发挥的呢？《论语》中说“知者不惑，仁者不忧，勇者不惧”⑤,“智者乐水，仁者乐山；智者动，仁者静；知者乐，仁者寿”⑥,“君子不忧不惧”⑦,“不仁者不可以久处约，不可以长处乐”⑧,“苟志于仁矣，无恶也”⑨，可见，在儒家的理念中，良好的道德可以形成良好的情志，道德水平高更容易获得快乐的感受。“‘乐者，乐也。’君子乐得其道，小人乐得其欲。以道制欲，则乐而不乱；以欲忘道，则惑而不乐。”⑩可见，在中国传统管理思想里，不仅利益的满足可以给人带来快乐，高尚的道德也可以给人带来快乐，而且缺乏道德规制的欲求快乐，是不可持续的，会让人“惑而不乐”，只有德行才能给人带来持续的快乐。

下面，我们需要思考“道德”为什么可以给人带来快乐，道德激励相对于利益激励有哪些优势。欲求快乐既有饱和性，也有无厌足性。所谓的饱和性，就是有些欲望的满足是有上限的，如饮食，不管一个人多富有，胃口和

① 孟子，等. 四书五经［M］. 北京：中华书局，2009：108.
② 孟子，等. 四书五经［M］. 北京：中华书局，2009：11.
③ 孟子，等. 四书五经［M］. 北京：中华书局，2009：105.
④ 孟子，等. 四书五经［M］. 北京：中华书局，2009：34.
⑤ 孟子，等. 四书五经［M］. 北京：中华书局，2009：22.
⑥ 孟子，等. 四书五经［M］. 北京：中华书局，2009：16.
⑦ 孟子，等. 四书五经［M］. 北京：中华书局，2009：27.
⑧ 孟子，等. 四书五经［M］. 北京：中华书局，2009：11.
⑨ 孟子，等. 四书五经［M］. 北京：中华书局，2009：11.
⑩ 孟子，等. 四书五经［M］. 北京：中华书局，2009：384.

食量都是有限的，在达到了一定的富裕程度后，就是财富再增长也不太可能用于改善饮食。所谓的无厌足性，在某些方面，欲望又有“欲壑难填”的性质，如对奢侈品的需求。从持续性来说，物质激励要不断地重复进行，去年发的奖金很少在今年仍然发挥激励作用，但是，道德激励的持续性可能相对长久。道德快乐可以转化为欲求快乐，比如，孔子“饭疏食饮水，曲肱而枕之，乐亦在其中矣。不义而富且贵，于我如浮云”[①]，颜回“一箪食，一瓢饮，在陋巷，人不堪其忧，回也不改其乐”。[②]但是，从易感知性来说，可能欲求激励更容易感知。我们不是否定利益激励，而是强调应该以道德激励作为补充，利益激励很难独自发挥良好的激励作用。从儒家的视角来看，儒家并不提倡严格的“禁欲主义”，而赞成适当的欲求满足，但是反对“穷奢极欲”。欲求的满足应该在符合“道德”的基础之上，不能为了满足欲求而做不道德的事。

“格物、致知、诚意、正心、修身、齐家、治国、平天下”八个条目，是修身过程，也是道德成长过程，蕴含了道德激励需要遵循的规律。其中的“诚意、正心”与情志密切相关，可以认为情志相关的激励是道德激励的组成部分。只有知道应该如何做，并愿意去做，才会产生行为。一个情绪良好的人，既会有合作意愿，也会有工作效率；相反，一个内心不满的下属，终究要找到发泄自己不良情绪的途径。作为激励工具的情感关怀，具有有效性、外溢性、多元主体性、持续性、双向性、经济性、主动性等特点，管理者应该注重情志的生产作用与激励作用。

此外，中国在人才选拔过程中，特别注重“德才兼备”，道德水平越高，可能职业发展机会越多，这在客观上也可能使得讲道德具有经济回报。实证研究结果表明，个体的道德水平越高，情绪状态越好，经济收入也越高，这表明讲道德确实是有回报的，道德人也是理性人，道德激励是可行的。另外，中国从历史到当今都有很多利他奉献的实例，也表明道德激励的现实可行性。

五、管理范畴

西方管理学以效率为目标，其管理范畴主要包含能够提高经济效益的方面。能给组织带来经济效益的，才在其管理范畴之内。但是，以“人”为目

① 孟子，等．四书五经［M］．北京：中华书局，2009：17.
② 孟子，等．四书五经［M］．北京：中华书局，2009：15.

标的管理，其管理范畴可能就不局限在经济领域之内，而是以人的需要为基础，凡是人所需要的，都可能在组织的管理范畴之内。比如，对于以效率为目标的经济组织来说，员工的健康状况并不在其管理范畴之内，关注员工的健康状况可能降低自身的经济效益；但是，对于以人为目标的组织来说，在员工有健康问题的时候就可能给予帮助，其管理范畴相对也就更大了。在中国，工会成为承担组织非生产功能的机构，员工家庭的婚丧嫁娶等一般都会得到组织的回应，员工个人及其家庭有什么困难，组织也会给予一定的照顾。

对于以效率为目标的经济组织来说，只要不威胁组织的效益，就可以不在乎员工的私德；但是，对于以人为目标的组织来说，个体的私德也可能在其考量之内。尤其是在中国社会，人们评价领导者的重要方面就是私德。在西方的组织里，只要一个领导能力强，能够带领大家创造价值，可能就满足一个好领导的要求。但是，在中国，好领导必须具有某种道德上的优越性，能够做大家的榜样。即使不能带领大家实现德行的成长，至少不能让大家认为有人品问题，有人品问题的领导很难得到大家的认可。

六、管理取向

西方管理学在经济领域产生，其管理取向也是经济化的；中国管理思想在社会管理领域产生，其管理取向是伦理化的。经济化的管理取向主要是为了创造物质财富；而伦理化的管理取向不仅要创造出人生活所需要的财富，还要创造出相应的人。也就是说，既要创造财富，也要创造出社会所需要的人。中国传统管理思想以人为目标，而伦理性是人的重要特征。对于经济化取向的组织来说，组织是社会人才的选拔者与接收者，如果某个人在能力或道德上不能满足组织的需要，就可以开除这个人，重新选拔。但是，对于整个社会来说，只有培养的可能，没有开除的可能。可以认为，经济化取向的管理是一种分析思维的管理思想，只关注单位内部或者小范围内的效益；而伦理化取向的管理是一种整体思维的管理思想，关注整个社会的多方面需要。

在现代管理领域，应该甄别不同的管理情境，思考什么样的管理取向或管理取向组合更适合组织的管理需要。现如今，无论是在经济领域还是在非经济领域，都在应用西方主流管理思想，很多情况下其适用性都存在问题。比如，在行政管理领域和教育管理领域，很多情况下伦理化取向更适合。

七、管理的评价标准

西方管理思想以效率为主要目标，管理的评价标准自然就是效率的实现情况，如果效率实现了，则会获得相应的收益。中国传统管理思想以人为目标，也有自己相应的评价标准。《孟子》中有这样的论述“以力服人者，非心服也，力不赡也；以德服人者，中心悦而诚服也，如七十子之服孔子也”。①总结起来，“心悦诚服”是评价管理水平的标准，所以中国有句古话是“得民心者得天下”，能否得到下属发自内心的拥护和支持，是评价管理水平的标准。《中庸》中说“小德川流，大德敦化”②，不同类型的人都能充分发挥其作用，具有“人尽其才”的意味。儒家评价管理的标准可以概况为“心悦诚服，各尽其才”，一方面组织成员愿意为组织工作，另一方面充分发挥组织成员的才干。

道家“无为而治”的管理思想，提出了“太上不知有之”的管理评价标准，认为能够让员工感觉不到被管理，而是感觉在按照自己的意愿工作，这是最好的管理。

八、其他差异

在《中国人文管理学实践》一书介绍的内容中，也涉及了中西方管理哲学的差异，为了使读者能有整体认识，这里也做一个简单介绍。

1. 领导者与人才观

西方管理学以效率为目标，对人才的评价主要看达成效率的能力。中国传统管理思想，对领导者与领导力的认识，有“内圣外王”理念，这是与管理的教化理论和德政相一致的；在人才观上，侧重德才兼备，这也是与“以和为贵”、简化制度、情境理性等管理思想一脉相承的。西方在人才评价上偏向于能力，而中国相对来说更偏向于品德。这反映了管理的两种不同思路：一种是事做了就是管理做好了，另一种是人对了就一切都对了。在西方的领导理论发展过程中，曾经有一种观点认为，领导能力是天生的，是不可培养

① 孟子，等. 四书五经［M］. 北京：中华书局，2009：73.

② 孟子，等. 四书五经［M］. 北京：中华书局，2009：57.

的，这是一种领导者与被领导者对立的二元思维；而在中国“人皆可以为圣贤”的人性观下，每个人都有成为领导的潜在可能，领导者与被领导者的成长规律是一致的，都是“格物、致知、诚意、正心、修身、齐家、治国、平天下”，两者只不过是处于同一个过程的不同发展阶段。在中华优秀传统文化中，特别重视人的自我修养。

2. 管理的民主与公平

中国人是情境理性的，要根据具体情境做出最优选择，而不是顽守既定的制度；西方人是制度理性的，不管具体情境如何，都倾向于按照制度去执行。制度理性的西方人会选择没有执政经验的人做总统，因为他们相信自己的制度，不管是什么人在自己的制度里都可以发挥相似作用。情境理性的中国人，认为按照僵化的制度行事是不理性的，希望能够在每种情境下根据具体情况进行最优决策，而每种情况下都由所有人共同参与决定既不可能也不一定有效，所以愿意把决策权都委托给自己信任的有决策能力的人，即所谓“最优决策者”。

在西方文化中，具有个人主义文化，假设每个人从自身利益出发来做决策，如果不亲自参与决策，其他人可能就会忽略自己的利益，参与决策过程是其权力的重要保障和体现，所以有了西方全民投票式的民主。在中国文化中，具有集体主义文化，相信即使自己不亲自参与决策过程，集体也会为自己的利益着想，只要决策是为自己的利益着想的，人们就不是非常在意决策是谁代表自己做出的，所以中国的民主形式是民主集中制，这是与中国的国情、文化及一系列制度安排相适应的。我们把民主区分为形式民主与实质民主：形式民主具有参与决策的形式，但是，决策结果不一定是对自己有利的；实质民主是决策的结果对自己有利，但是，决策过程可能具有民主形式也可能不具有。形式民主是过程性民主，实质民主是结果性民主。民主应该建立在利益一致的基础上，脱离了利益一致性的形式民主，可能只是弱肉强食的另一种形式。

中国通过严格的选拔过程及民主集中制选举出政府领导者，然后赋予政府足够的权力去履行管理职责，看起来政府的权力很大，如果政府负责人选择错了，后果就会比较严重。但是，恰恰在这一点上，中国又有自己的制度安排。中国的高层领导选拔是非常谨慎的，我们前面介绍过是“赛马”制度，必须从基层做起，经历几十年的工作考验，在品德、能力及为人民服务的决心方面，只有经历了严格考验的才能成为候选人。从这个意义上说，西方的民主形式、政府管理方式、官员选拔方式、个人主义的文化、制度理性这一系列是相适应的，具有互补性；中国的民主形式、政府管理方式、官员选拔方式、集体主义的文化、情境理性这一系列是相适应的，具有互补性。西方和中国可能都各自选择了适合自己的方式。

政府作为被授权的“最优决策者”，在实现了社会总体收益最大化以后，要把收益在人民群众之间进行一定的分配，这个分配的基本原则就是社会公平，并关注弱势群体。中国政府在社会管理过程中，非常重视公平及对弱势群体的帮助。

在社会分配中，虽然通过数据计算看起来中国反映贫富差距的基尼系数在拉大，已经达到了国际的警戒线，但中国社会还是非常稳定的，社会治安也是非常良好的。因为底层老百姓分享到了国家发展的成果，无论是从物质上还是精神上都是如此。西方是个人主义文化，“有”和“用”是统一的，“有”才能“用”；中国是集体主义文化，“有”和“用”是两个概念，没有不等于没得用。中国人在意的不是谁“有”，在意的是怎么“用”。可以说，基尼系数只看到了“有”，而没有看到“用”。中国人重视的不是财富掌握在谁手里，而是掌握财富的人如何使用财富，为谁的利益服务。

中国式民主以人民的实质利益为主，可以说是一种结果性民主。西方式民主以过程性民主为主，虽然形式本身有其管理价值，但是也有其局限性，不能以形式代替实质。

3. 行为逻辑

西方对人性的认识是利己，在行为上就偏重竞争，追求自身利益最大化的个体之间相互竞争。利己竞争是西方管理学的行为逻辑，而在中国的社会实践中，我们有很多利他合作的案例，这些案例用西方学术理论是难以解释的，在学术研究领域被当作特例而未得到应有的重视。甚至可以说，中华文化之所以能成为从未中断的文化，中国之所以能取得今天的建设成就，就是因为这种利他合作的精神存在。有无数人为国家、为民族、为社会无私奉献，大家精诚团结为了共同的理想而奋斗。利他合作是中国传统管理思想中的行为逻辑，这种行为逻辑与人性观、德政等管理要素是相辅相成的。

九、管理实践中如何借鉴其他文化的管理经验

通过前文的分析，我们可以看到，中西方在管理哲学的一系列基本问题

上，都是有差异的。我们知道，中国在借鉴西方的一些管理经验时，有时候并不成功。根据青木昌彦（2001）的制度理论，在一定的制度均衡中，不同制度要素之间往往具有互补性，只有实现有机协调，才能较好地发挥作用。一套管理体系，其内部不同要素之间是相互支撑的。每种管理经验都有其哲学基础，其他文化的管理经验，不一定符合自己的文化，不一定符合自己的整体管理模式，不一定能与自己管理模式中的其他要素相匹配，在借鉴过程中应该特别注意。

对于如何借鉴其他文化或其他组织的管理经验，建议先从管理哲学的基本问题出发，分析一种管理实践背后的哲学基础；再从管理哲学的基本问题出发，分析自己组织的管理哲学，与拟借鉴的管理经验进行比较，看看两者之间有多少差异，这种差异中是否有关键因素对能否成功借鉴管理经验有重要影响。如果是观念上的差异，就要思考观念能否改变；如果在支持性条件上有所缺乏，就要考虑组织能否满足这种条件。借鉴管理经验，应该对自身条件与拟借鉴经验的使用条件进行全面分析，在得失之间进行充分的权衡。

第四节　中西方管理思想各自的内在体系性

每种管理思想，在其内部各要素之间都是相互支撑的，构成逻辑自洽的管理体系。不同的管理体系之间也存在着融合的可能。现代的中国管理学研究，应该吸收人类文明的所有先进成果。我们研究中国传统管理思想，并不是一定要时时处处应用这种管理思想，而是为了帮助我们在认识当今的管理实践时，有更全面的视野。举例来说，一杯饮料里放了两种不同的成分，如果知道这两种成分是什么，就可以通过调配不同的比例复制甚至改进这种饮料。但是，如果只知道其中一种成分，而忽略了另一种成分，就很难复制。中国的管理实践中既借鉴了西方管理思想，也有很多中国自己的传统管理思想，只有对两者都有充分的认识，我们才能更好地刻画自己的管理实践，认识背后的管理规律。

一、中国管理思想的体系性

儒家管理思想的不同要素之间是相互支撑的，构成了一套完整的体系。在体系内部，不同要素之间相互呼应，一脉相承，其核心点都是围绕“人”

展开的。在中国儒家优秀传统文化思想中，人性观以“人皆可以为圣贤”为代表，一方面相信人性本善，另一方面相信人有无限潜能，在这样的人性观基础上，中国的管理以人才获得与发展为目标，认为人是一切的基础，也是财富的基础。在激励方式上，除了物质激励，也重视道德方面的引领，进行道德激励与情感激励，采取教化与德政的管理方式，不注重精细化的制度规定，认为这样会压缩个体的道德反思空间，为了引导个体从组织利益出发进行决策，采取以“和”为导向的组织关系。管理的方法是对人进行教化，以德政的简约制度与“和”为基础，给予具体执行人更大的权力，使其根据具体情境做出对组织的最优选择。因为人是管理的核心，而伦理性是人的重要特征，所以其管理取向是伦理化取向。在管理范畴上，只要与管理目标相关的内容，只要是人的需要，都在管理范畴之内，而不仅仅局限于经济领域。评价管理的标准是人的心悦诚服，各尽其才，如果一个组织中所有人都能愉快地为组织尽自己最大的努力，自然也会有较高的效率，在这个评价标准里，也包含了员工的情志状态。在管理方式上，侧重给予执行者较大的权力；在人才选拔上，特别重视人才的“德”，德才兼备是其人才观。管理者要具有实施德政的能力，能修己安人，所以侧重“内圣外王”的领导品质。其管理工具不限于利益格局的设计，而是直指人心，人的情感态度认知等。如果使用物质激励，其分配方式可以与激励同时完成，但是道德激励要有独立的分配方式，在中国传统管理思想中就是实质民主与公平。其民主形式体现为把决策权交给“最优决策者”，由经过严格选拔的“最优决策者”代表大家的利益做出决策，保障实质民主与公平。

	西方	儒家
人性假设	从善恶角度来认识	人皆可以为圣贤 1. 从善恶角度 2. 从潜力角度
管理目标	提高效率	人才的获得与培养
管理评价标准	利益实现	心悦诚服，人尽其才
管理方法	制度	教化与德政，礼之用和为贵
激励方式	利益激励，满足	道德激励、情感激励与利益激励，满足与引领
管理取向	经济化取向	伦理化取向
管理范畴	以效率为基础展开	以人为基础展开

续表

	西方	儒家
管理工具	利益格局设计	直指人心、态度、情感
人才观	效率	德才兼备
领导力	效率	内圣外王
分配方式	在物质激励中完成	实质民主与公平

本书对传统管理思想进行了一定程度的实证检验，理论假设建立在中国哲学思想的基础上，这种理论假设得到了本土管理实践的证实。相关理论有待在不同文化背景下进行实证检验。如果在其他文化背景下仍然能够得到证实，则说明相应的中国管理哲学体现了人类共同的智慧，对其他文化仍有借鉴价值，中国文化是人类共同的财富。如果在其他文化背景下得不到证实，则说明相关中国管理哲学体现了中国特有的文化背景，中国管理学实践领域与研究领域应多加研究。作为一种认识世界的思维方式，中国哲学思想的作用应该是具有普适性的，但是在不同文化下，其效果可能会有差异。

文化自信的树立，不是靠“说辞”，而是靠文化在实践中被检验。管理学是具有实践性质的学科，中国的哲学思想如果能在管理学理论与实践中得到应用，取得良好的效果，则更有助于我们了解自己的文化，树立文化自信。

二、西方管理思想的体系性

在西方管理思想中，以效率最大化为目标，主要从善恶角度来认识人性，认为人有不同的欲求，得到欲求满足会激励其努力工作，以物质激励作为主要的激励手段，对组织的贡献大就可以获得更多回报。西方的管理范畴，一般只涉及与组织生产和经济相关的方面，与经济效益不相干的事务，不在组织管理范畴内。如果组织关心员工与工作不相关的其他方面，则可能会被看成是一种干涉。在管理方法上，主要应用制度来进行管理。制度相当于是组织与个体之间的契约，双方都按照制度的规定来履行职责。西方管理思想的着眼点是效率，一切都以效率为中心展开。其评价与选拔人才的标准也是效率。西方管理思想也是一套逻辑自洽的管理思想，在一定的范围内，在一定类型的组织中，也有其适用性。其优点是比较简洁，总体来说，一切都以效率为目标及标准。

三、不同体系之间的有机融合

上面都是从某个理论视角总结的管理思想体系，对某种文化思想下的管理思想进行了抽象与概括，而管理实践往往是复杂的，可能是多种管理思想与文化理念的杂糅。现代中国管理学应该融合中华优秀传统文化中不同流派的优秀管理思想，以及西方管理理念，反映时代需要与现代精神。

1. 有效的管理模式各要素之间应该是互补的

从管理哲学的基本问题来看，中国管理思想有自己的一套完整体系，在这个体系内部，各部分之间是相互支撑自成一体的。对于西方管理思想来说，在其体系内部，各部分之间也是相互支撑自成一体的。我们需要思考的是，这两个体系之间是否存在可相互借鉴之处。现代制度理论的相关研究表明，一个体系的各部分制度之间是具有互补性的，如果某项制度脱离其制度环境而独自改变，是难以收到理想效果的。（青木昌彦，2001）

如果把两个系统各自比喻成一件衣服，每件衣服都有自己的特色，但是，如果把两款衣服的元素混合应用，在丝绸的长袍上钉上一个牛仔的盘扣，可能不够和谐，也可能产生不一样的美。在当今中国社会，管理实践中应用的管理思想，应该是既包括西方的管理思想，也包括中国传统的管理思想。两者之间如何融合，以什么方式在怎样的程度上融合，其有效性如何受外部条件影响等一系列问题，需要研究领域不断探索。在经济领域的某些组织中，可以适当参考西方的管理体系；但是，在非经济组织中，尤其是公共组织、公益组织中，可以更多地参考中国的管理体系。

我们虽然一直在讨论中华优秀传统文化中的管理思想，尤其是中国传统经典中的管理思想，但我们不是要回到过去。事实上，我们恐怕再也回不去了，时代不同了，中国的社会结构已经发生了深刻变化。我们研究中国传统管理思想，是要在认清自己的基础上，有机融合其他管理思想，而不是盲目学习其他国家的管理经验。成中英、吕力（2012）指出，“在海外，西方是不断学习中国，中国是被动学习西方而忘记自己，这是目前的状况。所以从这个角度上，管理哲学还是有非常灿烂的未来，大家还没有掌握管理哲学最基本的问题和它的范畴。这个还是要深入去掌握的。全部西化是不可能的，全部本土化也是不可能的。我们要创新必须学习西方，在和西方交流当中来超越西方。简言之，基本的原则就是要知己知彼，这个是需要去做的事情。东西方的核心价值不一样，我们怎样把不同的核心价值结合起来，和而不同”。

中西方哲学观的差异，决定了管理哲学与管理实践的差异，中西方各有其思维方式及其与之适应的管理方式，只有对这些差异有了深入的认识，我们才能更好地借鉴西方经验，更好地实施管理实践，更好地促进有效的管理创新。西方的分析思维、逻辑思维、竞争思维决定了其追求效率及精细制度等管理实践，而中国的整体思维、辩证思维、和谐思维决定了在中国的有效管理实践必然具有与西方不同的特点。

2. 有机融合不同管理思想

需要指出的是，中西方管理哲学都是人类文明的结晶，对管理实践都具有重要的指导意义。虽然我们从中西方的比较中，分析管理哲学对有效管理实践的指导意义，但是，在现实中，这些规律的应用不一定是以中西方来划分的，而是要根据具体的管理情境差别运用。东西方的管理哲学差异，并不是体现在每个人或者每个组织上，而是从整体来说，显出一定的倾向。现实中也可能存在这样的情况，东方的特定组织或领导者可能更具有西方的管理特征，反之，西方的特定组织或领导者可能更具有东方的管理特征。我们借由对东西方管理哲学差异的认识，可以更有效地认识不同管理情境下，有效的管理理念与管理方式。我们对东西方管理哲学进行比较，并不是要使两者对立起来，也不是要比较谁优谁劣，而是通过对两者区别和联系的认识，更好地指导管理实践。

从中国传统的辩证思维来看，任何管理方式都有其长处和短处。当我们看自己的管理方式时，对其“短处”很容易有清楚的“疼痛感”；当我们看别人的管理方式时，往往更容易看到其光鲜亮丽的“长处”，而忽视其“痛点”。我们只有对自己的文化以及基于这种文化的有效管理方式有清楚的认识，对有中国文化特色的管理方式的文化基础有清楚的认识，才能更清楚哪些“痛点”是我们需要接受或者忍受的，如果一定要“治疗”这些“痛点”，也许可以取得一定的效果，但是，其负面效果可能更大。只有这样，我们才能对自己的管理方式有清楚的认识，对自己的文化有自信。这与中华优秀传统文化中讲究的“无为而治”的思路是一致的，管理不是看到一个窟窿就要去堵上，堵来堵去把大家的积极性与创造性都堵没了。这里回到了中国文化的整体观，管理也要从整体上来把握，不是看到一个具体的细节，仅仅针对这些细节来出台新制度。

本书的很多认识都是基于对传统管理思想的梳理，虽然在当今的中国社会也有一定的适用性，但是中国社会已经发生了深刻的变化。尤其是当面对激励的国际竞争时，中国社会的管理目标与管理方法必须考虑国际竞争的需要。当今的中国管理学，应该是融合时代特征与现代精神的中国管理学，而不能是也不可能是完全建立在中国古代传统之上的管理学。

3. 管理目标向“人”转向

过去几十年中国经济发展落后，经济条件是制约着中国人民幸福生活的主要因素，所以以追求效率为目标的管理思想在一定范围内占了主流。经过几十年的发展，中国的经济条件得到了很大改善，已经全面进入小康社会，制约人们幸福生活的主要因素，可能已经不再是经济条件。在管理上，我们可能也要有相应的转向。管理理论本身可能并没有优劣之分，适宜的就是最好的。在管理实践上，我们可以拓展自己的思路，尤其是不同类型的组织，可以根据组织目标，采取更适合自己的管理方式。从经济角度来看，一方面经济条件达到一定程度以后，就不存在生存问题；另一方面经济成果的分配都是竞争性的，如果以利益为指向，难免在竞争与比较中产生不满。尤其是在国际经济形式不理想的情况下，经济改进的空间比较有限，通过增长经济调节收入水平与结构的空间也比较有限。注重人的成长与发展，可以是多方面的，既包括经济条件的改善，也包括人格精神的成长。而人格精神的成长也可以帮助人获得幸福，且没有竞争性。一个人的精神成长，不但不会给其他人造成负面影响，而且可能有正向的外溢作用。中华优秀传统文化中，以人为核心的管理思想，在一定的社会环境下可能有其重要的价值。

在新的经济格局面前，我们应该尝试改变原来的“心智模式”，变以效率为核心为以人为核心。以效率为核心的思维模式在具体工作中，以事务为核心，看谁能来完成相应事务。以人为核心的思维模式在具体工作中，以人的能力与发展为核心，看具体的人能做什么，可以如何发展。以效率为核心，造成了贫富差距，人的精神焦虑，过度竞争，自然资源的浪费，等等。从人类社会的终极目标来说，“人”相对于效率也应该是更具有终极意义的目标。让每个人都能最大限度地发挥自身的聪明才智，实现“小德川流，大德敦化”[①]、人尽其才的局面。重点关注的不是经济数据，而是人的成长与发展，这种成长与发展不仅是外在的功名利禄的获取，也包含人格的成长，精神的丰盛，内心的幸福。如果以效率为核心，不能为效率做贡献的人，就成了社

① 孟子，等．四书五经［M］．北京：中华书局，2009：57.

会的边缘人，成了被时代抛弃的人。如果以人为核心，就不存在这样的问题。每个人都充分发展了，社会效率也可以自然实现。

以效率为核心的思维方式，把人工具化了，只有满足效率标准的人才能得到认可，不满足效率标准的人就成了社会中的失败者。人是具有多方面特征的，每个人都可以找到其长处，但是，一旦仅用效率标准来评价人，就把人物化了。另外，对于效率的追求是有其极限的，在分配过程中又是相互竞争的，这注定会影响社会和谐，造成人心焦虑。而对于道德的追求，是没有极限的，不仅没有竞争性，还有正外部性。西方资本主义社会把人当成实现效率的工具，我们国家在发展的初级阶段，一方面出于社会的需要，另一方面出于国际竞争的需要，也要注重效率，但是，当发展到一定阶段以后，可能要重新思考人类社会的可持续发展问题与人的幸福问题。

四、中国管理学未来的模样

本书是以管理哲学的基本问题为线索构建中国管理理论的，这使得我们可以更好地与西方管理学对话。在西方管理学“一统天下”的情况下，我们假设管理学研究者、学习者、实践者都具有一定的西方管理学知识或思维，以管理哲学的基本问题为线索讨论中西方差异对我们认识和理解中国管理理论是有帮助的。这时我们要问一个问题，如果一个人不了解西方管理学，我们该如何向其讲述中国管理学？以管理哲学的基本问题为线索来讲述是最好的方式吗？如果一个人家里有刀叉，也习惯于用刀叉吃饭，你或许可以告诉人家，可以用刀叉吃中餐，更方便的是用筷子吃中餐，但是，一个家里没有刀叉，也没用过刀叉吃饭的新生儿，你直接教他如何用筷子就可以吃好饭了，没有必要先提刀叉。在中国传统管理思想中，并没有“管理哲学”这个框架，把中国管理学丰富的内容“套入”管理哲学基本问题的外衣，难免削足适履。

如果摆脱管理哲学基本问题的框架，中国管理学可以是什么“模样”？中国管理学的不同部分之间是一个有机整体，这个有机整体的不同部分之间是相互支撑的，从任何一点入手，都可以牵出整体内容。就好像是一条串起来的项链，你拽起任何一颗珠子，都可以拿起整条项链。因此，中国管理学的“模样”可以是丰富多彩的。从人性观入手，其决定了管理方法、激励方法、管理目标等；从“内圣外王”的领导理论入手，其决定了人性观、管理方法、激励方法等；从管理目标入手，其决定了人性观、管理方法、激励方法等。更多的可能还需要研究领域在未来根据需要不断探索，在当前西方管理学大行其道的情况下，本书的呈现方式可能是比较合理的一种选择。

第五节　人文管理理论与科学管理理论的比较

在中国管理思想里，管理过程不仅是物质的生产过程，更是人的“生产”过程，在管理过程中，符合社会价值标准的人被培养出来。这种以人为核心、以人的福祉为旨规的管理思想，相对于西方以效率为目标、以人为生产工具的管理思想来说，起码在特定条件下，会有自身的优势。从社会角度来看，社会发展的目标是为人服务的，而不是片面追求效率，这样的管理目标可以说，与社会的发展目标更具有统一性，可能会更有助于社会发展目标的实现。

从个体角度来看，当管理以效率为目标时，个体在工作过程中赚取工资，然后用这份工资去实现幸福生活。如果是以人为核心，在管理过程中，就可以为人更终极的目标服务。如果片面强调效率标准，就把人工具化了，只有能在这套效率标准里创造价值的，才能被给予高的评价，比如，拿高分的才是好学生，能赚钱的才是能人，这样的标准本身是非常具有局限性的，限制了人的多样化发展，也抹杀了人多方面的价值。

现代社会，出现了很多起员工因加班过劳猝死的事件，这就是以效率为目标的结果，根本不考虑人的负荷极限。如果以人为中心，能考虑人的需要，体力的承受范围，休息的需要，就不会出这样的事，起码可以多雇佣人员来分担负荷。

一、人文管理理论与科学管理理论的差异

我们把基于西方文化的管理理论称为“科学管理理论”，把基于中华优秀传统文化的管理理论称为“人文管理理论”。顺应人“善”的天性去教化人、发展人，是为人文，这种教化与发展可以来自外部的力量，如教育与管理，也可以来自内部的力量，如自我修养。在科学管理理论中，不管采取什么样的人性假设与激励方法，人本身都不是管理的目标，管理的最终目标是效率，而人不过是实现效率的工具；在人文管理理论中，人本身是目标，要让人成为有能力、有道德的人，而效率是人成长的自然结果。在科学管理理论体系中，几乎是完全忽略管理对人格的影响的；在人文管理理论体系中，注重管理制度与人格发展的互动作用，不仅要完成工作任务，而且要塑造良好人格，

实现人格的提升。人格培养与工作效率之间并不是冲突的，一切工作最终都是由人来完成的，充分发展的人可以更好地完成工作。

人文管理与科学管理在管理实践中，并不是相互排斥的，而是可以综合运用的。在某些组织中，人文管理思想可能相对多一些，比如教育组织；在某些情境下，科学管理思想可能相对多一些，比如经济组织。提出人文管理理论：理论意义在于可以反映不同类型的管理实践，弥补科学管理理论的局限；实践意义在于能为不同类型的组织及不同的管理情境提供多样化的管理选择。

从前在分析来自管理实践的管理案例时，人们只有科学管理一个理论思路，但是，很多管理实践是科学管理理论体系难以很好解释的，人文管理理论可以提供一个新的分析思路。有很多组织，如公立学校等教育机构，其管理目标可能不同于经济组织，其管理效率也难以像经济组织那样以经济效率来衡量，对这样的组织来说，人文管理理论就可以为其提供一个多样化的选择。

在西方的管理实践中，存在着人文管理思想吗？也是存在的，只是多与少的问题，而不是有与无的问题。就像整体思维与分析思维是东西方思维方式的重要差异，但是，东方人也有分析思维，西方人也有整体思维。

二、人文管理与科学管理在实践中的差异

在管理实践中，人文管理与科学管理意味着不同的管理思维。对于科学管理来说，主要是从事务出发，组织要做什么事，然后人成为完成事务的工具；对于人文管理来说，主要是从人出发，组织有哪些人，他们能否获得有效的支持去做要做的事。他们的愿望、想法、态度、积极性与主动性等受到哪些因素影响，能否为员工创造一个良好的工作环境，在这个环境中充分发挥人的善性与才智。比如，对于高校教师的管理来说，以科学管理理论来管理，很多学校就是在看教师上了多少节课，发了多少篇论文，出版了多少本书，申请了多少项目与经费……很多研究者从来不提自己为社会做了什么贡献，甚至于自己到底研究了什么也不提，就只说自己花过国家多少经费（拿过的项目），在期刊占过多少版面（发论文篇数），其实这些都是“过程性”“成本性”“投入性”指标，到底为社会做了多少贡献这种“结果性”指标，很多人从来都是不考虑的。据我所知，很多单位在年初计划与年末总结时，从来都是只说论文发表数量、著作出版数量，从来不会考虑大家的研究内容

对社会是否有价值，也不会考虑社会需要。当然，教师在自己的研究中可能会考虑这些，但是，这种管理方式，会给人造成只要出考核成果就可以了，而很少考虑社会贡献。如果是人文管理，可能考虑的是这样一些问题：教师在考虑回应国家与社会的需要吗？他们能否充分发挥自己的才智去努力回应国家与社会的需要？他们的身心状态如何？他们获得了需要的支持吗？……对于农村建设来说，也不是仅从做哪些事考虑，而是从农村居民的生活状态来考虑问题。比如，有些农村地区赌博之风比较盛行，而赌博与娱乐之间的界限有时不够清晰，如果采取压制的办法需要大量的人力、物力，效果也不一定好，能否考虑在人民群众中发展出一些相对健康、高雅的娱乐活动，去丰富他们的业余生活，自然会减少赌博的时间。

在现实中，我们经常看到这样的情况，领导开会几十次，政策变了十几次，但是，组织中基层员工的工作内容、精神状态、能力水平、工作动机等，从来没有发生过变化。之所以会出现这样的管理状态，是因为领导者把自己的关注点集中到了制度与事务上，而没有关注到人。领导每天想到的是，这件事做了吗？那件事做了吗？这个制度更新了吗？那个制度更新了吗？以为以事务与制度为指挥棒，人就会随之行动、随之改变了。其实，这是领导一厢情愿的想法，可能导致的后果是制度变了千百遍，员工却一成不变。尤其是在非营利性组织中，没有明确的评价指标，更容易出现这种情况。

管理的重点应该从关注事件转移到关注人本身上来，人的态度情感认知，才是管理发挥作用的地方。靠绩效激励进行管理的领导，往往容易产生无力感，尤其是面对没有希望或意愿获得绩效奖励的人。对于没有人事权的领导来说，更是如此。西方管理假设人会自动对绩效激励做出反应，但现实并非如此。人文管理是在改变人，而不是在改变外在条件，去刺激一个不变的人发生行动。除了物质激励以外，道德激励、情感激励等也可以发挥巨大的激励作用。

三、人文管理与人本管理的差异

在管理学领域还有一个概念叫“人本管理”，人本管理在一定程度上似乎与人文管理有相似之处，但两者之间还是有本质区别的。人本管理虽然通过满足尊重人的需要而管理，但其管理目标仍然是效率，人本只是其实现效率的手段。人文管理的管理目标指向了人本身，而不是指向效率。在人文管理中，对人的看法是动态的、可塑的，人是具有道德成长性的；在人本管理中，对人的看法是相对静态的、工具化的。

四、人文资源与人力资源的差异

1. 人力资源具有时效性，人文资源具有长期价值

人力资源的一个重要特点是具有时效性，如果人的才能没有得到及时应用，就失去了其价值。比如，如果一个人失业了，蕴含在其身上的才能没有发挥出来，就是人力资源的浪费。这种看待人的方式是把人工具化的，如果没有做出创造价值的行为，就不能算作人力资源。人文资源的特点是不以工具化价值来评价人，而是看人的内在品格与潜在能力。只要人具有高尚的品格与服务社会的能力，即使在时机未成熟时，没有表现出相应的行为，他也是对社会具有重要意义与价值的人文资源。当人处于失业状态时，从人力资源的角度来看，是一种纯粹的浪费；但是，从人文资源的角度来看，如果个体能够利用失业的时间学习新的能力，或者涵养自己的人格品质，都是人文资源的增长。

2. 人力资源需要表现出来，人文资源可以是一种潜在价值

从人力资源的角度来看，没有表现出来、没有实际行为就不能算人力资源；从人文资源的角度来看，具有潜在的能力与奉献的意愿，就是人文资源。人力资源只从人是否创造了价值来看待人，而人文资源是综合来看一个人的人格、潜在能力等。比如，对于中国社会来说，在和平年代，很多人的爱国奉献精神不一定有太多的表达机会，但是，一旦国家面临危难，需要大家牺牲奉献的时候，这些人能够英勇地站出来，为国家和人民贡献出自己的才智，这就是人文资源。

第六节　展望人文管理理论的学科体系

人文管理理论有着区别于科学管理理论的管理目标，在管理逻辑、管理方法等方面也会存在系统差异，这些差异都需要我们建设一个新的管理学学科体系。人文管理理论并不是要替代现有的学科体系，而是作为一种有益补充。西方管理学没有考虑的问题，西方文化思维中缺乏的思维方式，是中国

管理学科体系建设的重点。其至少可以在几个方面有所助益：一是可以帮我们更深入地认识一些中国管理实践；二是诸如学校等公共事业组织、公益组织等不以利润最大化为目标的组织，其管理逻辑也是科学管理体系难以解释的，人文管理理论或许可以为其提供更适宜的参考。

要形成基于中国文化的学术理论与学科体系，不能是在西方逻辑基础上的小修小补，而是要跳出西方的逻辑，基于我们的本土思维与传统思维思考问题。如果仅在西方经济学与管理学个体利益最大化的封闭逻辑里思考，是发现不了问题的。但是，如果跳出其逻辑来看问题，起码可以发现西方的理论体系是不全面的。很多有中国文化特色的管理实践，在西方管理学学科体系中是得不到合理解释的，而让中国实现快速发展的可能恰恰是这些有中国特色的实践。这些特色实践在现实中发生着，但是，固持西方学术逻辑的学术领域没有对其进行发掘与思考。

一、建立什么样的学科体系

1. 基本逻辑

科学管理理论以"经济人"为基本假设，以经济利益为追求目标，每个个体或组织都追求自己的利益最大化。如果我们从这样的逻辑起点出发，则很难发展出新的理论体系。人文管理理论要建立在新的逻辑起点上，发展新的管理学学科体系，人文管理理论是为管理实践者提供另一种选择，管理实践者可以根据自己的心理倾向及管理情境需要，自由选择管理方法，自由组合管理方法。

2. 具体内容

西方管理学把人简化成追求自身经济利益者及实现组织绩效的工具，而中国传统管理思想看到了人的丰富性与高贵性，深刻洞察人性的特点，并采取人性化的管理方式，很多中国传统管理智慧在西方管理学中是找不到自己的位置的。我们要发展中国管理理论，给中国传统管理智慧与本土管理智慧以应有的重视。

基于中华优秀传统文化的特征及人文管理理论的特点，我们需要发展一个新的管理学体系。这个管理学体系包含但不限于以下内容：

人性观与管理；

道德激励与德政；
情志管理；
自我修养与领导；
管理对人格道德的影响；
扩展的管理范畴与组织绩效；
人才选拔与培养；
管理中的利他与合作；
伦理与管理；
民主管理；
基于利他合作逻辑的经济学；
典型管理案例。

这些内容虽然看起来与科学管理理论有相似之处，但其实是不同的。因为是建立在不同的人性假设、管理目标等之上。比如，关于“人才选拔与培养”，道德会成为一个重要选拔因素，这既符合中国管理实践“德才兼备”的人才观，也与中国历史上很多人才选拔方法相切合。从其发展资源来看，既可以有实践来源，也可以有历史资料。其研究成果的价值：一方面可以服务于中国的管理实践；另一方面可以为很多中国传统管理智慧在管理学学科体系中找到适宜位置，中国历史上有很多人才选拔的著作。关于“自我修养与领导”，可以把中国传统上的一些修身方法应用到管理者培养上，既可以扩展管理者培养方法，也可以帮助解决一些现实问题。这里只是一个简单列举，在发展过程中可能会涌现更多内容。

西方经济学以经济人为基本假设，个体与厂商都以利润最大化为目标。西方经济学以数理化的方式论证了当个体与厂商都追求自身利益最大化时，也就实现了社会利益最大化。这在一定程度上论证了自私利己的合理性。中国的实际经济运行有自己的逻辑，不是西方经济学能够完全涵盖的，我们要发展基于自身真实经济逻辑的经济学。通过数理论证，我们也可以发现，个体与厂商如果追求社会利益最大化，也就实现了自身利益最大化。追求社会利益最大化与追求自身利益最大化的最优解可能是相同的，各主体获得的利益也是相似的，却塑造了不同的人格，可以收获不同的幸福感。当个体仅考虑个人利益时，其最优化的选择会是一个较小的努力水平；当个体考虑社会其他成员的利益时，其最优化的选择会是一个较大的努力水平，正是这个较大的努力水平，把卓越人物与普通人物区分开。如果我们只教人按照自我利益来决策，只不过是在塑造平庸者，我们还要告诉人，也可以按照社会利益去决策，那是很多卓越人物走向成功的起点。基于利他合作逻辑的社会主义经济学，并不是追求社会经济效益的最大化，而是追求人民福祉的最大化。

二、如何建立学科体系

在我自己的受教育生涯中，感觉学问是学问，自己是自己，很难把学问应用到自己的现实生活中。自从接触了中华优秀传统文化后，就发现学问都可以指导实践，实践也都可以上升为学问。鸡毛蒜皮的小事里都可以蕴含很深刻的道理，因为真理在社会生活的任何角落里都是发挥作用的。我想这也恰恰是优秀传统文化的魅力所在，可以与生活息息相关，也可以在生活中得到应用。在没有深入接触中华优秀传统文化之前，我模糊地觉得中华优秀传统文化都是大而不当的说教，在深入学习并尝试在生活中应用之后，我明白了，中华优秀传统文化之所以能够被千年传承，是因为其有实实在在的应用价值，可以帮助人走出困境获得快乐。

西方管理学有一个学科体系，中国管理学将来也要有自己的学科体系。我个人的能力是有限的，但是，我对中国同胞的智慧充满信心，只要有一部分人愿意把一部分精力投入这个领域，就一定会有丰富的成果。我相信在国际上也会有越来越多的人关注中华优秀传统文化，因为它是可以给人类带来幸福的文化，它不仅是中国的，也是世界的。我相信中华优秀传统文化的价值，不是因为它属于中国，而是因为它蕴含着人类幸福的智慧。

1. 挖掘中国历史上的传统智慧

中国几千年的历史，积累了丰富的智慧，这些智慧可能并不以管理学的面貌呈现，但是，当今的学术领域可以以管理学视角去吸收其中的智慧。儒释道法兵墨等中国历史上各种流派流传下来的古籍，中国历史各个朝代的管理实践，中国共产党党史，新中国成立后的建设历史，等等，这里面都蕴含丰富的管理智慧。

2. 总结中国当今的管理实践

当今中国社会的各方面事业都取得了举世瞩目的发展，也有着丰富而成功的管理实践，可以以案例研究等方式，对这些管理实践进行总结，从中华优秀传统文化与本土文化的角度提炼其中的管理思想。

3. 系统策划　整体推进

中华优秀传统文化博大精深，有一定的研究门槛，加之很多研究者在其正规学术训练中，可能没有涉及优秀传统文化相关的学习，好在中国人生活在中国社会，对中国文化都会有一定的切身感受，可以充分调动各方面的资源投入优秀传统文化的相关研究中。

三、为什么要发展基于中华优秀传统文化的社会学

很多西方的理论在中国似乎也有其适用性，我们还要不要发展中国理论？中国人也吃西餐的，但西餐并不是中国的主流。如果因为中国人也吃西餐，西方人也吃中餐，就说中西方没有实质差别，在民众中广泛宣传西餐的做法，甚至只教西餐的做法，而不教中餐的做法，久而久之，大家眼里可能只有西餐及其做法，而我们自己的中餐传统可能会受到威胁，人们就再也不能享受到那么丰富美味的中餐了。理论也是一样的，西方的理论似乎在中国也可以用，却不是中国的主流思想与主流文化，如果我们不关注自己的主流思想与主流文化，而是只认可别人的思想与文化，自己的好东西可能就慢慢遗失了。这不仅是中国的损失，也是世界的损失。

有人认为，关于社会的学问不需要区分中西方，不需要区分文化，不需要区分民族，只要是针对人的研究，只要反映人类的实践就可以了。这看起来似乎有其合理性，但是，这样的观点背后可能蕴含着一种假设——人是外生于理论的，理论是来解释人类活动的。而我写这本书的一个根本认识是——人是内生于理论的，理论是塑造人的。人学习什么样的理论，什么样的理论指导实践，就会把人塑造成什么样的人。对于相同的事实，从不同的角度来看，会有不同的认识，都会有一定道理，从道德人角度认识有其道理，从经济人角度认识也有其道理，但两种理论对人的塑造是截然不同的。每个人眼里都有一个不同的世界，每个研究者眼里就可能有不同的理论。利他与利己都是在现实社会中真实存在的，在这样一本书里，我并不是要给大家描述一个客观世界，而是在探索一种可能，人类能否集体做一种选择，使人成为更高贵的人，使社会成为更美好的社会。我们也不是要“蒙蔽”人，而是要给社会增加一个利他的理论，让人可以有更多选择。如果只给他一个利己的理论，这才是一种“蒙蔽”。如果人类不集体做出理性选择，不从全人类和全社会的角度来思考问题，而只是考虑个人利益，面临的可能是更艰难的个

人生存环境。相反，大家互利互惠从利他角度考虑问题，可能使整体的境遇都得到改善。之前我们在面临很多社会学方面的研究时，往往忽略人格的可塑性，而把人脸谱化、固定化。而我认为，社会学研究的重要价值之一，正是要如何塑造人，尤其是管理学、教育学这样的学科，面对的一定要是一个可塑的人，而不是脸谱化的经济人。

随着社会的发展，道德对人类的意义更加重大。一些关键科技如果被没有道德底线的人掌握了，则可能给人类带来毁灭性灾难。就从医疗角度来看，中华优秀传统文化中讲究“但愿世间人无病，哪怕架上药生尘”，这是中国人的传统精神，只图能利益社会、利益人类，不图自己个人的利益回报。但是，如果有人的态度是，只要能有利可图，不考虑他人的安全，甚至可能有意传播病毒进而获得医疗获利。这种没有道德底线的少数人，可能给整个社会带来极大伤害。在学术上，即使我们弘扬“道德人”尚且不一定能扭转其思想，但如果只是一味强调“经济人”，使其认为不择手段获取个人利益是天经地义的，对社会的潜在风险就更难以估量了。

如果人在还吃不饱饭的情况下，过分强调道德成长，对很多人来说可能是不太现实的，但是，在当今全面进入小康社会的中国，基本物质需要的满足已经不是问题了，这样的物质条件已经为道德成长奠定了很好的基础。我们是否完全不考虑个人利益？肯定不是的，每个人天生就具有考虑自身利益的本能。我们只是不让每个人天生就具有的私欲过度膨胀，以致破坏人类共同的生存空间。精神成长没有止境，却不具有竞争性；物质利益是有限的，而且具有竞争性。从个体角度来看，追求道德成长可能会获得更多幸福感，对于个体来说也是有好处的。

社会学的发展除了要考虑文化性以外，也要与时俱进，比如，把量子力学对世界认识的进展，应用到社会学研究中。这有可能对我们原有的世界观产生冲击，但是，我们要本着实事求是的态度，修正过去不正确的世界观，而不是固守原来的错误。我们要放下一切不正确的成见，去追求人类更美好的生活。

四、展望未来

我希望未来让中国文学、中国哲学、中国历史这些具有中国文化特色的专业成为最受欢迎的专业，成为有最优就业机会的专业，成为最有发展前景的专业。各专业受欢迎程度，并不是由“市场”自然选择的，而是有系统性的干扰，已经形成了西方文化思维的人，带着西方的判断标准来分配资源，选择谁有发言权，谁能获得名利。这导致学习与研究西方的学问能获得极大的回报，而学习与研究中国的学问生存空间十分有限。国家虽然大力提倡弘扬中华优秀传统文化，大家也都认为弘扬中华优秀传统文化很重要，但还有很多人是西方思维与西方标准。在某些研究领域里，有很多人虽然主观上认为中华优秀传统文化很重要，但是在客观上并不知道中华优秀传统文化的意味，甚至有一些人，表面上承认中华优秀传统文化重要，内心里却是其他想法，因为他们的亲身经历告诉他们，那些学习与研究西方学问的人名利双收，而学习与研究中国学问的人只能坐冷板凳。此外，研究中国学问的人，要拿出真正有利于国家民族，有利于人类发展，符合真理的真学问，不能靠“卖情怀”来生存。中华优秀传统文化中有一个巨大的思想宝库，足够其挖掘者受用，不能“捧着金饭碗要饭吃”。但是，要想成为一个成功的挖掘者真不是那么容易。研究西方学问的人，在一套研究范式指导下靠总结别人的学说就可以出成果，其社会价值的轻重，与其学术成果产出的难易是相匹配的。但要研究中国学问，只有实践才能体会到其中的深意。其实，每个人每天的实践里，都可以用传统智慧来解读，但是，很少有人有这个解读能力。

在中华优秀传统文化里，并没有划分学科，不管什么学科都是在认识同一个世界，如果各学科对世界的认识是真理性的，那么也应该是具有一致性的。学科是西方学术划分出来的，这里我们是从管理学学科视角，在优秀传统文化思想中提取出与管理相关的内容。在中华优秀传统文化中也并没有哲学，哲学也是在西方学术领域里提出来的。西方管理学可以从管理哲学角度来深入分析，而为了与西方管理学对话，我们也借鉴了管理哲学的理论框架来构建中国管理理论。这样做存在“削足适履”的可能，中国传统管理思想在数千年的管理实践中产生，有丰富的内容，但是，本书主要分析了管理哲学的基本问题。如果把传统管理思想比喻成一片海洋，我只抛出了“管理哲学基本问题”这一张网，所分析的问题难免窄化了。我希望能有更多同人看到中西方文化思想的差异，期待着未来有更多同人加入中国传统管理思想的研究中，我对自己的同胞有充分的信心，只要大家一起努力，在不久的将来，就一定可以建设起基于中华优秀传统文化与本土文化的学科体系。有些人认为学术创新的时代已经结束了，我认为恰恰相反，基于中华优秀传统文化的现代学术研究，才刚刚开始。

我们不是为了弘扬优秀传统文化而弘扬优秀传统文化，是为了人类幸福而弘扬中华优秀传统文化，是为了解决当今时代面临的问题而弘扬中华优秀传统文化。中华传统文化本身不需要弘扬，是我们这些继承者完善自己的需要，解决所面临问题的需要。希望在未来：我们能应用中国管理思想更好地解释管理实践并指导管理实践；我们能最大限度地挖掘传统智慧，为当今的管理实践提供支持；我们能形成中国管理学的学科体系，吸纳所有相关的中华传统智慧；世界管理学体系，因中国管理思想而获得新的发展；中国高校乃至国际高校，在管理学教育中，都能有中国管理思想的相关课程；人类因中华优秀传统文化及中国管理思想而变得更幸福。

参考文献

[1] 道盛和夫．阿米巴经营［M］．北京：中国大百科全书出版社，2009.

[2] 苏舆．春秋繁露义证［M］．钟哲，点校．北京：中华书局，1992：223–225.

[3] 韩婴．韩诗外传集释［M］．许维遹，校释．北京：中华书局，1980：206–207.

[4] 朱熹．四书章句集注［M］．北京：中华书局，1983.

[5] 列维特，都伯纳．魔鬼经济学［M］．刘祥亚，译．广州：广东经济出版社，2006.

[6] 顾随讲唐宋诗：下［M］．叶嘉莹，笔记；高献红，顾之京，整理．石家庄：河北教育出版社，2018.

[7] 罗宾斯，贾奇．组织行为学：第 14 版［M］．孙健敏，李原，黄小勇，译．北京：中国人民大学出版社，2012.

[8] 韦里克，孔茨．管理学：全球化视角：第 11 版［M］．北京：经济科学出版社，2004.

[9] 陈鼓应．庄子今注今译［M］．北京：中华书局，2009.

[10] 陈鼓应．老子注释及评介［M］．北京，中华书局，2009.

[11] 于洪霞．山西票号人身顶股制激励机制分析［J］．特区经济，2009（10）．

[12] 黄鉴晖．明清山西商人研究［M］．太原：山西经济出版社，2002a.

[13] 黄鉴晖．山西票号史［M］．太原：山西经济出版社，2002b.

[14] 孔祥毅，张亚兰．山西票号的风险控制及其现实意义［J］．金融研究，2005（4）．

[15] 孙思邈．备急千金要方［M］．鲁兆麟，主校．沈阳：辽宁科技出版社，1997.

[16] 李濂．医史 [M]．俞鼎芬，等校注．厦门：厦门大学出版社，1992.
[17] 王阳明．传习录注疏 [M]．上海：上海古籍出版社，2012：257.
[18] 班固．宋本汉书：第9卷．[M]．颜师古，注．北京：国家图书馆出版社，2017：84.
[19] 管子 [M]．李山，译注．北京：中华书局，2009.
[20] 刘邵．人物志译注 [M]．王晓毅，译注．北京：中华书局，2019.
[21] 成中英．C 理论：中国管理哲学 [M]．北京：中国人民大学出版社，2017.
[22] 大内．Z 理论：美国企业界如何迎接日本的挑战 [M]．朱雁斌，译．北京：机械工业出版社，2007.
[23] 王慧中．胖东来你要怎么学 [M]．北京：龙门书局出版社，2014.
[24] 尼斯贝特．思维的版图 [M]．李秀霞，译．北京：中信出版社，2006.
[25] 黄帝内经素问 [M]．任廷革，点校．北京：人民军医出版社，2005.
[26] 黄帝内经灵枢经 [M]．任廷革，点校．北京：人民军医出版社，2006.
[27] 杨继洲．针灸大成 [M]．靳贤，补辑重编；黄龙祥，整理．北京：人民卫生出版社，2006.
[28] 孟子，等．四书五经 [M]．北京：中华书局，2009.
[29] 王先谦．荀子集解 [M]．沈啸寰，王星贤，整理．北京：中华书局，2012.
[30] 杨伯峻．列子集释 [M]．北京：中华书局，2016.
[31] 孙武．十一家注孙子校理 [M]．曹操，等注；杨丙安，校理．北京：中华书局，2016.
[32] 边燕杰，肖阳．中英居民主观幸福感比较研究 [J]．社会学研究，2014.
[33] 曾仕强．中国管理哲学 [M]．北京：商务印书馆，2013.
[34] 陈焕章．孔门理财学 [M]．宋明礼，译．北京：中国发展出版社，2009.
[35] 成中英，吕力．成中英教授论管理哲学的概念、体系、结构与中国管理哲学 [J]．管理学报，2012（8）：1099-1110.
[36] 成中英．C 理论、C 原则与中国管理哲学 [J]．晁罡，姜胜林，岳磊，译．管理学报，2014（1）.
[37] 高晨阳．论中国传统哲学整体观 [J]．山东大学学报（哲学社会科学版），1987（1）.
[38] 黄铁鹰．海底捞你学不会 [M]．北京：中信出版社，2015.
[39] 景怀斌．德性认知的心理机制与启示 [J]．中国社会科学，2015（9）.
[40] 李琪．欧洲管理学者看中西企业文化差异 [J]．改革，1999（4）.

[41] 李实，丁赛.中国城镇教育收益率的长期变动趋势［J］. 中国社会科学，2003（6）.
[42] 林崇德. 基础教育改革心理学研究30年［J］. 教育研究，2009，30（4）：61–66，111.
[43] 林崇德. 智力活动中的非智力因素［J］. 华东师范大学学报（教育科学版），1992（4）：65–72.
[44] 罗宾斯，贾奇. 组织行为学［M］. 孙健敏，等译. 北京：中国人民大学出版社出版，2012.
[45] 青木昌彦. 比较制度分析［M］. 周黎安，译.上海：上海远东出版社，2001.
[46] 沈立.如何培养管理者：中国传统管理教育初探［M］. 郑州：河南人民出版社，2018.
[47] 杨泽波.从以天论德看儒家道德的宗教作用［J］. 中国社会科学，2006（3）：66–75，205.
[48] 杨泽波.牟宗三道德自律学说的困难及其出路［J］. 中国社会科学，2003（4）.
[49] 于洪霞，陈玉宇.外贸出口影响工资水平的机制探析［J］. 管理世界，2010（10）.
[50] 于洪霞.生命周期偏误、终身收入与中国教育收益率的估计［J］. 管理世界，2014（12）.
[51] 于洪霞.生命周期偏误与中国教育收益率元分析［J］. 经济研究，2013（8）.
[52] 詹世友.先秦儒家道德教化的不同范型之分析［J］. 哲学研究，2008（2）.
[53] 张曙光.论制度均衡和制度变革［J］. 经济研究，1992（6）.
[54] 郑晓明，刘鑫.互动公平对员工幸福感的影响：心理授权的中介作用与权力距离的调节作用［J］. 心理学报，2016（6）.
[55] 拉齐尔. 人事管理经济学［M］. 刘昕，译. 北京：生活·读书·新知三联书店，2000.
[56] ANDREONI，JAMES，JOHN HM. Cooperation in the finitely repeated prisoner's dilemma：rational experimental evidence［J］. The Economic Journal，1993，103（418）：570–585.
[57] ARROW，KENNETH. Uncertainty and the welfare economics of medical care［J］. The American economic review，1963，53（5）：941–973.
[58] BALAN，DAVID，STEPHEN KNACK. The correlation between human

capital and morality and its effect on economic performance: theory and evidence [J]. Journal of comparative economics, 2012, 40 (3): 457-475.

[59] DIENER E, RYAN K. Subjective well-being: a general overview [J]. South African journal of psychology, 2009 (39): 391–406.

[60] GROSSMAN, SANFORD J, OLIVER D H. The costs and benefits of ownership: a theory of vertical and lateral integration [J]. Journal of political economy, 1986, 94 (4): 691–719.

[61] HART, OLIVER, JOHN MOORE. Property rights and the nature of the firm [J]. Journal of political economy, 1990, 98 (6): 1119–1158.

[62] KREPS, DAVID M, PAUL MILGROM, et al. Rational cooperation in the finitely repeated prisoners' dilemma [J]. Journal of economic theory, 1982 (27): 245–252.

[63] LAZEAR E P, ROSEN S. Rank-order tournament as optimum labor contracts [J]. Journal of political economy, 1981 (89): 841–864.

[64] MAS-COLLEL, ANDREU, MICHAEL D W, et al. Microeconomic Theory [M]. New York: Oxford Univ Press, 1995.

[65] PAULY, MARK V. The economics of moral hazard: comment [J]. The American economic review, 1968, 58 (3): 531–537.

[66] ROTH, ALVIN E, MURNIGHAM J K. Equilibrium behaviour and repeated play of the prisoner's dilemma [J]. Journal of mathematical psychology, 1978 (17): 189–198.

[67] ROTHSCHILD M, STIGLITZ J. Equilibrium in competitive insurance markets: an essay in the economics of imperfect information [J]. Quarterly journal of economics, 1976 (90): 629–650.

[68] ROWELL D, CONNELLY L B. "A History of the Term" moral hazard [J]. Journal of risk and insurance, 2012, 79 (4): 1051–1075.

[69] WILSON C. A model of insurance markets with incomplete information [J]. Journal of economic theory, 1977 (16): 167–207.

[70] YU HONGXIA, XIAOHAO DING. How to get out of the prisoners' dilemma: educational resource allocation and private tutoring [J]. Frontiers of education in China, 2011, 6 (2): 29–279.